쉬운 구약 개론

믿음이란 한 알의 밀알이 땅에 떨어져 죽음으로 많은 열매를 맺음과 같이 진리의 열매를 위하여 스스로 죽는 것을
뜻합니다. 눈으로 볼 수는 없으나 영원히 살아 있는 진리와 목숨을 맞바꾸는 자들을 우리는 믿는 이라고 부릅니다.
「믿음의 글들」은 평생, 혹은 가장 귀한 순간에 진리를 위하여 죽거나 죽기를 결단하는 참 믿는 이들의, 참 믿는 이들을
위한, 참 믿음의 글들입니다.

쉬운 구약 개론

김구원

칩 하디

지음

홍성사

차례

3부_ 선지자들

4부_ 시편과 지혜문학

여는 글
드넓은 구약 성경의 세계

구약 성경을 모르면 서구 문화를 이해할 수 없다는 말이 있다. 철학, 문학, 예술, 관습, 언어 등 구약 성경의 영향은 서구 문화 곳곳에 미치지 않는 곳이 없다. 아메리카 대륙 초기 개척자들이 마차에 몸을 싣고 서부로 갈 때 미국 문명의 기초가 될 두 권의 책을 가져갔다고 한다. 한 권은 셰익스피어 전집이었고 또 한 권은 성경이었다. 그러나 그 중요성에 비해 성경, 특히 구약 성경은 많은 이들에게 여전히 생소하고 어려운 책이다.

우선 분량이 방대하다. 모두 929장(章)이다. 일반 단행본 기준 2,000쪽을 넘는 분량으로, 인터넷 단문에 익숙한 현대인이 접근하기에 쉬운 책이 아니다. 그뿐만 아니라 구약 성경은 족보, 목록, 유래설화, 법, 내러티브, 애가, 찬양, 비유 등 생소한 문학 장르가 많다. 구약 성경의 배경이 되는 역사와 문화도 우리의 그것과 매우 다르다. 이 모든 것이 구약 성경을 정복 불가능한 책으로 만든다. 그렇다고 포기하기에는 구약 성경이 가지는 중요성이 너무 크다. 문화사적 중요성은 물론, 복음을 이해하고 살아내는 데 구약 성경 이해는 필수적이다. 구약 없는 신약은 복음이 아니다!

이 책은 그리스도인들에게 구약 성경의 내용과 메시지를 간결하면서도 깊이 있게 전달하기 위해 기획된 구약 성경 입문서이다. 본래 'CTS 신학 강좌'에서 방송된 내용만 편집하여 출판할 예정이었지만 책의 완성도를 높이고 싶은 욕심에 내용을 대폭 보강하였다. 감사하게도 시카고 대학교(University of Chicago) 동문이자 사우스이스턴침례신학교(Southeastern Baptist Theological Seminary)에서 구약을 가르치는 칩 하디(Chip Hardy) 교수가 집필을 도왔다. 다음은 하디 교수가 한국 독자들에게 전하는 말이다.

현대 독자들, 즉 한국이나 미국 독자에게 구약 성경은 낯선 책입니다. 오해되고 오용되기 쉽습니다. 구약 성경을 제대로 이해하려면 고대 근동의 관점에서 접근해야 합니다. 김구원 교수는 구약 성경의 낯섦을 해소하고, 그 아름다움을 한국 독자들에게 전달하고자 이 흥미로운 작업을 저에게 제안했습니다. 부디 이 책이 널리 읽혀 세상을 창조하시고, 구속하시고, 섭리하시는 하나님이 잘 알려지기를 소망합니다. 이 책을 통해 말씀의 지혜로 성장하는 축복이 있기를 바랍니다.

하디 교수가 밝힌 바처럼, 이 책은 학문적으로는 타당하고 신앙적으로는 유익한 입문서로 기획되었다. 이 개론서를 통해 보다 많은 사람들이 드넓은 구약 성경의 세계를 즐거이 여행하기를 바란다.

2019년 12월
저자를 대표하여
김구원

1

오경과

율
법

1. 구약 성경은 이름이 많다

기독교에서 '구약 성경'이라 부르는 이 책에는 다양한 이름이 붙는다. 신약 성경을 경전으로 인정하지 않는 유대인들은 기독교의 구약 성경을 단순히 '성경'이라 부른다. 한편 학자들은 '히브리 성경', 즉 보다 중립적인 명칭을 선호한다.[1] 그 외에도 구약 성경은 상황에 따라 '유대인 성경',[2] '토라', '타나크', '미크라'[3] 등 다양한 용어로 지칭되는데, 이들 가운데 본 장에서 자세히 살펴볼 구약 성경의 세 이름은 '토라', '타나크', '구약 성경'이다. 이름에 사물의 본질이 담겨 있다는 유대인들의 믿음처럼 이 세 명칭들은 단순히 호칭을 넘어 구약 성경의 본질을 각각 달리 설명한다.

---

[1] —— '히브리 성경'이라는 별칭이 있지만 히브리어뿐 아니라 아람어로도 적은 분량이 기록되어 있다.

[2] —— '유대인 성경'은 '개신교 성경', '가톨릭 성경', '동방 정교 성경'과 구분되는 용어이다. 이용어들의 차이는 정경의 범위에 있다. 개신교 성경에 포함된 구약 성경은 유대인 성경과 정확히 일치하지만, 가톨릭이나 동방 정교 성경에는 구약 성경 이외에도 신구약 중간 시대의 유대인 저작들이 포함되어 있다. 이 저작들에 관해서는 '책 속의 책: 칠십인역 성경과 마소라 본문'을 참고하라.

[3] —— '미크라'는 '읽기', '낭송'이라는 뜻이다.

토라

토라의 의미는 역사적 변천 과정을 겪었다. 본래 토라는 모세가 광야에서 이스라엘에게 전해 준 율법을 지칭하지만 고대 페르시아 시대(BC 550~330)에는 성경의 처음 다섯 권, 즉 창세기, 출애굽기, 레위기, 민수기, 신명기를 지칭하는 말(=오경)로 그 의미가 확대되었다.[4] 그 후 의미는 더욱 확대되어 하나님 말씀 전체(=구약 성경)를 가리키게 된다.

유대인들이 구약 성경 전체를 가리키는 말로 토라를 사용하게 된 배경은 무엇일까? 그것은 '토라'가 구약 성경의 본질에 대한 유대인들의 생각을 잘 담아내기 때문이다. 따라서 '토라'의 의미를 공부하면 '성경이 어떤 책인가'라는 질문에 대한 유대인들의 대답을 익힐 수 있다.

어떤 명칭의 의미를 파악할 때 유용한 방법의 하나는 어근을 살펴보는 것이다. 특히 히브리어는 하나의 어근에서 다양한 어휘들이 파생되는 구조이다. '토라'는 히브리어 동사 '야라'(yarah)에서 파생되었는데 그 어근은 두 가지 의미가 있다.

— 가르치다
— 활을 쏘다

먼저 '가르치다'라는 의미를 넣어 읽으면 토라는 '교훈'을 의미한다. '활을 쏘다'라는 의미를 넣어 읽으면 '과녁'이라는 뉘앙스를 가진다. 이 두 의미는 구약 성경에 대한 유대인들의 신앙 고백을 암시한다. 유대인들은 구약 성경을 인생과 신앙의 표준적 가르침으로 받아들인

---

[4] —— 오경이 오늘날의 모습으로 최종 완성된 시점을 많은 학자들이 포로 시대로 이해한다. 이 주제에 관해서는 이 책의 제2장을 참고하라.

다. 다시 말해 '토라'로 불리는 구약 성경은 인생과 신앙의 활로 겨냥해야 하는 과녁인 것이다.

　　따라서 구약 성경은 이스라엘의 역사서나 고대 유대 문학을 넘어선다. 또한 유효기간이 지난 법전이나 옛 예언자들과 성현의 어록도 아니다. 물론 구약 성경은 이 모든 것을 포괄한다. 그러나 다양한 장르는 하나님이 교훈을 주시려 사용하는 도구에 불과하다. 즉 구약 성경에 사용된 다양한 문학 장르는 메시지가 담긴 그릇이다. 구약 성경을 '토라'로 부르는 유대인들은 언제나 그 그릇에 담긴 메시지에 집중한다. 이것은 성경을 하나님의 말씀이라고 고백할 때 의미하는 바이다. 즉 우리에게 구약 성경은 하나님이 '오늘 우리'에게 주시는 인생과 신앙의 교훈이며, 우리가 따라 살아야 하는 표준인 것이다.

　　고대 이스라엘에서 죄의 개념은 이런 토라의 의미와 연관된다. 히브리어로 '죄'의 어근은 '과녁에서 벗어났다'는 의미를 가진다.[5] 여기서 과녁은 당연히 토라, 즉 구약 성경을 의미한다. 성경에서 죄는 말씀의 과녁에서 벗어난 모든 것을 지칭한다.

　　이처럼 구약 성경이 '오늘 우리'에게 주시는 하나님의 교훈, 즉 토라라면 그에 대한 마땅한 태도는 순종이다. 인생에서 하나님의 교훈보다 더 확실한 안내자는 없을 것이다. 하지만 올바른 순종은 맹목적 복종이 아니다. 올바른 순종은 하나님의 뜻을 분별하는 것에서 시작한다. 하나님의 뜻은 사모하는 마음과 냉철한 지성으로 성경 본문을 상고하는 사람에게 주어진다.

---

5 ―― 이 어근이 성경에서 사용된 예를 하나 살펴보자. "이 모든 백성 중에서 택한 칠백 명은 다 왼손잡이라 물매로 돌을 던지면 조금도 틀림이 없는 자들이더라"(삿 20:16). 이것은 왼손잡이 베냐민 사람들의 돌팔매질 솜씨에 대한 설명이다. 그들이 돌을 던지면 '조금도 틀림이 없다'고 말할 때 사용된 동사가 죄를 의미하는 히브리어 '하타'의 어근이 된다.

타나크

'타나크'는 성경을 율법서, 선지서, 성문서로 삼분(三分)하는 유대인의 관습에서 유래한 것으로 각 부분의 히브리어 머리 문자를 조합해 만든 것이다. 즉 율법서(Torah)의 T, 선지서(Nebiim)의[6] N, 성문서(Ketubim)의 K를 조합한 세 자음(TNK) 사이에 편의상 모음(a)을 삽입하여 타나크(Tanak)로 읽은 것이다.

타나크가 언제부터 구약 성경이라는 뜻으로 사용되었는지 확실하지 않지만 유대인들은 아주 오래전부터 구약 성경을 율법서, 선지서, 성문서로 삼분하여 지칭했다.[7] 율법서는 구약 성경의 처음 다섯 권을 가리키고, 선지서에는 이사야, 예레미야, 에스겔, 열두 소선지서뿐 아니라 이스라엘의 역사를 기록한 여호수아, 사사기, 사무엘서, 열왕기서도 포함된다. 그리고 나머지 책들은 모두 성문서로 분류된다. 이 때문에 성문서에는 시편과 지혜문학, 다니엘서와 같은 예언서, 에스라, 느헤미야, 역대상하 등 역사서가 포함되어 있다. 다음 표는 유대인의 타나크와 기독교의 구약 성경을 비교한 것이다.

첫 다섯 권을 제외하면 기독교의 구약 성경은 책의 순서와 배열에서 유대인의 타나크와 구분된다. 대체로 기독교의 구약 성경은 구속사의 흐름에 따라 책을 배열하였을 뿐 아니라[8] 선지서를 책의 맨 마지막에 위치함으로써 신약의 복음이 구약 예언의 성취임을 보이려

---

6 ―― 선지서는 예언서로 불리기도 한다.

7 ―― BC 2세기 유대 문서, 예를 들어 집회서의 서문에서 이미 구약 성경의 삼단 구분이 확인된다. 예수님도 구약 성경 전체를 가리켜 '모세의 율법, 선지자의 글, 그리고 시편'이라 말씀하셨다(눅 24:44).

8 ―― 예를 들어 기독교 구약 성경에서 다윗의 고조모 이야기를 다루는 룻기는 사사기와 사무엘서 사이에 위치한다. 룻기의 배경이 사사 시대이며 사무엘서가 다윗의 왕위 등극을 다루는 점을 고려할 때, 이스라엘 역사의 흐름에 맞추어 재배열되었다고 말할 수 있다. 타나크에서 맨 마지막에 위치한 역대기도 구속사의 흐름에 따른 기독교 구약 성경에서는 열왕기와 에스라서 사이에 재배열된다. 이것도 사건들의 역사적 순서에 보다 부합한 배열이다.

유대인의 타나크	기독교의 구약 성경
율법서	오경
창세기　　　　민수기 출애굽기　　　신명기 레위기	창세기　　　　민수기 출애굽기　　　신명기 레위기
선지서	역사서
여호수아　　　아모스 사사기　　　　오바댜 사무엘상　　　요나 사무엘하　　　미가 열왕기상　　　나훔 열왕기하　　　하박국 이사야　　　　스바냐 예레미야　　　학개 에스겔　　　　스가랴 호세아　　　　말라기 요엘	여호수아　　　열왕기하 사사기　　　　역대상 룻기　　　　　역대하 사무엘상　　　에스라 사무엘하　　　느헤미야 열왕기상　　　에스더
	시가서
	욥기　　　　　전도서 시편　　　　　아가 잠언
성문서	선지서
시편　　　　　에스더 잠언　　　　　다니엘 욥기　　　　　에스라 아가　　　　　느헤미야 룻기　　　　　역대상 애가　　　　　역대하 전도서	이사야　　　　요나 예레미야　　　미가 애가　　　　　나훔 에스겔　　　　하박국 다니엘　　　　스바냐 호세아　　　　학개 요엘　　　　　스가랴 아모스　　　　말라기 오바댜

한다.

　　이에 반해 유대인의 타나크는 겉으로 보기에 특별한 주제적 기준 없이 저술 연대 혹은 정경이 된 순서에 따라 책들을 배열한 것처럼 보인다. 하지만 깊이 들여다보면 타나크의 책 배열도 구약 성경이 그리스도에 관한 것임을 암시한다. 이것은 타나크의 삼단 구분과 책 배열

이 유대 전통에서 유래했다는 사실을 고려할 때 놀라운 사실이다. 예수님은 이것을 아시고 "모세의 율법과 선지자의 글과 시편", 즉 타나크가 "나를 가리켜 기록된" 것이라 말씀하신 것은 아닐까?

말씀, 율법, 예언, 명령

타나크의 책 배열 안에는 메시아에 관한 실마리가 포함되어 있다. 그것은 율법서, 선지서, 성문서의 처음과 마지막 부분이 모두 말씀을 주제로 포진되어 있다는 사실이다.[9] 예를 들어, 율법서의 시작인 창세기 1장은 하나님이 말씀으로 세상을 창조하는 이야기이다. 선지서의 첫 부분인 여호수아 1장에도 '말씀'에 대한 강조가 두드러진다. 여호수아는 가나안 정복의 임무를 맡은 군사 지도자임에도 하나님은 군사 전술이 아닌 말씀 묵상과 순종을 교훈으로 내린다(수 1:7-8). 비슷한 현상이 성문서의 시작 부분에서도 관찰된다. 시편 1편에 따르면 복 있는 사람은 "오직 여호와의 율법을 즐거워하여 그 율법을 주야로 묵상하는 자"(2절)이다.

율법서, 선지서, 성문서의 마지막에서도 말씀이 강조된다. 율법서는 "모세와 같은 선지자"가 아직 나타나지 않았다(신 34:10)는 언급으로 끝난다. 여기서 '모세와 같은 선지자'는 모세같이 하나님과 친구처럼 대화하여 그분의 말씀을 완벽히 대언하는 선지자를 의미한다. 율법서가 모세와 같은 선지자를 기다리며 끝난 것처럼 선지서도 말세에 다시 올 선지자 엘리야를 언급하며 끝난다. 말라기가 예언한 다시 오실 엘리야는 모세 율법을 통해 무너진 이스라엘 공동체를 회복시킬 것이다(말 4:4-6). 한편 성문서의 마지막 책인 역대하는 조금 특별한 '하나님의 사람'(참고. 사 45:1)의 명령으로 끝난다.

---

9 ―― 이 주제에 대해서는 존 H. 세일해머, 《모세 오경 신학》 제4장을 참조하라.

너희 중에 그의 백성된 자는 다 올라갈지어다(대하 36:23).

이것은 유대인의 귀환을 허락하는 페르시아 왕 고레스의 명령이다.[10] 포로 생활 중 예레미야 선지자는 유다가 머지않아 결국 해방될 것을 예언했는데, 방금 인용된 고레스의 명령은 그 예언을 성취하는 사건이라 할 수 있다. 그뿐만 아니라 이 이방 왕의 명령은 예수님의 탄생 배경이 된 또 다른 이방 왕의 명령('모든 유대인들은 호적 정리를 위해 각자의 고향으로 돌아가라')을 예언적으로 가리킨다(눅 3:1-3). 이처럼 율법서, 선지서, 성문서의 처음과 끝이 모두 하나님의 명령, 율법, 예언을 주제로 한다는 사실은 타나크가 '그 말씀'(The Word, 요 1:1) 되신 예수 그리스도를 가리킴을 암시한다.

타나크의 마지막 세 권

　　타나크가 신약 성경의 메시아를 고대하고 있음을 보여 주는 또 하나의 증거는 마지막 세 권의 독특한 배열이다. 그것은 다니엘, 에스라-느헤미야, 역대기인데 먼저 주목할 것은 포로 생활에서 돌아온 유대인들을 다룬 에스라-느헤미야가[11] 포로 생활하는 유대인을 언급하며 끝나는 역대기보다 앞에 있다는 사실이다. 또한 다니엘서가 다른 선지서들과 함께 분류되지 않고 에스라-느헤미야, 역대기와 함께 성문서의 마지막에 배치된 사실도 주목할 만하다. 이 두 현상은 밀접히 연관되어 있다.

　　먼저, 에스라-느헤미야와 역대기의 배치 순서를 보자. 역대기 마지막에 기록된 고레스의 칙령은 역사적으로 에스라와 느헤미야가 이끌고 간 귀환 공동체에서 성취되었다. 따라서 역대기 다음에 에스

10 —— 페르시아 왕 고레스의 귀환 명령에 대해서는 이 책의 13장을 참고하라.

11 —— 우리말을 포함한 현대 성경에서 에스라와 느헤미야는 두 권으로 나뉘지만 유대인들은 한 권의 책으로 인식했다. 옛부터 에스라와 느헤미야는 같은 두루마리에 기록되었다.

라-느헤미야를 배치하는 것이 역사적 사건 순서에 부합한다. 하지만 타나크는 역대기를 마지막에 책으로 배치함으로써 고레스의 명령을 구약 성경 전체의 결말로 만들었다. 이것은 고레스의 명령, 즉 유다 백성들의 귀향이 에스라-느헤미야에 기술된 역사와 다른 방식으로 성취될 것을 암시한다. 타나크 성경에서 고레스의 명령은 그보다 더 큰 성취를 기다리는 예언이 되었다.

두 번째 현상, 즉 다니엘서가 다른 선지서와 함께 배치되지 않고 타나크의 마지막에 놓인 것도 고레스가 내린 명령의 새로운 해석과 관련 있다. BC 597년 바빌론에 포로로 잡혀 간 다니엘 선지자는 고레스 왕 때까지[12] 그곳에 살며 사역했다. 그는 고레스 원년에 예레미야가 예언한 70년(렘 25:11)이 거의 끝나 감을 직감하고 유다 왕국의 회복을 위해 하나님께 기도했다(단 9:2). 그때 하나님은 천사 가브리엘을 통해 유다 왕국 회복의 시점으로 예레미야의 70년 대신 '일흔 이레'를 새롭게 말씀하시고, 미래 회복의 징조들로 기름 부은 자의 죽음, 언약 체결, 제사의 중지, 포악하고 가증한 것의 출현 등을 언급하신다(단 9:24-27). 가브리엘을 통해 다니엘은 예레미야의 70년 예언이 단순히 포로 유대인의 귀환이 아니라 보다 먼 미래에 다가올 종말적 사건에 관한 것임을 깨닫게 된다.

타나크 저자가 역대기를 에스라-느헤미야보다 뒤에 둔 것 그리고 예레미야의 이스라엘 회복 예언을 종말론적으로 재해석한 다니엘서를 역대기와 에스라-느헤미야 앞에 배치한 것은 이스라엘의 진정한 회복이 귀환 공동체 때 성취된 것이 아니라 먼 미래에 발생할 것임을 암시한다. 이런 관점에서 '모든 유다 백성들은 올라가라'라는 고레스의 명령은 메시아 탄생의 배경이 되는 가이사 아구스도의 호적 명령

---

12 ── 벨사살이 죽은 후 왕국을 이어받은 메대 사람 다리오(단 5:31)가 페르시아 어느 왕인지 논쟁이 있지만 바빌론 왕국을 물리치고 페르시아 제국을 세운 고레스(=키루스) 대왕일 가능성이 크다.

(눅 3:1-3)에 대한 예언으로 읽힌다.

타나크의 삼단 구분과 책 배열 논의는 구약 성경이 오실 메시아에 대한 책이며, 그 초점도 말씀 되신 그리스도에게 있음을 보여 준다. 따라서 구약 성경을 읽을 때는 그리스도의 죽음과 부활 사건을 염두에 두어야 한다. 구약이 예수 그리스도 안에서 어떻게 성취되는지 관심을 가지며 읽어야 한다.[13] 그렇지 않으면 구약 성경은 도덕적 예화들로 전락될 위험이 있다.

구약

마지막으로 살펴볼 명칭은 '구약'이다. 이것은 기독교인들이 선호하는 동시에 자주 오해하는 명칭이기도 하다. '구약'의 문자적 의미는 '옛 언약'이므로 많은 기독교인들이 새 언약 시대에는 구약이 중요하지 않거나 심지어 불필요하다고 오해한다. 신약이 구약을 대체했다는 이런 입장은 '대체주의'로 불리며[14] 이것은 분명 잘못된 관점이다.

구약과 신약의 관계에 대한 보다 건전한 입장은 단절보다는 연속성을 강조하는 '언약 신학'이다. 이에 따르면 '옛 언약'이란 말에서 중요한 것은 '옛'이 아니라 '언약'이다. 즉 구약도 변치 않는 하나님의 언약임을 강조한다. 심지어 일부 학자들은 '옛 언약'(=구약)이나 '새 언약'(=신약) 대신 '첫째 언약'과 '둘째 언약'을 사용하자고 제안한다.[15] 이것은 구약과 신약이 역사적 순서와 선명성에서만 차이를 보일 뿐 본질상 동일한 언약이라는 의미이다. 이런 관점에서 '구약'이라는 명칭

---

13 —— 자세한 것은 '닫는 글: 구약과 그리스도'를 참고하라.

14 —— 구약 성경에 대한 대체주의적 입장은 마르시온주의(Marcionism)라고도 한다. 마르시온(BC 85~160)은 예수의 가르침과 구약의 가르침이 첨예하게 갈등한다고 믿어, 구약의 하나님과 삼위일체 하나님을 서로 다른 신으로 이해하였고 구약 성경이 필요 없다고 주장하였다.

15 —— 대표적 학자로 샌더스를 들 수 있다. James A. Sanders, "First Testament and Second," *Biblical Theology Bulletin 17* (1987): pp. 47-49.

은 하나님과 이스라엘 사이의 특별한 관계에 구약 성경의 핵심이 있음을 보여 준다.

언약을 통해 맺어진 이 특별 관계를 성경은 여러 은유—목자, 왕, 남편 등—로 설명한다. 이 중 가장 중요한 것이 신랑과 신부 은유이다. 유대인들은 시내산 언약을 통해 하나님이 그들의 신랑이 되셨고, 자신들은 신부가 되었다고 믿는다. 예를 들어, 선지자들이 시내산 언약을 요약할 때마다 사용한 표현, '나는 너의 하나님이 되고, 너희는 나의 백성이 된다'(렘 11:4)는 고대 이스라엘 혼인식에서 신랑과 신부가 주고받던 성혼 서약과 같은 구조이다.[16] 즉 신랑신부가 결혼식에서 '나는 너의 남자(여자)이고, 너는 나의 여자(남자)다'라고 고백했듯이, 시내산에서 하나님이 '나는 너희 하나님이고 너희는 내 백성이다'라고 말씀하신 것이다. 이 시내산 언약은 새 언약에서 그대로 계승된다. 십자가를 통한 새 언약을 설명하실 때 예수님은 자신을 신랑, 우리를 그분의 신부에 비유하셨다(참조, 마 25:1; 계 22:17). 즉 친밀한 관계의 표현이라는 점에서 구약과 신약은 그 본질이 같다.

정리해 보자. '토라'라는 명칭은 성경을 과거의 율법이나 흥미로운 이야기, 철 지난 예언 혹은 속담집이 아니라 오늘 우리에게 주시는 하나님의 말씀으로 보게 한다. '타나크'는 구약 성경이 오실 메시아를 증거하는 책임을 가르친다. 마지막으로 '구약'은 하나님과 우리의 언약, 즉 친밀한 관계를 상기시킨다.

---

16 —— 고대 이스라엘과 고대근동의 결혼 서약의 구조에 관한 연구로 손석태의 책(Seock-Tae Sohn, *YHWH, The Husband of Israel* (Wipf and Stock Publishers: Eugene OR, 2002)을 추천한다. 특히 23-26쪽을 참고하라.

고대인들의 성혼 고백

고대 근동[17]에서 신랑과 신부가 주고받는 고백은 '나는 당신의 X이며, 당신은 나의 Y입니다' 형식이다. X와 Y에 들어가는 말은 '남자'와 '여자', '오빠'와 '누이', '친척'과 '친족' 등이다. 예를 들어 이쉬타르 여신은 길가메시에게 청혼할 때 '나의 남자가 되어 주시오'라고 한다. 잠언 7장 4절 말씀, "지혜에게 너는 내 누이라 하며 명철에게 너는 내 친족이라 하라"도 이런 문맥에서 이해하면, '지혜와 결혼하라'(=지혜와 친밀한 관계를 맺으라)고 권면하는 것이다. 이혼 선언은 결혼 고백을 부정하는 형태를 띤다. BC 5세기 이집트의 엘레판틴에서 발견된 이혼 문서에 따르면, '오늘부터 나는 당신의 남자(혹은 여자)가 아닙니다'라고 말함으로써 이혼이 성사되었다.

정리 질문

1. 구약 성경의 별칭에는 어떤 것들이 있습니까?
2. '토라'가 성경 전체를 지칭하는 말로 쓰일 때 토라의 의미는 무엇입니까?
3. 타나크를 구성하는 세 부분은 무엇입니까?
4. 대체주의란 무엇입니까?
5. 시내산 언약을 하나님과 이스라엘의 혼인식으로 이해할 수 있는 근거는 무엇입니까?

17 —— 대략 BC 3000년에서 300년 사이의 아나톨리아, 메소포타미아, 레반트, 이집트 지역, 즉 지금의 서아시아와 북부 아프리카 지역을 통칭하는 용어.

2. 구약 성경은 누가 썼나?

　　구약 성경은 하나님 말씀인 동시에 인간이 쓴 책이다. 구약 성경에 하나님이 직접 기록했다고 전해지는 부분이 없지는 않지만[1] 대부분은 하나님이 다양한 인간 저자를 통해 인간의 언어로 전한 말씀이다. 하지만 단순히 받아 적는 기계적인 과정이 아니라 인간 저자의 능력, 경험, 판단, 교양이 통전적으로 작동했다. 쉽게 말하면 성경도 다른 책과 마찬가지 방식으로 쓰였다는 뜻이다. 비록 성령께서 개입하셔서 하나님의 말씀이 인간 저자를 통해 정확 무오하게 계시되도록 섭리하셨지만, 구약 성경이 역사의 한 시점을 산 특정 인간 저자의 저술인 것은 부정할 수 없다. 이번 장은 구약 성경의 인간 저자들과 그들의 성경 저작 과정을 살펴보겠다. 먼저 고대 근동 세계의 문학 창작과 저술 관행을 세밀히 들여다본 후 그것이 오늘날의 저작 개념과 어떻게 다른지도 보겠다.

---

1 —— 십계명은 하나님이 직접 돌판에 새긴 계명이고(출 3:18), 바빌로니아의 멸망을 선언한 '메네 메네 데겔 우르바신'도 하나님이 직접 궁전 벽에 새긴 말씀이다(단 5:25).

현대 저작 개념

　　오늘날 저작 개념은 저자가 핵심이다. 즉 저자가 콘텐츠를 창작하여 매체를 통해 출판하고 저작권을 가진다. 이익 창출을 위해 저자가 저작권을 일정 기간 타인에게 위임하는 경우는 있지만 저자 없는 저작물은 상상할 수 없다. 오늘날 작자 미상의 작품은 보복이나 불이익에서 자신을 보호하기 위해 의도적으로 신분을 숨긴 경우(예, 반정부 연설)에 국한되며 이때도 필명이나 가명의 저자는 존재한다. 만약 어떤 책이 저자를 밝히지 않았다고 하면 논쟁적이고 위험하다고 여길 수도 있을 것이다. 하지만 고대인들의 저작 개념은 아주 달랐다. 고대의 저작 개념에서 저자는 핵심이 아니다.

고대 저작 개념

　　첫째, 고대 사회에서 저작물은 개인의 창작 혹은 노력의 산물로 간주되지 않는 경우가 잦았다. 고대 문학이 대부분 작자 미상인 이유가 이 때문이다. 고대 근동 문서에 저자의 이름이 표시되는 경우는 매우 드물며, 저자가 자신의 책에 직접 이름을 표기하는 경우는 더더욱 드물다. 마찬가지로 구약 성경 중 어떤 책도 최종 본문, 즉 오늘날 우리에게 전해진 성경 책의 저자를 말해 주지 않는다. 이 주장과 다른 사례로 잠언이나 이사야서를 들 수 있다. 하지만 솔로몬은 잠언 전체의 저자라 할 수 없다. 왜냐하면 잠언이 최종적으로 완성된 것은 솔로몬 때가 아니기 때문이다. 선지서들도 마찬가지다. 이사야서나 예레미야서가 이사야와 예레미야의 예언을 포함한 것은 틀림없지만 예언들을 선별하여 한 권의 책으로 최종 편집한 것은 그들의 제자들이었다. 그리고 성경은 그 제자들이 누구인지 밝히지 않는다.

　　구약 성경의 최종 저작자를 특정할 수는 없지만 특정 본문은 누구의 것인지 추정할 수 있다. 예를 들어 오경에 수록된 대부분의 율법은 모세가 이스라엘 백성에게 직접 설명한 것이다. 시편에 수록된 많은 시는 다윗이 실제 작성했을 가능성이 높다. 선지서에 나온 특정 예언들은 말할 것도 없다. 그러므로 전통적으로 성경 저자로 알려진 인물들이 반드시 그 책 전체의 저자가 아니더라도 그들이 담당한 역할을 무시해서도 안 된다.

둘째, 고대 저작물은 오랜 세월에 걸쳐 수정·증보되면서 완성되었다. 특히 사회적·종교적으로 중요한 본문은 지속적 필사를 통해 한 세대에서 다른 세대로 전수되며, 그 과정에서 내용이 수정되거나 첨가되기도 한다. 성경 본문도 오랜 세월 동안 여러 단계를 거쳐 완성되었다. 이런 성경 저작의 다양한 단계는 잠언과 시편에서 잘 확인된다. 잠언은 솔로몬의 잠언 이외에 아굴의 잠언(잠 30장), 르무엘 어머니의 말씀(잠 31장), 지혜자들의 잠언 등으로 구성되었고, 솔로몬이 죽은 후 약 250년이 지난 히스기야 왕 때에도 편집되고 있었다. 시편도 마찬가지다. 다윗의 시편, 솔로몬의 시편, 고라의 시편, 모세의 시편(시 90편) 등 다양한 저자들의 시가 최종 본문에 있으며, 시간의 흐름과 함께 그 편수도 증가했다. 예를 들어 정통 유대교 시편에는 모두 150편이 수록되었지만, 쿰란 공동체가 사용한 시편에는 골리앗을 이긴 다윗이 부른 노래가 제151편으로 붙어 있다. 시리아 교회의 시편은 155편까지 있다. 역사서들도 오랜 세월에 걸쳐 완성되었다. 그 과정에서 다양한 사료가 사용되었다. 예를 들어 사무엘하 1장 18절의 애가는 '야살의 책'에서 인용한 것이다. 하지만 최종 저자는 사료를 밝히지 않는 경우가 많기 때문에 성경 본문이 오랜 세월에 걸쳐 익명의 저자들이 참여한 공동 작품이라는 사실은 잘 드러나지 않는다.[2]

---

2 —— 최종 본문을 형성 단계의 이전 본문들로 나누는 연구는 구약학의 중요 주제이다. 이 연구를 매우 복잡하게 하는 요인은 구두 전승이다. 이야기가 문서에 담기기 전에 구두로 전승되었고, 문서에 담긴 후에도 구두 전승이 지속되었기 때문이다.

인간의 저술로 전달되는 하나님의 뜻

오랜 세월 익명의 저자들에 의해 완성된 구약 성경이 어떻게 하나님의 뜻을 정확하게 전달할 수 있을까? 궁극적 대답은 '성령의 영감'일 것이다. 하지만 고대의 구두(口頭) 문화를 보면, 하나님의 메시지와 인간의 말이 조화롭게 공존하는 이유를 보다 잘 이해할 수 있다.

하나님이 구약 성경을 통해 말씀하시는 상황을 왕이 전령을 통해 메시지를 전하는 상황에 유비해 보자. 문자 문화에 익숙한 현대인들에게는 전령(구약 성경)의 언어가 왕(하나님)의 실제 표현과 정확히 일치하는지가 중요하다. 하지만 구두 문화의 고대인들에게는 표현의 일치가 정확한 소통에 문제 되지 않았다. 예를 들어 주인이 다른 사람에게 전달할 메시지가 있을 때 신뢰하는 전령을 보내어 메시지를 전달한다(삼하 18:19-21). 아주 특별한 경우(렘 29:14-29)가 아니라면, 주인은 일반적으로 메시지의 대강만을 전달하며 구체적 표현이나 단어를 특정하지는 않는다(스 8:8). 전령은 자신의 말로 주인의 메시지를 전달하며 주인의 권위로 이야기한다. 이런 상황에서 메시지의 진위를 결정하는 것은 전령이 사용한 표현이나 단어가 아니라 전령이 위임받은 권위이다. 이스라엘의 선지자도 참된 왕이신 여호와의 전령으로 이해되었다. 아주 예외적인 경우를 제외하면(출 24:12; 사 8:1; 겔 37:16), 선지자도 자신이 환상 가운데 듣고 본 것을 자신의 언어로 전달한다(사 30:8; 합 2:2; 단 7:1). 그를 보내신 하나님은 선지자의 말을 성취시키거나(신 18:22; 삼상 9:6), 기적이나 이적을 행함(신 34:10-11)으로써 자신의 의도가 선지자를 통해 제대로 전달되었음을 확인해 준다. 선지자가 하나님의 허락 없이 메시지를 꾸미면(렘 29:30-32) 거짓 선지자로 선포된다(예. 렘 5:29; 겔 13:2-7). 따라서 보냄을 받은 자는 특정 단어보다 하나님의 뜻을 전하는 데 집중해야 했다.[3] 이처럼 고대의 구두 문화에서는 인간 전달자의 창의적 언어를 통해서 하나님의 메시지가 오류 없이 전달되었다. 하지만 이것은 현대인들에게는 수수께끼이다. 왜냐하면 우리는 선지자의 언어가 하나님의 실제 표현과 얼마나 일치하는지가 중요하기 때문이다.

지금까지 논의한 내용들을 종합해 보자. 고대인들은 성경을 하나님의 메시지, 참된 증언으로 이해했다. 이 메시지는 오랜 세월에 걸쳐 수많은 전령(즉 저자)이 작성한 것이다. 그리고 고대의 신앙 공동체는 성경 본문이 오랜 시간에 걸쳐 구두 전승을 포함한 다양한 자료를 통해 구성되었음을 인지했다. 일부 자료들에는 저자가 명시적으로 표기되지만 대부분은 그렇지 않았다. 이런 관점에서 구약 성경의 각 권은 개인이 일생에 걸쳐 완성했다기보다는 수많은 세대에 걸친 집단적 노력의 산물이다. 다시 말해 성경 본문은 오랜 세월에 걸쳐 다양한 익명의 저자들이 참여하여 완성시킨 것이다. 다양한 저자들의 창의적 기여를 통해 하나님의 메시지가 정확 무오하게 성경에 담기게 되었다. 구약 성경의 저자를 특정 개인으로 못 박으려는 시도는 고대의 문학 형성 과정에 대한 무지에서 비롯되었다고 말할 수 있다.

오경은 모세가 썼는가

지금까지 논의한 내용을 '오경의 저자가 누구인가'라는 중요하고도 난해한 문제에 적용해 보자. 우리는 구약 성경의 처음 다섯 권을 모세가 지었다고 배워 왔다! 전통적으로 유대인과 기독교인들은 창세기, 출애굽기, 레위기, 민수기, 신명기의 저자를 BC 약 15세기 인물인 모세로 간주한다. 가장 큰 이유는 모세가 가장 위대한 선지자, 즉 하나님과 친구처럼 대화하는 유일한 선지자였기 때문이다. 다시 말해 오경을 모세가 썼다는 주장은 곧 하나님이 오경을 직접 썼다는 말과 같은 뜻이다. 유대인과 기독교인들이 모세를 오경의 저자로 확고히 주장하

---

3 —— 구두 소통 문화에서 문서 소통 문화로 이동하면서 세심하고 정확한 말씀 보존의 책무가 하나님의 말씀을 필사하는 예언적 서기관들에게 주어졌다.

는 이유는 오경이 결국 하나님의 정확한 말씀임을 강조하기 위함이다.

　　그렇다면 이런 전통적 주장의 근거는 무엇인가? 아마 기독교인들에게 가장 강력한 증거는 예수님도 '모세의 책'을 언급하셨다(막 12:26)는 사실일 것이다. 또한 신약의 다른 인물들도 모세가 쓴 책에 대해 언급한다(막 12:19과 눅 20:28의 사두개인들; 요 1:45의 빌립). 더욱이 이 표현은 복음서에 한정된 것이 아니라 구약 성경과 옛 유대 문헌에서도 발견된다. 하지만 좀더 생각해 보면 모세가 오경의 저자라는 주장은 설득력을 잃는다. 첫째, 오경 어디에도 모세가 오경 전체의 저자라는 주장은 없다. 이런 의미에서 오경도 구약의 다른 책들과 마찬가지로 작자 미상이다. 둘째, '모세의 책'은 오경 전체가 아니라 시내산 율법이나 신명기 율법, 혹은 오경의 다른 율법들을 지칭한다. 따라서 단순히 '모세의 책'이라는 표현에 근거해 오경의 다른 부분들(예를 들어 창세기)도 모세가 썼다고 확정할 수는 없다.

　　오경 전체의 저자를 모세라고 확실하게 말할 수 없다면 누가 창세기에서 신명기에 이르는 내용을 저작했을까? 이 질문에 답하려면 저자와 저작 그리고 저작권에 대한 현대적 개념, 즉 우리에게 있는 상식을 버려야 한다. 몇몇 사람이 특정 기간에 독립적으로 작업하여 구약 성경의 각 부분을 완성했다는 생각을 버려야 한다. 앞서 살폈듯이 구약 성경은 오랜 형성과 전승 과정을 거쳤다. 그 과정에 수많은 사람이 이름 없이 '저자'로 참여했다.

　　또한 성경의 최종 본문이 최초 본문과 유사할 것이라는 생각도 검토해야 한다. 다시 말해 모세의 글이 오경의 중요한 부분을 차지하지만 오경이 모세의 손끝에서 오늘날의 모습으로 완성되어 나왔다고 단정해서는 안 된다. 예를 들어 창세기에서 신명기에 이르는 배열 순서는 이야기의 흐름상 자명해 보이지만, 학자들에 따르면 현재처럼 배열 순서가 확정된 것은 아주 후대의 일이다.[4] 다시 말해 현재의 배열이 '저자' 모세의 의도는 아니었다는 말이다. 그렇다면 오경의 저자와 그 저작 과정에 대해 분명한 사실은 무엇인가?

첫째, 오경의 저자가 누구이든 분명히 자료를 사용했다. 오경에 사용된 자료는 대부분 제목이 표기되어 있지 않지만 '아담의 족보'(창 5:1), '언약 책'(출 24:7; 왕하 23:21), '주의 전쟁기'(신 21:14), '율법 책'(신 17:18; 28:58, 61; 29:20, 21, 27; 30:10; 31:24, 26) 등의 경우는 예외이다. 전통적 견해에 따라 모세를 오경의 저자로 인정하더라도, 모세는 기존의 자료들을 종합하고 선별하여 자신의 저작에 사용했음이 분명하다. 예를 들어 천지창조와 족장 역사를 담은 창세기는 모세가 자료에 의존해 저작했을 가능성이 높다.[5]

둘째, 오경에는 모세의 연설과 글이 포함된다. 오경의 여러 문맥에서 모세는 기록을 남기거나(출 17:14; 34:1; 36:27; 신 31:19, 24), 다양한 매체(민 17:2의 지팡이; 신 6:9의 문지방)에 글을 새긴 것으로 묘사된다. 신명기에 나오는 1인칭 연설은 모세 자신의 설교이다. 오경의 저자 문제를 다룰 때, 최종 본문에 모세의 글과 연설이 포함되었음을 기억하자.

셋째, 오경 본문에는 모세가 죽은 후 첨가된 내용들이 발견된다. 이런 수정과 증보(학자들은 '편집'이라 부름)의 증거가 오경의 언어와 내용 가운데 발견된다. 후대 편집의 증거들은 다음과 같다.

(1) 언어. BC 13세기까지 거슬러 올라가는 운문들(출 15장; 민 21:17-20)을 제외하면 오경에 사용된 히브리어는 BC 8~6

---

4 —— 오경의 이야기들을 한 권의 문서로 엮는 기술은 지금으로부터 약 2,000년 전에야 발명된다. 이것은 모세가 죽은 후 1,500년이 흐른 시점이다. 이전에는 오경이 여러 개의 두루마리 문서의 형태로 존재했다. 코덱스 문서, 즉 오늘날의 책 제본은 AD 1세기에 처음 발명된다. 그 후 100년이 채 지나지 않아 기독교인들은 성경 책들을 코덱스 형태로 엮기 시작했다.

5 —— 세일해머는 이런 상황을 컴퓨터 프로그램에 비유하여 모세가 처음 저작한 오경을 버전 1.0으로 우리가 가진 오경을 버전 2.0으로 칭한다.

세기에 사용된 히브리어, 즉 BC 8~6세기 비문들(예. '실로 암 터널 비문', '라기스 도편 문서')에 사용된 히브리어이다. 그 뿐만 아니라 오경의 히브리어는 여호수아에서 열왕기서에 이르는 역사서에 사용된 히브리어와도 동일하다. 창세기에서 열왕기까지의 히브리어가 그 문법과 용례에 있어 일관되기 때문에 학자들은 그것을 '고전 히브리어'로 부른다. 이것은 BC 8~6세기 유다 지역에서 사용된 히브리어를 지칭한다. 오경의 저자가 모세라는 보수적 입장을 받아들인다면, 오경에 사용된 히브리어가 약 800년 후 유다에서 사용된 히브리어와 똑같다는 사실은 믿기 어렵다. 모든 언어는 시간에 따라 변천하기 때문이다. 오경에 사용된 히브리어는 후대 히브리어의 변천을 반영하여 수정한 것임을 알 수 있다.

(2) 시대에 맞지 않는 진술. 구약 성경의 첫 다섯 권에 포함된 진술들 중 모세 시대의 역사적·문화적 상황과 잘 맞지 않는 내용이 여럿 있다. 예를 들어 '이스라엘에 왕이 생기기 전 에돔 왕들이 있었다'는 창세기 언급(36:31)은 이스라엘 땅에 왕정이 들어선 역사를 알고 있는 후대 저자의 진술일 가능성이 높다. 오경에 아브라함(BC 18세기 사람)의 고향으로 언급된 '갈대아 우르'(창 11:28, 31; 15:7)도 아슈르나시르팔 2세(BC 9세기) 이후에 생겨난 표현이다. 또한 창세기에 블레셋인이 언급된 것(창 10:14; 21:32, 34; 26:1)도 후대 편집의 증거일 수 있는데 역사적으로 블레셋인들이 팔레스타인에 거주하기 시작한 때는 BC 12세기이기 때문이다. '그때에 가나안 사람들이 그 땅에 있었다'(창 12:6)는 구절도 편집되었을 가능성이 있다. 이 구절은 '지금은 그 땅에 가나안 사람들이 없다'는 뉘앙스를 전제하는데, 이것은 가나안 정복 전쟁 이후의 관점에서 비로소 가능한 것이다.

(3) 후대 편집자의 해설. 모세의 죽음을 말하는 구절(신 34:5-9)은 모세가 쓰지 않았을 것이다. 후대 편집자가 보충한 구절처럼 보인다. 마찬가지로 '모세의 겸손함이 지상의 모든 사람보다 더하다'는 민수기 12장 3절도 모세가 쓴 부분은 아닐 것이다. 겸손한 사람이 스스로를 세상에서 가장 겸손한 자로 칭하겠는가? 그랬다면 모세는 겸손한 사람이 아닐 것이다. 하지만 후대 편집자가 이스라엘의 지도자에게 그런 찬양을 돌렸을 가능성은 충분하다. 또한 모세 시대 사람들에게는 익숙했을 관습을 굳이 설명하는 구절(이집트인들이 히브리인들과 함께 식사하지 않은 관행. 창 43:32 / 이집트인들이 양치기들을 혐오한 사실. 창 46:34 / 이집트인들은 시체를 방부 처리한다는 사실. 창 50:3)이나 후대의 종교 관행 언급('성전 세겔'. 출 38:26) 등은 후대 편집자가 첨가했을 가능성이 높다.

(4) 인구. 민수기 2장 32절에 따르면 출애굽한 이스라엘의 장정 수가 60만 3,550명이다. 여자와 어린아이를 포함하면 출애굽한 사람 수는 최소 150만에서 최대 200만 명에 달했을 것으로 추정된다. 하지만 이 수는 몇 가지 면에서 문제가 된다. 첫째, 200만이라는 출애굽 인구 수는 다른 성경 구절에 암시하는 이스라엘의 인구 수나 고고학자들이 계산한 이스라엘의 인구 수와 모순된다. 민수기 3장 40-43절에 따르면 당시 이스라엘 장남의 총수가 2만 2,273명에 불과했다. 이것은 출애굽한 이스라엘 남자의 총수가 60만 3,550명이라는 진술과 조화되지 않는다. 이스라엘 장남의 총수가 2만 2,273명이라면 이스라엘 남자가 60만 3,550명이 되기 위해 부부가 평균 27명의 아들을 낳아야 했기 때문이다. 또한 출애굽한 지 100년 후 사사 시대를 배경으로 하는 드보라의 노래(삿 5:8)에 따르면, 당시 인구는 장정 4만에 불과했다. 고고학자

들은 이스라엘 왕정 시대의 인구가 최대 40만이었다고 추산
한다. 이 모든 것을 볼 때 200만 명이라는 숫자는 비현실적
이다. 이 문제를 해결하기 위해 문학적·언어적 해법들이 제
시되었는데 올브라이트의 주장이 흥미롭다. 그는 후대의 편
집자가 사무엘서에 기록된 다윗 시대의 인구와 출애굽 시대
의 인구를 의도적으로 연관시켰다고 주장했다. 후대 편집자
의 의도는 출애굽한 이스라엘 백성이 다윗 왕정을 이룬 백성
과 동일하다는 것을 말하려는 것이다. 이 주장을 받아들인
다면 출애굽한 백성의 수도 오경의 후대 편집 증거가 된다.[6]

(5) 신학. 오경의 신학적 이슈는 출애굽 시대보다 후대의 왕정
시대의 관심에 더 잘 들어맞는다. 예를 들어 창세기의 몇몇
에피소드는 유다와 예루살렘에 특별한 관심을 두는데(창
14:17-24; 49:10; 참조. 신 34:2), 이런 관심은 예루살렘을 수
도로 한 유다 왕국의 관심을 반영한 것이다. 마찬가지로 제
단 성소를 한 곳으로 국한시킨 신명기 구절도 산당들은 폐지
되고 예루살렘 성전이 제사를 독점한 왕정 시대의 상황과 잘
부합된다(신 12:5-7; 16:2; 26:2; 참조. 레 17:1-7).

(6) 지리. 후대의 지명이 옛 지명과 병기되었다. 예를 들면 다음
과 같다. '기럇아르바 곧 헤브론'(창 23:2, 19; 35:27), '루스
곧 벧엘'(창 35:6), '에브랏 즉 베들레헴'(창 35:19; 48:7), '신
광야 곧 가데스'(민 33:36), '시론 산 곧 헬몬'(신 4:48).[7]

---

6 —— 더 자세한 사항은 올브라이트의 논문을 참조하라. William Foxwell Albright, "The
Administrative Divisions of Israel and Judah," *The Journal of the Palestine Ori-
ental Society* 5 (1925): 17-54. 하지만 사무엘하 24장 9절에 따르면 이스라엘과 유다
의 총 장정의 수가 130만 명이다. 비록 이 수도 지나치게 커 보이지만, 60만 명과 차이가
있어 보인다. 이런 점에서 다윗 왕정 때의 인구 수가 출애굽 당시 이스라엘 사람들의 숫
자 서술에 영향을 주었다는 올브라이트의 주장은 무리가 있다.

이상의 문제들을 설명하기 위해 많은 학자들이 '문서설'을 내놓았다. 이에 따르면 오경은 네 개의 자료(J, E, D, P)로 구성되어 있다. 이 가설을 이론의 수준으로 발전시킨 사람이 율리우스 벨하우젠인데,[8] 그는 다음과 같은 기준으로 오경의 네 자료를 구분하였다.

(가) 신명(神名)의 차이(여호와 / 하나님)

(나) 중복되는 이야기(예. 우물에서 신부를 만나는 장면)

(다) 문체 차이(예. 호렙산과 시내산 등과 같은 고유명사의 변이)

(라) 신학적 차이(예. 초월적 하나님 / 사람과 유사한 하나님)[9]

문서설을 주장하는 학자들은 네 자료가 다양한 시점에 성경에 편집되어 들어왔다고 생각한다. 하지만 언제 어떻게 그 자료들이 편집되었는지는 의견의 일치를 보지 못한다.[10] 문서설은 지난 100년 동안 학계를 지배했지만 가장 기본적인 질문에 대한 합의가 없다는 점이 이 이론의 근본적 문제를 잘 보여 준다. 최근에는 문서설이 여러 진영에서 공격받고 있다.

그렇다면 오경의 저작 과정에 관한 보다 바람직한 입장은 무엇일까? 먼저 기억해야 할 것은 문서설의 여러 문제에도 불구하고 지난 세기 동안 분명히 밝혀진 것은 오경이 어떤 한 사람의 작품이 아니라

7 ── 약속의 땅의 범위(창 15:18-21; 출 23:31; 신 1:7; 수 1:4)가 솔로몬 왕국의 범위와 동일하다(왕상 4:21)는 사실도 후대 편집의 예로 지적되곤 한다.

8 ── 문서설에 관해서는 제임스 쿠걸,《구약 성경 개론》, 456~486쪽을 참조하라.

9 ── 예를 들어, J 문서에 등장하는 신은 인간처럼 말하고, 걷고, 분노한다. 반면 P 문서의 신은 인간 세계로부터 멀리 떨어져 절대 권력을 행사하는 다소 추상적인 신이며 제의와 제사에 관심이 많다.

10 ── 가장 고전적인 이론에 따르면, J, E, D, P자료들이 BC 10세기 중엽, 9~8세기, 7세기 말, 6세기 말에 순차적으로 구약 성경에 삽입 편집되었다. 하지만 다소 과격한 이론도 존재한다. 셰필드 학파(the Sheffield School)에 따르면 구약 성경 본문은 페르시아 시대(BC 5~4세기)의 순수 창작물이다.

오랜 세월에 걸쳐 이름 없는 경건한 저자들이 수정·증보한 작품이라는 사실이다. 이것은 계시의 원점이 특출한 개인이 아니라 말씀을 따라 살려고 노력하는 언약 백성들의 삶의 현장임을 보여 준다. 또한 모세가 오경의 핵심 부분을 저술했더라도 그것이 최종적으로 완성된 것은 모세가 죽고 나서 오랜 시간이 흐른 시점임도 기억하자. 그렇다면 오경을 이해하는 데 중요하는 것은 모세를 통한 계시들을 책으로 묶은 최종 편집자들의 의도일 것이다. 오경의 최종 편집자들은 누구이며 그들의 편집 의도는 무엇이었을까? 오경이 바빌론 포로기 혹은 페르시아 시대에 완성되었다는 주장을 받아들이면, 오경은 유대인들이 이방 종교와 문화에 동화 소멸되지 않으려면 어떻게 해야하는지를 교훈하기 위해 저작되었다고 말할 수 있다. 다시 말해, 오경은 이방 왕의 통치 하에 유대인들이 하나님 나라 백성의 정체성과 사명을 지키며 살아가는 방식을 가르치기 위해 저작된 책이다.

정리 질문 ───────────────────────────────

1. 저작에 관한 현대적 개념과 고대인의 개념은 어떻게 다릅니까?

2. 오경 저작에 관해 의미 있게 말할 수 있는 세 가지는 무엇입니까?

3. 오경이 모세 시대 이후에 완성되었음을 암시하는 증거들 중 '시대에 맞지 않는 진술'의 예를 설명해 봅시다.

3. 오경 이야기

창세기, 출애굽기, 레위기, 민수기, 신명기를 통칭하는 '오경'은 저자가 모세라는 전통에 따라 '모세 오경'으로 불리기도 한다(스 6:18 참조). 한편 유대인들은 이것을 '토라'로 부르며, 첫 절의 핵심어를 따라 각각 '브레쉬트'(태초에), '쉐모트'(이름들), '바이크라'(그가 부르셨다), '바미드바르'(광야에서), '드바림'(말씀)으로 부른다. 또 '토라 민하샤마임'(하늘에서 내려온 율법)이라고도 하는데, 이것은 시내산 강림에서 유래한 용어로 오경에 담긴 계시의 직접성을 강조한다. 유대인들에게 오경이 가장 권위 있는 까닭도 이 때문이다. 이번 장에서는 오경이 구약 성경 전체에서 가지는 중요성을 두 가지 측면에서 살핀 후 오경의 신학적 주제 가운데 가장 핵심적 내용을 설명할 것이다. 먼저 오경의 내용을 간단하게 정리해 보자.

오경의 큰 구조

창 1-11장: 원시 인류의 역사
정   창 12-50장: 이스라엘 족장의 역사

동	출 1-18장: 출애굽, 시내산까지의 여정
정	출 19장-민 10:10: 시내산 언약과 율법
동	민 10:11-36장: 광야 방랑, 모압 평야까지의 여정
정	신 1-34장: 모세의 마지막 설교, 신명기 율법

　　창세기 1-11장을 제외한 나머지 부분은 장소 이동을 기준으로 정(머무름)과 동(움직임) 이야기가 교차되는 구조를 보인다. 먼저, 창세기 12-50장은 족장들의 가나안 정착 생활을 다룬다(정). 3세대에 걸친 족장 역사는 훗날의 가나안 정복과 정착을 족장 언약의 성취로 보게 한다. 둘째, 출애굽기 1-18장은 모세가 이집트에서 노예로 살던 동족들을 해방시켜 시내산으로 인도하는 줄거리이다(동). 바로의 히브리인 억압, 모세의 출생과 소명 이야기, 열 가지 재앙과 홍해 기적 이야기가 빠른 박자로 전개된다. 이후 출애굽한 이스라엘 백성들은 50일간의 여정을 통해 시내산에 도착한다. 셋째, 출애굽기 19장부터 레위기 그리고 민수기 10장 초반부까지는 시내산 언약과 율법에 대한 설명이 이어진다(정). 불과 1년 남짓 동안 발생한 이야기가 무려 58장에 걸쳐 전해진 것은 오경에서 시내산 언약과 율법이 가지는 중요성을 짐작게 한다.[1] 넷째, 민수기 10-36장은 시내산에서 가나안 땅까지의 여정 가운데 발생한 다양한 사건들(예. 고라의 반란, 발람 이야기)을 다룬다(동). 마지막으로 신명기는 모압 평지에 도착한 출애굽 제2세대에게 모세가 마지막으로 들려준 설교이다(정). 이 설교에서 모세는 시내산에서 계시된 율법을 새롭게 설명한다.

　　오경은 다음 두 측면에서 구약 성경 전체의 토대를 제공한다. 오경 안에 성경적 세계관이 요약되어 있다는 것과 예수님의 십자가 사역에서 완성되는 구속사의 청사진이 제시된다는 것이다.

1——　38년의 광야 생활이 26장에 걸쳐 기록된 사실과 비교할 것.

구약 성경의 기초: 성경적 세계관

성경적 세계관은 창세기 1장 1절에 요약되어 선포되었다('태초에 하나님이 천지를 창조하시니라'). 이 선언으로 시작하는 창조 이야기는 과학에 익숙한 현대인뿐 아니라 고대 이스라엘 사람들에게도 충격적이었다. 창조 이야기가 전제하는 세계관은 고대 세계의 다신교적 세계관을 부정하기 때문이다. 오경 첫머리에 녹인 창조 이야기에서 성경적 세계관의 다섯 가지 핵심을 배울 수 있다.

첫째, 창세기 1장은 '유일하신' 하나님을 증거한다. 신이 하나라는 사실이 우리에게는 새로운 것이 아니지만 창세기를 처음 읽었던 독자들에게는 큰 충격이었을 것이다. 그들은 다신교적 세계관이 진리였던 시대에 살았기 때문이다. 다신교적 세계관은 인간이 경험하는 자연 현상 이면에 다양한 신들의 작용을 전제하는데, 만약 신이 한 분이라면 그들이 섬기던 신들은 더 이상 신이 아닌 셈이다. 창세기 저자는 고대인들이 신으로 숭배했던 해와 달이 신이 아니라 하나님의 피조물에 불과하다고 말한다. 이를 위해 창세기 저자는 해와 달의 창조를 서술할 때 의도적으로 해와 달을 의미하는 '세메쉬'와 '야리아흐' 대신 광명체를 의미하는 '메오롯'을 사용한다. 왜냐하면 이방의 조물주가 창조한 여러 신들 가운데 해와 달 등이 포함되므로 해와 달이 하나님의 피조물이라 말했다고 해서 '해'와 '달'의 신성까지 부정되지는 않기 때문이다. 창세기 저자는 고대인들의 언어와 의식 속에서 태양 신과 달 신과 연결되는 용어들('세메쉬'와 '야리아흐')을 사용하지 않음으로써, 해와 달이 신이라는 인상을 원천적으로 제거하려 했으며 큰 '광명'과 작은 '광명'이라는 단어를 사용함으로써 그것들이 인간의 숭배 대상이 아니라 인간 세계를 섬기도록 창조된 피조물임을 강조한다.[2]

둘째, 창세기 1장은 유일하신 창조주 하나님이 '전능자'임을 보여 준다. 이 사상의 독특성을 이해하려면 창세기 1장과 고대 근동 민족들의 신화들을 비교할 필요가 있다. 바빌로니아의 창조 이야기 〈에

태양 신 샤마쉬

샤마쉬는 메소포타미아 사회에서 다양한 역할을 감당했다. 첫째, 샤마쉬는 정의를 관장하는 신이었다. 함무라비 석비의 부조에서 그는 함무라비 왕에게 정의의 홀을 전달하는 신으로 묘사된다. 둘째, 그는 신탁을 내는 신이었다. 왕이 점술로 신의 뜻을 물을 때 응답하는 신이 샤마쉬였다. 셋째, 그는 귀신을 쫓는 신이었다. 그에게 헌정된 찬양시들에서 샤마쉬는 귀신의 억압에서 사람들을 구원하는 신으로 묘사된다. 넷째, 가나안 신화에서는 죽은 사람을 저 세상으로 인도하는 저승사자 역할도 한다.

누마 엘리쉬〉에 따르면 조물주 마르둑이 바다의 신 티아맛과 그의 남편 킹구와 싸워 승리한 후에 킹구의 시체로 천지를 창조한다.[3] 그러나 창세기에는 창조주께 대적하는 존재가 전혀 등장하지 않는다. 창세기 1장 2절의 '물'은 바다 괴물과 달리 전혀 위협적이지 않을 뿐 아니라 하나님의 영이 다스리는 존재에 불과하다.[4] 성경의 창조주에게는 처음부터 도전자가 없었다. 또한 창조를 위해 바다 괴물의 시체를 필요로 했

2 —— 해와 달을 광명으로 지칭한 것은 창세기 1장의 창조가 기능의 창조라는 사실도 보여 준다. 즉 창세기 1장은 우주의 물질적 기원이 아니라, 우주의 질서가 어떻게 처음 형성되었는지 보여 준다. 우주의 질서는 피조물들이 창조 때 부여받은 기능을 잘 수행할 때 유지된다.

3 —— 〈에누마 엘리쉬〉의 인간 창조 장면을 보려면 제임스 프리처드, 《고대 근동 문학 선집》, 99~100쪽을 참조하라.

4 —— 이 물이 언제 창조되었는지, 더 나아가 이 물이 피조물인지의 여부는 성경에서 밝히고 있지 않다. 유대인들은 창세기 1장이 하나님의 창조를 설명하지만, 그 설명의 모든 부분이 명확한 것은 아니라는 주장의 증거로 2절의 '물'을 언급한다. 더 나아가 우리가 하나님의 창조 세계에 대해 모든 것을 알 수 있는 것은 아니라는 교훈으로도 이해한다. 이것은 우리가 하나님에 대해 말할 때 가장 중요한 것이 '내가 이해하는 것이 하나님에 관한 전부는 아니다'라는 겸손한 태도임을 상기시킨다.

던 이방 신화의 조물주와 달리 창조주 하나님은 말씀으로 천지를 창
조한다. 이처럼 창세기 1장은 창조주 하나님이 그 어느 이방의 조물주
보다 능력이 많은 신이라 선포한다. 이스라엘이 고대 근동 세계의 약
소국에 불과했다는 사실을 고려할 때 이는 놀라운 신앙 고백이라 할
수 있다. 창세기 1장은 이방 왕의 억압 가운데 있던 이스라엘 백성들
에게 하나님의 구원에 대한 희망을 주었을 것이다.

셋째, 창세기 1장은 유일하신 전능의 하나님이 '만물의 통치자'
임을 증거한다. 6일 창조 후에 하나님이 안식하셨다는 사실이 이를 단
적으로 보여 준다. 창조주가 제7일에 안식했다는 것은 단순한 휴식이
아니다. 하나님은 휴식이 필요 없다! 하나님의 안식은 창조 세계를 다
스리는 왕으로 등극했다는 뜻이다.[5] 이것을 이해하려면 고대 근동의
창조 신화가 조물주 집(=신전) 건축 이야기로 끝난다는 사실을 기억
해야 한다. 바다 괴물과의 전쟁에서 승리하고 세상을 창조한 조물주
가 새로 건축된 집의 보좌에 앉는 행위는 우주의 왕으로서 그의 통치
가 시작된다는 의미이다. 창세기 1장에 등장하는 하나님의 '안식' 모
티브는 이방 신화의 '신전' 모티브를 대체하는 것으로 창조주 하나님
이 자신의 피조 세계를 통치하기 시작했음을 보여 준다. 창세기에 신
전 모티브가 등장하지 않는 이유는 온 세상이 여호와의 처소이기 때
문이다. 즉 온 피조 세계가 그분이 거하시는 집이 되는 셈이다. 창조주
는 처음부터 임마누엘의 하나님이었다.

넷째, 창세기 1장은 그런 유일하고 전능하신 왕인 하나님이 인
간을 귀히 여기고 '사랑하신다'고 가르친다. 이 역시 고대 근동 신화와
창세기를 비교하면 분명해진다. 고대 창조 신화에서 인간은 그렇게 귀
한 존재로 등장하지 않는다. 엄밀히 말하면 인간은 조물주의 본래 창

---

5 —— 제7일 안식과 통치와의 관계에 대해 더욱 자세히 알기를 원하면 존 H. 월튼, 《창세기 1장
과 고대 근동 우주론》을 참조하라.

조 계획에도 없었다. 인간의 창조는 조물주의 '플랜 B'에 해당했다.[6] 고된 노동을 맡은 하위 신들이 반란을 일으키자 고안해 낸 것이 인간의 창조이다. 조물주는 하위 신들이 맡았던 고역들, 즉 농사, 건축, 요리, 빨래, 청소 등을 떠맡을 인간을 창조하였다. 다시 말하면 인간은 신들의 허드렛일을 하는 종으로 부랴부랴 창조되었다. 그러나 창세기는 전혀 다른 인간 창조를 말한다. 인간은 창조의 '플랜 B'가 아니라 원(元) 창조의 절정이다. 하늘과 땅, 해와 달, 모든 식물과 짐승이 인간을 위해 창조된 것이다. 그뿐만 아니라, 하나님은 인간을 그분의 형상으로 창조하셨다. '하나님의 형상'이 의미하는 바가 무엇인지 논쟁이 많지만 '생육하고 번성하여 땅에 충만하며, 땅을 정복하고, 모든 생물을 다스리는 사명'과 밀접하게 연결되어 있다는 것은 분명하다. 즉 하나님의 형상으로 창조된 인간은 하나님의 피조세계를 대신 통치할 사명을 받았다. 이처럼 하나님이 세계 통치를 인간에게 위임하신 것은 인간을 얼마나 존귀하게 여기셨는지 단적으로 보여 준다.[7]

다섯째, 그럼에도 성경은 하나님과 인간을 '분명히 구분'한다. 다신교적 세계관에서는 신과 인간의 차이가 매우 크지만 신이 인간이 되고 인간이 신이 되는 길이 열려 있다. 신과 인간이 결혼하여 낳은 영웅들의 이야기도 많다. 하지만 성경적 세계관은 정반대 주장을 한다. 하나님과 인간은 매우 친밀한 관계임에도, 그 둘의 경계는 절대 허물

---

6 —— 이것은 고대 근동 창조 신화의 일관된 모티브이다. 고대 신화에서 창조는 여러 단계를 거치며 완성되는데, 한 단계에서 다음 단계로 넘어가는 계기는 처음 창조의 불안정함이다. 이 불안정함 때문에 우주 질서가 파괴되고, 조물주가 불가피하게 그 문제를 해결하기 위해 다음 단계의 창조를 시행한다. 인간 창조는 그런 불완전한 창조 패턴의 마지막 하위 단계이다.

7 —— 다신교적 세계관에서는 인간과 신들 사이의 위계적 차이가 매우 크지만 그럼에도 인간이 신이 되는 길이 열려 있다. 예를 들어, 홍수의 영웅 우트나피슈팀은 홍수에서 살아남아 신이 되었다. 그러나 성경적 세계관에서는 창조주 하나님과 피조물 인간이 엄격히 구분된다. 하나님은 인간을 자신의 형상으로 만드시고 그와 친밀히 교제하고 소통하시지만, 그럼에도 인간은 절대 신이 될 수 없다.

어질 수 없다. 창조주 하나님과 피조물 인간의 구분이 절대적이다. 인간은 절대로 신이 될 수 없다는 메시지와 인간과 신 사이의 경계는 절대 침범될 수 없다는 메시지가 창세기의 원시 인류 역사(1-11장)에 지배적으로 등장한다. 아담의 죄는 인간이 하나님처럼 되고자 하는 욕망에서 출발했고, 저주받은 가인과 네피림의 탄생도 인간이 하나님같이 되고자 하는 욕망에서 발생했으며(창 4:1; 6:2 참조), 바벨탑 사건은 인간과 하나님의 경계를 없애려는 집단적 시도에 다름 아니다. 하지만 무엇보다도 다신론적 세계관과 유일신적 세계관의 차이를 잘 설명하는 것은 홍수 이야기이다. 다신론적 세계관에서 만들어진 홍수 이야기는 재앙에서 살아남은 주인공이 신이 되는 장면으로 끝나지만, 성경의 홍수 이야기는 노아가 하나님과 언약을 맺는 장면으로 끝난다. 노아는 신이 되지 않는다!

　　지금까지 창세기의 초반부가 다신론적 세계관을 논파하고 성경적 세계관의 토대를 제공함을, 즉 하나님이 어떤 분이시고 인간과 어떤 관계를 맺길 원하는지 살폈다. 지금부터는 오경이 구속사의 주요 주제를 어떻게 요약해 주는지 알아보자.

구약 성경의 기초: 오경과 구속사

　　먼저 오경에는 '창조-타락-그리스도를 통한 구속'이라는 구속사의 청사진이 제시되어 있다. 아담은 하나님의 명령을 어기고 선악과를 먹음으로 죄인이 되었다. 그 후 아담의 후손들이 모두 아담 안에서 죄인이 되었지만 아담의 타락과 함께 하나님의 구속 역사도 시작되었다. 하나님은 타락한 인간이 다시 하나님과 교제할 길을 예비하신다. 이것을 상징적으로 보여 주는 것이 창세기 3장 15절의 뱀에 대한 저주이다.

　　내가 너로 여자와 원수가 되게 하고 네 후손도 여자의 후손과 원

수메르 홍수 이야기

아트라하시스('매우 지혜로운 자')는 대홍수에서 살아남아 신이 된 수메르인의 이름이다. "신들이 인간처럼 일했을 때"로 시작하는 수메르 홍수 이야기는 인간 창조 전의 우주 역사, 인간 창조와 대홍수로 인간이 멸망하기까지의 사건을 다룬다. 그 이야기에 따르면 인간이 아직 창조되지 않았을 때의 우주 질서는 다음과 같았다. 즉 가장 지위가 높은 세 명의 신들, 안(An), 엔릴(Enlil) 그리고 엔키(Enki)가 각각 하늘과, 땅, 바다를 다스렸다. 그 아래에 안누나키(Anunnaki)로 불리는 일곱 귀족 신들이 지배자 계급을 형성했고, 나머지 신들은 '노동자' 신들로서 강둑을 파고, 건물을 짓고, 청소나 요리를 하는 등 고된 노동을 감당하였다. 어느 날 이 신들이 고된 노동을 이기지 못하고 반란을 일으키자 엔키와 그의 어머니 신이 노동자 신들을 대신할 새로운 종족, 즉 인간을 만들게 된다. 이것은 인간 창조가 본래 창조 계획에는 없었고 창조된 세계의 불완전함 때문에 불가피하게 발생한 사건임을 보여 준다. 조물주의 '플랜 B'로 창조된 인간은 노동자 신들 대신 각종 노역을 감당하게 된다.

수가 되게 하리니

원시 복음으로 불리는 이 구절에서 '여자의 후손'에 관심이 주로 집중되지만, 여기서 가장 강조되는 개념은 적대감이다. 하나님과 죄인을 화해시킬 '여자의 후손'은 평화를 이루기 전에 반드시 사탄과 싸워야 한다. 즉 인간이 누릴 평화는 거저 주어진 것이 아니라 피 흘려 싸워 쟁취한 것이다. 한편 '여자의 후손'의 정체는 오경 내에서 점진적으로 밝혀진다. 그는 아브라함의 후손 중 하나일 것이다(창 12:3).

아브라함의 후손 가운데서도 유다 지파에 속할 것이다(창 49:10). 유다 지파 가운데서도 다윗과 연관될 것이다('별', 민 24:17). 사도 바울은 갈라디아서 4장 4절에서 "때가 차매 하나님이 그 아들을 보내사 여자에게서 나게 하시고 율법 아래에 나게 하신 것은 율법 아래에 있는 자들을 속량"하시기 위함이라고 말씀함으로, 창세기 3장 15절의 여자의 후손이 예수 그리스도임을 분명히 밝혀 주었다.

오경에는 오실 메시아를 예표하는 인물들이 다수 포함되어 있다. 아담, 야곱, 유다, 모세 등이 각각 다른 방식으로 예수 그리스도를 예표한다. 이 중 특히 모세와 예수님의 예표적 관계에 주목해 보자. 먼저 "그 후에는 이스라엘에 모세와 같은 선지자가 일어나지 못"했다(신 34:10)는 언급으로 마무리되는 신명기는 오실 메시아를 제2의 모세로 이해하고 기대하게 만들었다(요 1:21 참조). 예수님의 초기 생애에 대한 마태복음의 서술은 모세의 삶을 강하게 연상시키는 것은 우연이 아니다. 모세가 바로의 유아 살해 명령 가운데 태어났던 것처럼 예수님도 헤롯의 유아 살해 명령 가운데 태어났다. 모세가 민족 지도자로서 파라오 앞에 서기 전에 한동안 광야 생활을 했던 것처럼 예수님도 공생애 시작 직전 광야에서 40일을 금식하셨다. 모세가 많은 기적을 행했던 것처럼 예수님도 기적을 행하셨고, 모세가 말씀(=율법)의 사람이었던 것처럼 예수님도 육신을 입은 말씀이셨다. 모세가 약속의 땅 밖에서 죽음으로써 백성들이 안식의 땅에 들어간 것처럼 예수님이 성문 밖에서 죽음으로 그의 백성도 천국 도성에 들어가게 된다. 이 모든 것은 모세가 메시아의 예표로 이해된 이유를 잘 설명한다.

또한 오경은 구속 역사가 언약을 통해 발전·성취된다는 사실을 보여 준다. 오경에는 아담 언약,[8] 노아 언약, 아브라함 언약, 모세 언

바벨탑 사건이 없었으면 인류의 구원도 없었다?

바벨탑 사건은 인간의 교만이 그 밑바닥이 어디인지 보여 준 사건이다. 하나님은 그런 인간의 교만을 심판하셔서 언어와 민족을 나눈다. 그런데 인간의 죄를 상징하는 바벨탑이 하나님의 구원의 수단이 된 것은 놀라운 일이다. 바벨탑 사건을 통해 처음 생겨난 언어와 민족의 구분은 하나님이 한 민족을 선택할 수 있는 역사적 배경을 제공했다. 아브라함과 그의 후손이 하나님께 선택되는 사건은 바벨탑 사건이 없었다면 불가능했다. 그렇다면 바벨탑 사건이 없었으면 인류의 구원도 없었다고 말할 수 있지 않을까? 물론 바벨탑 사건은 인간의 죄를 합리화할 수 없다. 오히려 바벨탑 사건은 인간의 죄에도 불구하고 인간의 구원을 이루시는 하나님의 지혜와 능력을 찬양한다. 사탄은 절대 하나님을 이길 수 없다.

약 등 다양한 언약이 등장한다. 이 중 구속 역사의 토대가 되는 것은 아브라함 언약과 모세 언약이다. 이 두 언약은 이 땅에 세워질 하나님 나라의 청사진을 제공한다. 아브라함 언약이 그 나라 백성과 영토의 확보에 관한 것이라면 모세 언약은 하나님의 통치 주권을 세우는 내용이다. 왕의 주권이 백성이 왕을 따를 때 세워지듯, 이스라엘이 하나님께 받은 율법을 따르겠다고 맹세했을 때 하나님의 통치 주권이 확인되었다. 이처럼 아브라함과 모세 언약은 이 땅에 하나님 나라가 어떻게 세워지는지 잘 보여 준다. 즉 하나님 나라는 우리가 하나님의 뜻에 순종할 때 임하는 것이다. 또한 하나님 나라가 서면, 즉 말씀에 순종하는 백성들이 은혜 가운데 살면 그 소문은 온 지구에 퍼질 것이다. 이스라엘의 위대한 명성을 듣고 많은 백성들이 여호와의 성산으로 몰려들 것이다. 이렇게 아브라함의 후손들은 세상을 위한 축복의

통로가 되는 것이다.[9]

친밀한 동거: 오경의 핵심 신학

오경의 핵심 신학은 하나님과 인간의 친밀한 동거로 요약된다. 에덴동산은 하나님과 인간이 친밀히 동거하던 공간이었다. 그곳은 하나님의 영광이 눈에 보이는 형태로 상주하던 곳이다. 그곳에서 하나님은 인간과 친밀히 대화하셨다. 하지만 인간의 타락은 인간과 하나님 사이를 멀어지게 했다. 타락 이후 구속사는 그러한 에덴적 교제 회복이 목표가 된다. 그리고 에덴의 영광이 상징적으로 회복된 사건이 시내산 계시이다. 오경의 이야기를 분석해 보면 그 무게 중심이 출애굽기 19장에서 민수기 10장까지 이어지는 시내산 계시에 있음을 알 수 있다. 출애굽한 이스라엘이 시내산에 머문 시간은 1년 남짓이지만 오경의 저자는 무려 58장에 걸쳐 시내산 언약을 다룬다. 이것은 시내산 계시 사건이 오경에서 차지하는 비중을 암시한다. 이처럼 오경 저자의 집중적 관심을 얻은 시내산 사건은 하나님과 이스라엘의 회복된 관계를 보여 준다. 다음 구절에서 하나님과 이스라엘의 친밀함은 이스라엘 장로들이 하나님을 직접 뵙고 함께 식사하는 모습으로 형상화된다. 하나님을 보았지만 죽지 않았다는 언급은 에덴 동산을 연상시킨다.

> 모세와 아론과 나답과 아비후와 이스라엘 장로 칠십 인이 올라가서 이스라엘의 하나님을 보니…… 하나님이 이스라엘 자손들의 존귀한 자들에게 손을 대지 아니하셨고 그들은 하나님을 뵙고 먹고 마셨더라(출 24:9-11).

---

[9] 이런 의미에서 하나님이 아브라함을 '선택'하신 것은 온 민족을 구원하기 위함이다. 이스라엘 민족을 선민, 즉 '선택 백성'이라 칭할 때 이 말은 특권이 아니라, 열방을 위한 사명에 방점이 찍힌 개념이다. 따라서 그리스도 안에서 선민된 그리스도인들에게 가장 중요한 것도, 하나님의 백성으로 누릴 특권이 아니라 '축복의 통로로서의 사명'이다.

그런데 하나님과 인간의 친밀한 관계라는 주제가 그 절정에 달하는 지점은 새로 지은 성막에 하나님이 영광스럽게 임하는 장면이다. 에덴에서 쫓겨난 인간, 하나님의 영광에서 소외된 인간이 다시 하나님의 영광을 체험하는 곳이 바로 여기이다.

> 그 후에 구름이 회막에 덮이고 여호와의 영광이 성막에 충만하매 모세가 회막에 들어갈 수 없었으니 이는 구름이 회막 위에 덮이고 여호와의 영광이 충만함이었으며…… 낮에는 여호와의 구름이 성막 위에 있고 밤에는 불이 그 구름 가운데 있음을 이스라엘은 그 모든 행하는 길에서 친히 보았더라(출 40:34-38).

이런 하나님과 인간의 친밀한 동거는 광야 생활에서도 이어진다. 광야에서 하나님의 임재는 '구름 기둥'과 '불 기둥'으로 상징되었다(민 14:14). 모세는 모압 평지에서 출애굽 2세대들에게 광야 생활을 다음과 같이 회고한다.

> 그는 너희보다 먼저 그 길을 가시며 장막 칠 곳을 찾으시고 밤에는 불로, 낮에는 구름으로 너희가 갈 길을 지시하신 자이시니라(신 1:33).

'밤에는 불(기둥)로, 낮에는 구름(기둥)으로'라는 말은 하나님이 이스라엘을 위해 진영에 쾌적한 온도를 유지해 주었다는 의미로 오해된다. 하지만 이것은 모세의 의도가 아니다. 이 표현은 히브리 시의 대구법과 하나님의 임재 상징들을 이해해야 한다. 히브리 시에서 '낮에는 ○○○, 밤에는 □□□'라는 표현은 '언제나' 혹은 '늘'이라는 뜻의 시적 표현이다. 그리고 불과 구름은 하나님이 인간 세상에 직접 나타나실 때 동반되는 자연 현상이다. 이 둘을 종합해 볼 때, '밤에는 불,

낮에는 구름'이라는 표현은 하나님의 항시적 임재를 의미한다. 이것은 불 기둥과 구름 기둥이 언제나 성막 위에 나타난다는 사실에서도 확인된다. 광야 생활 내내 낮에는 구름 기둥, 밤에는 불 기둥이 성막을 떠나지 않았다는 것은 하나님이 광야 생활하는 이스라엘 가운데 늘 함께하셨다는 의미이다.

이처럼 오경의 핵심 신학은 하나님과 이스라엘의 친밀한 동거이다. 이것은 우리가 누리는 구원의 궁극적 목표점이 무엇인지를 보여 준다. 그분의 영광 안에서의 삶, 그분과 연합된 삶이 구원이다.

열린 결말

오경 이야기가 아브라함 언약이 성취되는 과정을 설명한다면 아브라함의 후손들이 큰 백성을 이루어(출애굽) 하나님을 왕으로 삼아(율법 수여) 가나안 땅을 정복하고 주변국의 존경을 얻는 것으로 끝나야 이상적이다. 하지만 오경이 가나안 땅 정복이 아니라 이스라엘 백성들이 그 초입인 모압 평야에 머무른 장면으로 끝나는 것은 흥미롭다. 출애굽, 시내산 율법 수여, 광야 방황의 기간들이 결국은 가나안 땅에 들어가기 위한 예비 단계였음을 고려하면 오경의 이야기는 아브라함의 후손들이 땅을 정복하는 여호수아기에서 온전히 완결된다는 생각이 든다. 실제로 어떤 학자는 여호수아기를 오경에 포함시켜, '육경'이라는 말을 사용하기도 했다.

그러나 이스라엘 백성들이 약속의 땅을 바라보는 장면으로 오경이 마무리되는 특별한 의도가 있다. 그것은 아브라함 언약이 이스라엘이 가나안 땅을 정복하고 그 안에 정착하는 일로 완결되지 않음을 암시한다. 가나안 땅과 그 땅에 세워질 다윗 왕국은 그리스도를 통해 임재할 하나님 나라의 그림자에 불과하다. 하나님이 아브라함에게 하신 약속은 그리스도의 나라에서 온전히 성취된다. 이런 의미에서 오경이 가나안 땅을 바라보는 이스라엘 백성으로 마무리된 것은 오실 메시아와 그분이 이룰 하나님 나라를 바라보는 책임을 보여 준다.

정리 질문 ─────────────────────────────────────

1. 창세기 1장이 가르치는 성경적 세계관의 핵심 요소들은 무엇입니까?

2. 오경이 어떻게 예수 그리스도를 가리키는 책이 될 수 있는지 토의해 봅시다.

3. 오경의 핵심 신학은 무엇이며 그것을 증명해 주는 오경 내 사건들이 무엇인지 말

   해 봅시다.

4. 창조 이야기

우주와 생명 그리고 인류는 창조의 결과인가, 우연한 진화 과정의 산물인가? 창세기를 둘러싼 가장 뜨거운 논쟁은 이 기원의 문제일 것이다. 기독교인이라면 우주가 창조주의 작품임을 부정하지 않을 것이다. 하지만 하나님이 천지를 '어떻게' 창조하셨는지에 대해서는 생각이 일치되지 않는다. 이런 의견의 불일치는 믿음의 부족이 아니라 창세기 1장에 대한 해석이 다르기 때문이다. 물론 해석에는 정답이 없다. 하지만 좋은 해석은 저자의 의도에 합당한 해석일 것이다.

이 장은 창세기 1장에 대한 대표적인 해석법들을 비평적으로 소개한 후 그 본문을 저자의 의도에 맞게, 즉 문학적 장르에 따라 읽는 법을 다룬다. 창조와 진화 논쟁은 종종 어느 이론이 더 '과학적'인가로 흐른다. 그러나 기원에 대한 논쟁은 궁극적으로 과학이 아니라 '세계관' 문제이다. 진화를 믿는 사람들은 우주 역사가 우연의 연속이라 생각하겠지만, 창조를 믿는 사람들은 역사 안에서 우연이 아닌 조물주의 뜻을 발견하려 할 것이다. 창세기 1장을 저자의 의도에 따라 이해하면, 창세기 저자의 관심이 자연과 인간의 기원이 아니라 피조세계의 존재 목적과 그 의미에 있음을 보게 된다.

먼저 창세기 1장을 해석하는 몇몇 틀을 살펴보자.

24시간 이론

이 이론은 창조의 '날'이 24시간을 가리킨다고 주장한다. 우주
는 성경에 기록된 순서대로 단 6일 만에 창조되었다. 이 이론은 창세
기 1장에 등장하는 숫자를 문자적으로 이해하고 창조의 순서도 시간
적 순서로 파악한다. 예를 들어 태양, 달, 별과 같은 광명체가 창조되기
전에 광명(=빛)이 물리적으로 존재했고, 물이 하늘 위에 저장되어 돔
모양의 궁창이 그것을 떠받친다고 주장한다. 이런 문자적 해석을 창세
기 전체로 확대 적용하면 지구는 약 6,000년의 역사를 가진다. 창세기
를 이렇게 해석하는 사람들은 '오랜 지구'에 대한 과학적 증거를 두고,
아담이 성인으로 창조된 것처럼 신생별 지구도 오래된 별로 창조되었
다고 주장한다. 즉 지구가 늙어 보일 뿐이라는 주장이다.

이 24시간 이론은 과학적 사실들과 조화되기 힘들다. 예를 들
어 지구가 생성된 지 불과 며칠 만에 사람이 생겨났다는 주장이나 인
류가 역사에 등장한 지 한 세대 만에 농경과 목축을 시작했다는 주장
이다.[1] 또한 창세기 1장에 대한 지나친 문자적 해석은 성경의 다른 부
분에 등장하는 창조 이야기와 모순을 일으킨다. 예를 들어 창세기 1장
에서는 인류가 가장 마지막에 창조된 피조물이지만 2장에서는 동물
이 인간보다 나중에 창조된 것으로 묘사된다(2:19). 창세기 1장에서는
하나님이 천지를 창조하실 때 바다 괴물과 싸웠다는 언급이 없지만
욥기(26:12)나 시편의 몇몇 구절들(시 74:13-14)은 창조주 하나님의 권능
을 노래하는 문맥에서 바다 괴물과의 싸움을 언급한다.[2]

---

1 —— 과학자들은 지구 환경이 생성된 후 수십억 년이 흘러 인간이 나타났다고 주장한다. 그러
나 24시간 이론에 따르면 지구 환경의 생성과 동시에 인간이 창조된다. 또한 이 이론에
따르면 첫 인류 아담의 아들들이 농사와 목축을 시작하는데, 인류학자들에 따르면, 농
사와 목축은 수만 년의 수렵과 채취 생활을 거친 후 약 BC 1만 년 정도에 생겨난 것이다.

시대 이론

시대 이론은 창조의 '날'들이 오랜 불특정 기간을 가리킨다고 주장한다. 히브리어 '욤'이 다양한 시간 단위를 가리킬 수 있다는 사실에서 태어난 이 이론은 하나님이 여섯 시대에 걸쳐 점진적으로 세상을 창조하셨다고 주장하기 때문에 지구의 연대에 대한 주류 과학적 견해를 비롯해, 다양한 형태의 유신 진화론과 공존한다.[3] 그럼에도 이 이론은 창세기 1장의 창조 '순서'를 문자적으로 이해하기 때문에 우주 기원에 관한 주류 과학적 입장과 조화되기 힘들다. 또 다른 문제는 고대 이스라엘 사람들이 창조의 '날'을 24시간 하루로 이해했다는 사실이다. 이것은 그들이 안식일 준수 이유를 하나님의 제7일 안식에서 찾았다는 사실에서 확인된다. 창조의 '날'이 불특정한 기간의 시대를 가리킨다는 주장이 히브리어에서 불가능한 것은 아니지만 실제 창세기 본문을 읽었던 고대인들은 그것을 24시간으로 이해했을 가능성이 더 높다.

얼개 이론

얼개 이론은 창조의 '날'을 문학적 얼개(frame)로 이해한다. 즉 6일 창조의 얼개는 실제 창조의 순서를 보고하기 위한 것이 아니라 세계 창조의 목적과 의미—창조자에 대한 예배—를 설명하는 문학적 장치이다.

6일 창조의 문학적 얼개는 다음과 같다. 6일 창조는 서로 대응하는 두 번의 3일 창조로 나뉘는데, 첫 번째 3일에 존재의 영역이 창

---

2 —— 고대 근동 신화에서는 조물주가 바다 괴물과 싸우는 모티브가 자주 등장한다. 우가릿의 바알 신화와 메소포타미아의 창세 신화를 참조하라. 프리처드, 《고대 근동 문학 선집》, 90~103, 229~295쪽 참조.

3 —— 유신 진화론자들은 진화론과 성경을 조화시키기 위해 하나님이 진화의 과정을 주장하셨다고 본다. 하나님의 창조가 진화를 수단으로 발생했다는 것이다.

조되고 두 번째 3일에는 그 영역의 주권자들이 창조된다. 첫째 날에 빛이 창조되면서 어둠과 나뉘고 넷째 날에는 그 빛과[4] 어둠을 주장할 광명체들이 창조된다. 둘째 날에 창조된 궁창을 통해 하늘과 바다가 나뉘고 다섯째 날에는 하늘과 바다를 주장하는 새와 물고기들이 창조된다. 셋째 날에는 마른 땅이 드러나고 여섯째 날에 땅을 주장하는 동물들이 창조된다. 여기서 흥미로운 사실은 제3일과 제6일에 이례적으로 두 번의 창조 명령이 등장한다는 것이다. 또한 제3일과 제6일의 두 번째 창조 명령들로 나타난 식물과 인간은 존재 영역과 그 주관자의 창조라는 기존의 틀을 깨뜨리는 동시에 이후 구속 이야기의 전개에 중요한 복선을 제공한다. 즉 식물('선악과')이 앞으로 인간의 운명을 결정할 것임을 암시한다. 이런 틀은 창조의 자연적 순서보다는 창세기 저자의 신학적 의도를 반영한다고 판단된다.

첫 번째 3일	영역	두 번째 3일	영역 주권자
첫째 날	빛 (빛과 어둠)	넷째 날	해, 달, 별
둘째 날	궁창 (하늘과 바다)	다섯째 날	새와 물고기
셋째 날	마른 땅 **식물**	여섯째 날	땅을 기는 동물들 **인간**

　이처럼 얼개 이론은 창조의 날과 순서를 신학적 메시지를 전하는 문학적 장치로 이해하기 때문에 창조가 실제 '어떻게' 이루어졌는지는 불가지론 입장을 고수한다. 창조의 역사성을 부정하지는 않지만 실제 창조의 과정은 알 수 없다는 입장이다.

---

4 —— 고대인들은 빛을 입자나 물질로 생각하지 않았다.

창세기를 고대 문서로 읽기

창세기는 고대인들의 소통 방식으로 저술된 책이다. 창세기를 제대로 이해하려면 우리 자신의 안경을 내려놓고 고대인들의 입장이 되어 본문을 읽어야 한다. 물론 2,000년 전 중동에 살던 독자의 입장이 어떻게 될 수 있냐고 반문할 수 있다. 불가능한 일일지도 모르겠다. 그러나 우리는 갈릴레오의 비판가들이 저지른 실수를 반복해서는 안 된다. 그들의 잘못은 성경 본문에 대한 자신들의 해석이 '정확무오'하다고 주장한 것이다. 또한 그들은 자신들처럼 성경을 해석하지 않으면 기독교 신앙이 무너질 것이라 경고하였다. 우리는 그들의 실수를 반복해서는 안 될 것이다.

창세기 본문을 보다 잘 이해하는 방법은 고대 세계의 문학에 익숙해지는 것이다. 성경은 문화적 진공 상태에서 만들어지지 않았기 때문에 그 메시지를 이해하려면 고대 근동 사람들의 세계관을 관찰해야 한다. 역사-문법적 해석이라 불리는 이 성경 해석법은 단어의 표면적 의미만 검토하는 것이 아니라 단어의 문화적 함의까지 고려하는 것이다. 구글 번역기가 현대 소설을 제대로 번역할 수 없는 것도 언어가 그 역사·문화적 문맥과 동떨어져 기능하지 않기 때문일 것이다.[5]

성경 본문을 읽는 경험은 낯선 나라를 처음 방문하는 경험과 유사하다. 해외여행을 해보면 평소 당연했던 것들이 다른 나라에서는 그렇지 않음을 알 수 있다. 이것이 동시대 사람들 사이에 느끼는 일이라면 수천 년의 문화적 간극을 가진 사람들 사이에서는 얼마나 더 하겠는가? 독서와 같은 아주 기초적인 행위도 고대인들에게는 전혀 다른 경험이었다. 고대에는 책을 읽을 수 있는 사람들이 매우 적었고 독서 방법도 현대인들과 아주 달랐다. 아우구스티누스는 《고백록》에

---

5 —— 필자(칩 하디)와 같은 미국인이 영어로 쓴 내용이 한국 독자들에게 제대로 전달되려면 한국 문화를 잘 아는 또 한 사람의 저자(김구원)의 도움이 필요한 것도 같은 이치이다.

서 스승 암브로시우스의 독특한 독서 습관을 다음과 같이 증언한다.

〔암브로시우스가〕독서할 때 그의 눈은 책장 위를 두루 다녔고, 그의 마음은 그 의미를 찾는 데 분주했지만, 그의 목소리와 혀는 침묵하였다.

학자들은 이것을 인류 최초의 묵독 기록이라고 평가한다. 즉 고대 세계에서 독서는 반드시 낭독(심지어 혼자 있을 때도 독서는 소리 내어 이루어졌음)을 가리켰기 때문에 암브로시우스의 묵독이 특이하게 여겨졌던 것이다. 하지만 오늘날 독서는 대개 묵독이다.

고대 근동의 창조 이야기

창세기 1장의 창조 이야기를 제대로 이해하려면 고대 근동 세계—창세기 이야기가 만들어진 문화적 배경—의 창조 이야기들을 함께 고려해야 한다. 바빌로니아의 창조 이야기 〈에누마 엘리쉬〉를 살펴보자.[6] 이 이야기를 통해 고대 독자들의 세계관을 상상해 보고 그들이 궁금히 여겼을 질문들이 무엇이었는지 생각해 보자. 〈에누마 엘리쉬〉는 티아맛 신과 마르둑 신 사이에 벌어지는 권력 투쟁이 주 모티브이다. 이 이야기는 우주의 원시 상태를 묘사하는 구절로 시작된다.

제1토판: 1-13줄

높은 곳(에누마 엘리쉬) 하늘에 어떤 이름도 주어지지 않고, 아래 지하 세계가 아직 이름 불리지 않았을 때,

---

6 —— 이야기의 첫 구절을 제목으로 삼는 고대인들의 관습에 따라 붙여진 이름이다. 〈에누마 엘리쉬〉는 아카드어로 '높은 곳에서'를 의미한다.

원시 압수가 그들(하늘과 지하 세계)의 아버지가 되었고,

어머니 티아맛이 그들 모두를 낳았다.

이 둘(압수와 티아맛)이 그들의 물을 서로 섞을 때,

갈대숲이 꼬이거나 수풀들이 엉키지 않았다.

아직 신들이 태어나지 않고,

아직 누구도 이름 불리지 않았을 때,

어떤 운명도 결정되지 않았을 때,

그때 신들이 그 둘로부터 형성되었다.

라흐무와 라하무가 태어나 그 이름으로 불렸다.

그들이 몸이 크고 키가 성장했을 때

안샤르와 키샤르가 태어나 그들보다 더 크게 자랐다.

날이 늘어났고, 해가 더해졌다.

……..

이 본문은 우주의 기원에 대한 고대인들의 생각을 잘 보여 준다. 우선 주목할 것은 인간과 동물의 존재 영역이 창조되기 전에 신들의 존재 영역('하늘'과 '지하 세계')이 창조된다는 사실이다. 신들의 부모라 불리는 압수(Apsu)와 티아맛(Tiamat)이 위로는 하늘, 아래로는 지하세계를 창조했다. 여기서 하늘과 지하세계는 물리적 하늘이나 땅속이 아닌 신들이 사는 신화적 공간을 지칭한다. 이것은 창세기 1장에 대한 다양한 해석들에도 영향을 끼쳤는데 어떤 구약학자는 창세기 1장 1절의 '하늘'을 천사의 세계로 이해했다. 둘째, 창조가 생산의 언어('낳다')로 표현되는 점에 주목하자. 즉 〈에누마 엘리쉬〉에서 창조는 신들의 잉태와 출산으로 이해되는데, 이것은 창조 이야기의 관심이 물질의 기원보다 존재의 목적을 밝히는 데 있음을 암시한다. 잉태와 출산의 속과정은 현대 의학이 발달하기 전까지 신비의 영역이었다. 중세 때까

지만 해도 잉태는 신의 활동이나 마법의 영역으로 생각되었을 정도이다. 즉 고대인들은 여인의 몸속에서 아이가 '어떻게' 만들어지는지 아는 바가 없었다. 창조가 출산의 언어로 표현되었다는 사실은, 고대인들에게 중요했던 질문이 '어떻게 피조물이 만들어졌는가'보다는 '무엇을 위해 피조물이 만들어졌는가'에 있음을 암시한다. 셋째, 이와 관련하여 창조 이야기에서 '이름 짓기'가 주요 모티브라는 사실에 주목하라. 창조 이전의 상태가 '이름 불리지 않았을 때'라고 표현될 뿐 아니라 창조된 피조물에게는 각각 이름이 부여된다. 피조물에 이름을 붙이는 것은 그 피조물에 목적을 부여하는 것이다. 이런 의미에서 고대인들에게 창조는 물질의 창조라기보다 기능의 창조임을 알 수 있다. 고대의 세계관에 따르면 창조된 것은 반드시 그 존재 목적을 가진다. 창세기 1장도 기능의 창조에 서술의 초점이 있다. 넷째, 피조 세계가 물로부터 나온다. 학자들은 이 물을 '태고적 물'이라 칭한다. 바빌로니아의 창조 이야기에서 태고적 물은 담수의 신 압수와 염수의 신 티아맛으로 형상화된다. 신계의 창조는 이들의 결합을 통해 이루어지며, 인간계는 조물주에게 정복된 바다 신 티아맛의 주검에서 창조된다. 다섯째, 창조 이야기에 신들의 계보가 등장한다. 창조 이야기는 신들 사이의 서열을 확정해 줌으로써 어떤 신이 최고 신인가 혹은 어떤 신이 통치 신인가를 말해 준다. 다시 말해 고대인들은 창조 신화를 통해 누가 신계와 인간계의 왕인지를 배웠다. 기억해야 할 것은 창조와 통치의 개념이 매우 밀접한 관계에 있다는 사실이다. 창세기 1장에서도 창조를 마친 하나님이 안식하셨다는 서술은 피조 세계의 왕으로 등극하셨다는 의미를 포함한다(3장 오경 이야기 참조).

다음 본문은 젊고 강력한 마르둑과 대결하기 위해 티아맛이 전쟁 도우미들을 추가로 창조하는 이야기다.

제1토판: 133-144줄

만물을 만들 수 있는 어머니 후부르(=티아맛)는
수많은 강력한 무기들을 추가했고 괴물 뱀도 낳았다.
그 뱀은 무자비한 독을 품은 날카로운 송곳니를 가졌다.
그녀는 그 뱀의 몸을 맹독으로 채웠다.
또한 무시무시한 용들을 화려하게 치장했으며
그들에게 신들의 능력을 주며 다음과 같이 말했다.
"그들을 보는 자는 누구나 힘을 잃고 쓰러질 것이다!
그들은 전투에서 절대 물러나지 않을 것이다!"
그녀는 뱀과 용과 털 많은 영웅들을 배치했다.
사자 요괴, 사자 인간, 스콜피온 인간,
강력한 귀신들, 물고기 인간, 황소 인간들도
강력한 무기를 들고 전쟁할 태세를 갖추었다.

이 구절에서는 위험한 신화적 생물들이 티아맛의 무기로 창조
된다. 서술의 주된 관심은 그들의 가공할 만한 전투 능력이다. 이 신화
적 생물들은 기존의 창조 세계의 균열 때문에 추가적으로 창조된 것
들이다. 여기서 주목할 사실은 고대 근동의 창조 이야기는 전능한 창
조주에 의한 완벽한 창조를 말하지 않는다는 것이다. 처음 창조된 세
계가 문제를 일으킬 때마다 그것을 고치기 위한 추가적 창조들이 뒤
따른다. 인간의 창조도 이런 추가적 조치의 일환이었다. 이것은 창세
기 1장에 묘사된 하나님의 '매우 좋은' 피조 세계와 대조된다.

티아맛은 강력한 전투 도우미들이 있었지만 우주적 전쟁에서
패배하고 마르둑이 최고 신이자 신들의 왕으로 선포된다. 다음의 본
문은 마르둑이 하늘, 즉 신들이 사는 영역에 새 질서를 부여하는 장
면을 묘사한다.

제5토판: 1-8줄

그는 위대한 신들을 위한 거처들을 건설하였다.
별 무리를 그들의 형상을 가진 별자리로 고정시켰다.
그는 고정된 별자리를 통해 해를 정했다.
열두 달의 각 달에 세 개의 별자리를 지정했다.
그 형상들을 통해 한 해의 날들을 정의한 후
천상 거처 네비루를 건설하여 별들 사이의 관계를 고정시켰다.
어느 것도 지나치거나 부족하지 않도록 하였다.
그 곁에 엔릴과 에아의 거처도 세웠다.

이 구절들은 신들과 별자리 사이의 연관을 보여 준다. 별자리는 신들의 거처이자 형상(image)이다. 또한 별자리는 시간의 진행이나 순환을 표시하는 기능도 가진다. 시간이 일정하도록 '네베루'로 불리는 춘분점을 설치함으로써 별들 사이의 '관계'를 정했다. 해, 달, 날의 고정된 운영은 이후에 창조될 인간 세계의 안정에 중요한 배경이 된다. 창세기 1장에도 해, 달, 별들의 창조가 언급되지만 그들은 인간을 섬기는 '광명체'일 뿐이지 결코 신이나 신의 거처는 아니다.

다음 본문은 인간의 기원에 대한 서술이다. 바빌로니아 창조 이야기에서 인간은 마르둑의 피조물이다.

제6토판: 1-10줄

마르둑이 회의에 참석한 신들의 말씀을 들었을 때
예술 작품을 만들기 원하는 마음이 격동했다.
그는 입을 열어 에아에게 마음에 품은 계획을 설명한다.
"나는 피를 모아 뼈가 되게 할 것이오. 야만종(룰루)을 만들고 그

인간의 친구 에아

에아(=엔키)는 하늘 신 아누의 아들이자 신들의 왕 마르둑의 아버지
로, 물을 관장하던 신이다. 그는 아누와 엔릴과 더불어 메소포타미
아 종교의 3대 신을 이룬다. 피와 진흙으로부터 인간을 창조한 그는
메소포타미아 신들 중 가장 인간 친화적인 신이다. 즉 인간을 가장
염려하고 사랑하는 신으로 알려져 있다. 그는 인류가 홍수로 멸망당
할 위기에 처했을 때 우트나피슈팀에게 방주를 만들라 지시하기도
했다. 또한 인류에게 문명을 가져다 준 신으로도 기억된다.

의 이름을 '사람'이라 할 것이오. 진실로 나는 야만종—사람을 창
조할 것이오. 신들이 안식할 수 있도록 그는 신들을 봉양하는 임
무를 맡게 될 것이오! 이렇게 나는 신들의 삶을 아름답게 바꿀
것이오."

바빌로니아의 창조 이야기에 따르면 인류는 신의 하수인으로
창조되었다. 인류의 창조 목적은 신들이 편안한 삶을 살 수 있도록 그
들을 대신해 고역—요리, 청소, 농사, 건축 등—을 감당하는 것이다. 마르
둑이 처음으로 인간 창조를 고안했지만 실제 인간을 창조할 때는 다
른 신들과 상의하고 협업했다. 예를 들어, 인간을 만들기 위해서 신들
중 하나가 희생되어야 했을 때 신들은 그것을 회의를 통해 결정한다.
그리고 그 결정에 따라 에아가 패장(敗將) 킹구의 피로 인간을 창조한
다. 신들 회의의 의장인 동시에 인간 창조를 최초로 고안한 신이 마르
둑이라는 점에서 인간은 마르둑의 피조물로 간주되지만, 인간 창조가
신들 간의 협업의 결과라는 사실에는 변함이 없다. 창세기 1장에서 창
조주 하나님이 '우리'라는 1인칭 복수를 사용한 것을 이런 배경에서

이해하는 학자들도 있다.

창세기 1장과 이방의 창조 신화들

고대인들은 창조 신화를 통해 그들의 기본적 세계관을 표현했다. 〈에누마 엘리쉬〉를 통해 우리는 바빌로니아 창조 이야기의 관심이 물질의 기원이 아니라 피조물들의 존재 목적, 즉 그들의 기능에 있다는 사실을 배웠다. 창조가 출산과 작명의 과정으로 그려진 점은 이것을 잘 보여 준다. 창세기 1장의 창조도 비슷한 관점에서 이해될 수 있다. 즉 창세기 1장이 가르치는 것은 세계의 물질적 기원이 아닌 세계의 존재 목적이다. 창세기 1장을 읽으면 인간의 존재 목적에 대한 답을 얻는 것이다. 하지만 고대 근동의 창조 신화와 창세기 1장의 차이에도 주목해야 한다. 고대 근동 신화들을 잘 알고 있었던 창세기 저자는 창세기 1장을 통해 고대 사람들의 세계관을 교정하고자 했다(3장 오경 이야기 참조). 창세기는 에아가 아니라 하나님을 창조주로, 마르둑이 아니라 여호와를 왕으로 선포한다. 또한 고대 신화에서 인간의 창조는 하위 신들의 불만을 잠재우기 위한 '플랜 B'이지만, 창세기 1장에 묘사된 창조는 처음부터 인간의 창조를 염두에 둔 것이었다. 또한 고대 신화에서 인간은 신들의 천한 종에 불과하지만, 창세기 1장은 인간을 하나님과 비슷한 존재('하나님의 형상')로 묘사한다. 심지어 인간은 피조 세계를 다스리는 신적 사명을 위임받는다. 마지막으로 〈에누마 엘리쉬〉에 따르면 현재 세상은 불완전한 창조의 결과이다. 신들은 기존 창조의 불완전을 해결하기 위해 추가적 창조를 시도한다. 그러나 창세기 1장은 하나님이 지으신 세계가 '매우 좋았다'고 선언한다. 이처럼 창세기를 고대 근동의 신화를 배경으로 읽으면 그것이 본래 가졌던 메시지를 보다 풍성히 읽을 수 있다.

창세기 1장과 태양신 숭배

창세기 1장은 고대인들의 태양신 숭배를 비판하는 목적도 있다. 6일 창조 기사를 보면 고대인의 상식적 경험에 위배되는 세 가지 사실이 발견되는데, 이 세 가지가 모두 태양과 관련된 것이다. 첫째, 광명체가 창조되기 전에 빛이 있었다. 고대인들에게 태양은 빛의 근원이었다. 즉 태양 없는 빛은 존재할 수 없다. 그럼에도 불구하고 창세기 1장에서 빛이 제1일에, 광명체가 제4일에 창조되는데 이것은 고대인의 상식을 위배하는 것이다. 둘째, 태양이 창조되기 전에 식물이 자라났다. 고대인들도 태양이 없으면 땅 위에 식물이 자라지 못한다는 사실을 잘 인지하고 있었다. 셋째, 태양이 창조되기 전에 낮과 밤의 반복, 즉 '날'(day)이 있었다. 하지만 고대인들에게는 태양의 운동이 날의 기준이었다. 태양 없는 '날'은 존재할 수 없었다. 이 세 가지 모두 태양의 기능과 관련 있음에 주목할 필요가 있다. 즉 창세기 1장의 저자는 창조 기사에서 고대인의 상식을 위배하면서 태양 없는 빛의 존재, 태양 없는 식물의 존재, 태양 없는 시간의 존재를 말하고 있는 것이다. 그 이유는 고대인들에 의해 가장 중요한 신으로 숭배되는 태양을 비판하기 위한 것이다. 창세기 1장의 저자는 태양과 관계없는 빛, 태양 없이 자라는 식물, 태양 없이 흐르는 시간을 말함으로써 태양신 신앙을 비판한 것이다.

정리 질문

1. 창조의 '날' 이론 중 어느 이론을 선호하는지, 그 이유를 설명해 봅시다.

2. 〈에누마 엘리쉬〉에 나타나는, 우주의 기원에 대한 고대인의 사고는 무엇입니까?

3. 고대 근동의 창조 이야기를 배경으로 창세기에서 깨달은 내용을 토의해 봅시다.

5. 율법과 임마누엘

고대 이스라엘인들은 하나님이 '살아 역사하신다'는 믿음을 가졌다. 이는 하나님이 단순히 만물을 창조하신 후 쉬고 계시는 조물주가 아니라, 만물을 운영하시는 통치자라는 뜻이다. 이런 하나님의 역사가 가장 잘 드러난 사건이 출애굽 사건과 시내산 언약이다. 출애굽이 이스라엘 민족을 '창조'한 사건이라면 시내산 언약은 하나님이 그 민족의 '왕'이 된 사건이다. 그렇다면 하나님은 어떻게 이스라엘 백성을 다스리는가? 하나님이 어떤 의미에서 이스라엘의 왕이 되는가? 이스라엘이 하나님의 법에 순종하는 삶을 살 때 하나님이 그들의 왕임이 드러난다. 이 때문에 시내산 언약의 일환으로 율법을 주신 것이다. 하나님은 율법을 통해 이스라엘의 신앙과 삶에 자신의 뜻을 계시하셨다. 이후의 역사 속에서도 하나님은 선지자들을 통해 자신의 뜻을 계시하셨다. 이처럼 구약의 이스라엘인들은 왕이신 하나님이 인간의 삶과 행동에 큰 관심을 가지고 계셔서 그에 대한 하나님 자신의 뜻을 일일이 계시하신다고 믿었다. 인간은 자기 마음대로 살 자유의지를 가졌지만 하나님의 뜻에 순종하는 것이 언약 백성의 의무라고 생각했다. 구약의 종교에서 하나님의 뜻이 계시된 율법을 행하는 것이 중요하게 여겨지는 것은 이 때문이다.

그렇다면 그리스도를 주로 고백하는 사람들에게 율법은 어떤 의미일까? 물론 그리스도인들도 구약의 이스라엘인들처럼 하나님의 뜻에 순종하는 것을 중요시한다. 그러나 율법의 문자적 의미를 하나님의 뜻으로 여기지는 않는다. 예를 들어 우리는 율법이 금한 돼지고기를 거리낌 없이 먹는다. 그렇다면 구약의 율법은 오늘날 그리스도인들에게 어떤 의미가 있을까? 이 문제에 답하기 위해 우리는 먼저 율법의 표면적 내용이 아닌 율법의 정신, 즉 율법에 담긴 하나님의 뜻이 무엇인지 살펴볼 필요가 있다.

코람데오의 삶

첫 번째로 살펴볼 율법의 정신은 이것이다. '하나님의 뜻은 삶의 전 영역에 계시된다.' 네덜란드 자유대학을 설립한 개혁주의 신학자 아브라함 카이퍼는 유명한 말을 남겼다. "인간의 삶에서 만유의 주재이신 그리스도께서 '내 것이다'라고 선언하지 않은 영역은 단 1인치도 없다."

오경에 수록된 율법은 출애굽 이후 시내산에 모인 이스라엘 백성에게 하나님이 '모세를 통해' 주신 것이다. 모세를 통해 주었다는 것은 하나님이 직접 주셨다는 의미와 같다. 왜냐하면 모세는 하나님과 친구처럼 소통한 전무후무한 선지자였기 때문이다. 이 율법에 제사법, 절기법 등 종교 규례뿐 아니라 상거래법, 형법, 민법, 도덕법 등이 포함되어 있다는 사실을 주목하자. 이것은 하나님의 뜻이 계시된 모세 율법이 당시 삶의 모든 측면을 다루려 했다는 의미다. 즉 하나님이 인간의 모든 삶에 관심이 있으시다는 뜻이다. 율법은 모두 하나님의 뜻이 담긴 하나님의 법이다.

만약 누군가가 거래를 하면서 저울을 속였다면 상대방에게 죄를 지었다고 생각할 것이다. 그러나 고대 이스라엘 백성들에게 저울을 속이는 것은 율법을 어기는 것이고, 그것은 하나님에 대한 범죄였다. 마찬가지로 율법의 지배를 받는 이스라엘 사회에서는 물건을 훔치는 절도나 임신한 여인을 낙태시키는 것도 피해자에 대한 범죄 이전에 하나님에 대한 범죄로 여겨진다. 간음에 대한 율법을 예로 들어 보자.

> 누구든지 남의 아내, 이웃의 아내와 간음하는 자는 그 간부와 음부를 반드시 죽일지니라(레 20:10).

고대 이스라엘에서는 간음, 즉 남의 아내, 남의 남편과 정을 통하면 그 사정을 막론하고 남녀 모두를 사형에 처했다. 그러나 메소포타미아의 법을 보면, 이 경우에 간부와 음부를 어떻게 처리할지는 피해자, 즉 음부의 배우자가 결정한다. 다음은 함무라비 법전 제129조이다.

> 만약 한 자유인의 아내가 다른 남자와 잠자리를 하다가 잡혔다면 그들은 그 아내와 남자를 결박하여 물에 내던질 것이다. 만약 그 아내의 남편이 그의 아내를 살려 주고자 한다면, 왕은 그의 신민을 살려 줄 수 있다(《고대 근동 문학 선집》, 기독교문서선교회, 2016, 379쪽).

고대 근동 사회에서는 피해를 본 사람의 배우자가, 용서할 수도 있었고 죽이거나 금전적 배상을 요구할 수도 있었다. 이는 메소포타미아의 법이 간음 행위를 궁극적으로 특정 사람에 대한 범죄로 보기 때문이다. 그런데 성경의 율법은 피해자 배우자의 의견과 관계없이 간부와 음부를 죽여야 한다고 규정한다. 이것은 간음이 남편과 아내에 대한 범죄 이전에 먼저 하나님에 대한 범죄라는 것이다.

이런 점에서 율법이 상정하는 세계에는 성과 속의 이분법이 없

다. 삶의 모든 영역이 하나님의 보좌 앞에 있는 것이다. 율법은 우리
로 하여금 코람데오, 즉 하나님 앞에서 살도록 요구한다. 이것이 율법
의 정신이다. 우리는 모든 삶의 영역에서 하나님의 뜻에 순종할 의무
가 있다. 다만 하나님의 뜻이 구체적으로 무엇이냐에 대해 율법의 문
자적 의미에 매이면 안 된다.

한편 하나님이 인간의 삶에 이렇게 개입하시는 이유가 궁금해
진다. '인간이 선행을 한들 하나님께 무슨 유익이 있으며, 악행을 한
들 하나님께 무슨 해가 되겠는가'라는 항변이 그것이다. '하나님은 그
자체로 자족한 분, 완전한 분이 아닌가? 인간의 찬양을 꼭 받을 필요
가 있을까? 인간의 선행이 이미 영광스러운 그분을 더 영광스럽게 만
들 수 있을까'라는 질문이다.

만약 하나님을 추상적인 개념, 즉 전지전능하며 무소부재하고
불변하신 분 등으로 이해하면 그런 의문이 생길 수 있다. 그러나 성경
속의 하나님은 추상적 하나님이 아니다. 성경의 하나님은 언제나 우
리와의 특정한 관계에서 여호와로 계시된다. 하나님은 우리를 창조한
순간부터 우리와 특정한 관계로 들어오셨다. 우리를 구원한 순간부터
그분은 우리와 특정한 관계로 들어오셨다. 성경에서 이런 하나님은 창
조주, 왕, 아버지, 친구, 남편 등으로 묘사된다.

이렇듯 우리와 관계 맺는 분으로서 하나님은 우리의 행위에 영
향을 받는다. 바람피우는 아내를 둔 남편이 질투하듯이 하나님은 우
리가 우상을 숭배하면 질투하시고, 불충한 신하를 가진 임금이 슬퍼
하듯이 하나님은 우리가 그분의 명령을 거역하면 슬퍼하시며 우리를
신하로 세운 것을 후회하신다. 배신당한 친구가 화를 내고 복수를 꾀
하듯이, 불순종한 아들을 아버지가 징계하듯이, 우리가 죄를 지으면
하나님은 우리에게 화를 내시며 징계하신다. 이것은 그분이 추상적인
개념이 아니라 우리와 친밀한 관계를 맺으시는 인격신이기 때문이다.
율법은 이처럼 우리와 친밀하게 관계 맺으시는 하나님을 전제한 것이

다. 이것은 율법의 두 번째 정신과 일맥상통한다.

그 두 번째 정신은 '하나님과 우리는 특별한 관계에 있다'는 것이다. 성경은 이 관계를 '베리트', 즉 언약으로 표현한다. 율법도 언약의 일부로 주어진 것이다. 언약이란 무엇인가? 이 질문에 답하기 위해 언약이 본래 어떤 인간 관계를 지칭한 용어였는지 살펴보자. 언약의 기원에 대한 학자들의 이론은 크게 두 가지다. 하나는 옛 국가 간 조약 관계에서 유래한 것으로 보는 입장이고 다른 하나는 남편과 아내의 결혼 관계에서 유래했다는 입장이다. 이 둘 모두, 성경의 언약 개념을 이해하는 데 도움을 준다. 성경 저자가 하나님과 이스라엘 관계를 '베리트', 언약으로 이해했다는 것은 종주 왕과 속국 왕의 관계 혹은 신랑과 신부 관계로 그렸다는 뜻이다.

하나님의 존귀한 신하 이스라엘

먼저 언약을 종주 왕과 속주 왕의 계약 관계 관점에서 살펴보자. 이 경우 하나님과 이스라엘은 왕과 신하 관계인 동시에 이스라엘은 하나님의 대리 통치자가 된다. 즉 언약을 통해 이스라엘은 하나님의 '존귀한 종'이 되는 것이다.

십계명이나 신명기 등 언약 본문들을 분석해 보면 고대 근동의 조약 문서, 특히 히타이트 조약 문서와 구성이 매우 유사함을 알 수 있다. 히타이트 종주 조약 문서는 강대국 히타이트와 그 주변의 약소국 사이의 조약을 기록한 것으로 보통 그 안에 다섯 가지 항목을 포함한다. 첫 번째 항목에서는 종주 왕이 누구인지가 소개된다. 다음은 히타이트 종주 조약 서문의 예이다.

나는 풍우신이 총애하는 자, 용맹한 자, 하티의 왕, 위대한 왕, 태양, 숩필릴루우마다.

두 번째 항목에서는 종주 왕이 종속 왕에게 베푼 과거의 은혜들이 소개된다. 가령 '나는 몇 해 전 너희 나라에 흉년이 들었을 때 식량을 보내 주었다', '작년에 외적이 침입했을 때 군대를 보내 주었다' 등 과거에 베푼 은혜들을 상기시킨다. 세 번째 항목에는 종주 왕이 종속 왕에게 부과한 명령들과 의무들이 적힌다. 가장 자주 언급되는 의무는 '범죄자가 너희 나라로 도망하거든 숨겨 주지 말고 우리나라로 송환시켜라', '외적이 우리나라를 침입하면 군대를 보내 주어라' 등이다. 주목할 것은 이 법령들이 주권 왕이 누구이며 그가 베푼 은혜가 무엇인지 설명한 후에 주어졌다는 것이다. 이 때문에 많은 학자들은 그 규정들을 은혜 입은 종속 왕의 마땅한 의무로 이해한다. 네 번째 항목에는 법령을 신실히 지켰을 때의 축복과 위반했을 때의 저주가 나열된다. 다섯 번째 항목에는 그 조약 문서를 잘 보관하고 정기적으로 사람들 앞에서 낭송할 것을 규정하는 내용이 들어가기도 했다.

히타이트의 종주 조약 구성

1. 주권 왕의 이름 제시
2. 주권 왕이 베푼 은혜 설명
3. 종속 왕이 지켜야 할 의무 제시
4. 저주와 축복
5. 문서 보관과 낭송 규정

흥미롭게도 오경의 율법도 이런 종주 조약 문서의 형식을 따른다. 십계명을 예로 들어 보자. 흔히 십계명의 시작을 제1계명이라고 생각한다. 그러나 실제 십계명 언약은 그 앞 구절에서 시작된다. "나는 너를 애굽 땅, 종 되었던 집에서 인도하여 낸 네 하나님 여호와니라"(출 20:2). 이 구절을 히브리어 원문을 따라 다시 번역하면, 히타이트 종주 조약의 첫 번째, 두 번째 항목과 정확히 일치한다.

나는 너의 하나님 여호와다. 나는 너를 애굽 땅, 종 되었던 집에
서 인도해 내었다.

여기서 '나는 너의 하나님 여호와'는 주권 왕이 누구인지를 소
개하는 첫 번째 항목에 해당하고, '나는 너를 애굽 땅 종 되었던 집에
서 인도해 내었다'는 주권 왕이 베푼 은혜를 소개하는 두 번째 항목에
해당한다. 그리고 이어지는 십계명 본문은 종주 왕의 은혜를 입은 자
가 행해야 할 의무 사항을 규정한 세 번째 항목에 해당된다. 이 의무
사항이 종주 왕이 베푼 은혜에 대한 보답이듯, 십계명도 하나님 백성
이 되기 위해 지켜야 할 의무 사항이 아니라 이미 은혜로 그분의 백성
이 된 자들이 그 은혜에 반응하여 지키는 것이다. 또한 종주 조약처럼
십계명 언약도 순종했을 때의 복이나 불순종했을 때의 저주를 포함
한다. 예를 들어 네 부모를 공경하라는 계명 안에는 그 계명을 지켰을
때의 복, 즉 "하나님이 네게 준 땅에서 장수할 것이다"라는 말이 있다.
이처럼 십계명과 율법은 언약의 일부로 준 것이다. 십계명과 율
법은 하나님과 이스라엘의 관계가 그 전제에 있다. 그 관계는 하나님
의 인격('하나님은 누구신가', 히타이트 종주 조약 첫 번째 항목)과 사역('그분
이 우리를 위해 어떤 은혜를 베푸셨나', 히타이트 종주 조약 두 번째 항목)에 근
거한다. 이런 관점에서 십계명과 율법은 하나님이 이스라엘과 맺은 언
약 관계의 외적 표지이다. 즉 하나님이 우리의 왕 되시고 우리는 그
분의 '존귀한 신하'라는 특별한 관계를 보여 주는 것이 율법이고 십
계명이다.
시내산 언약을 통해 하나님을 종주 왕으로 모신 이스라엘 백
성은 더 이상 이집트 왕 바로를 왕으로 섬기던 노예가 아니다. 하나님
을 왕으로 받아들임으로써 이스라엘은 바로의 속박에서 벗어났다. 바

로의 통치 아래에서 노예로 살았던 이스라엘이 하나님의 통치 아래에서는 존귀한 자, 하나님의 정의롭고 선한 통치를 열방으로 흘려보내는 자로 살게 되었다. 이런 관계의 외적 표시에 해당하는 율법은 이스라엘의 자랑거리다. 즉 해방된 이스라엘이 기쁨으로 매어야 할 멍에인 셈이다.

하나님의 신부 이스라엘

하나님과 관계 밖에 있는 사람에게 율법 준수는 공허하다. 지금 소개할 언약의 기원에 관한 두 번째 학설은 하나님과 이스라엘 사이의 역동적 관계를 강조한다. 이 학설에 따르면 언약은 본래 남편과 아내 관계에서 유래했다. 시내산 언약을 요약하는 구절이 당시 혼인하는 신랑과 신부가 주고받았던 고백과 유사하다는 것이 그 근거이다. 예레미야는 시내산 언약을 다음과 같이 요약한다.

> 너희는 내 백성이 되겠고 나는 너희들의 하나님이 되리라(렘 30:22).

이것은 당시 근동에서 신랑신부가 주고받았던 고백과 매우 유사하다. '나는 당신 남자가 되고, 당신은 내 여자가 된다.' 혹은 '나는 당신 누이가 되고, 당신은 내 오빠가 된다.' 하나님이 이스라엘 백성과 언약을 맺었다는 것은 그때부터 하나님은 이스라엘의 신랑이 되고, 이스라엘은 하나님의 신부가 되었다는 뜻이다. 이 때문에 유대인들은 시내산 언약을 하나님과 이스라엘의 혼인식으로 이해하고, 그 혼인식 때 신랑 하나님과 신부 이스라엘이 주고받은 사랑 고백들이 아가서(22장 참고)에 고스란히 담겼다고 생각했다.

이처럼 결혼 조약의 관점에서 율법을 보면, 율법은 이스라엘이 하나님과 맺은 친밀한 관계에 대한 외적 표지이다. 이것은 율법이 족쇄가 아닌 자랑이 되는 또 하나의 이유이다. 모세는 신명기 4장 7-8절에서 이렇게 자랑한다.

> 우리 하나님 여호와께서 우리가 그에게 기도할 때마다 우리에게 가까이 하심과 같이 그 신이 가까이 함을 얻은 큰 나라가 어디 있느냐 오늘 내가 너희에게 선포하는 이 율법과 같이 그 규례와 법도가 공의로운 큰 나라가 어디 있느냐

이상으로 율법의 정신 두 가지, 즉 '하나님은 우리 모든 삶의 영역에 관심을 가지시는 분이기 때문에 우리는 삶의 모든 영역에서 그분의 뜻에 맞는 삶을 살아야 한다'와 '언약의 일부로 주어진 율법은 하나님과 이스라엘의 특별한 관계, 즉 왕과 존귀한 신하의 관계 혹은 남편과 아내의 관계에 있음을 가리킨다'를 살펴보았다. 율법에 순종하는 것, 하나님의 뜻대로 사는 것은 부담이 아니라 특권이다.

정리 질문

1. 오늘날 율법을 지킨다는 것은 무엇을 의미합니까?
2. 히타이트 종주 조약의 다섯 가지 요소는 무엇입니까?
3. 율법의 기원을 설명하는 두 가지 방식은 무엇입니까?

6. 소통의 하나님—다양한 율법들

이런 오해가 있다. '하나님의 뜻은 변하지 않는다', '하나님의
뜻은 인간의 상식을 뛰어넘는다'. 하나님은 불변하시며 초월적인 분이
므로 그분의 뜻도 변하지 않고 초월적이며, 때로 우리의 상식을 뛰어
넘는다는 생각이다. 그러나 성경 속 하나님은 언제나 관계 속의 하나
님이다. 즉 우리의 창조주, 왕, 아버지, 남편, 목자, 친구 하나님이다. 이
것은 우리가 체험하는 그리고 체험하게 될 하나님의 모습이기도 하다.
율법을 주신 분은 추상적 하나님이 아니라 이스라엘을 통치하시는 왕
되신 하나님이다. 이런 사회관계의 문맥 안에서 주신 율법은 그 관계
의 역동성을 반영한다.

율법에 나타난 하나님의 뜻은 '소통을 위한 다양성'이 그 특징
이다. 이것은 율법이 일관된 법전이 아니라 다양한 뭉치법으로 주어졌
다는 사실에서 잘 드러난다. 율법은 출애굽 백성에게 모세를 통해 주
신 법전이지만, 통일된 법전 형태가 아니라 다양한 뭉치법의 형태로
기록되어 있다. 다시 말해 율법은 오경의 역사 이야기 속에 여기저기
나뉘어 수록되었다.

이것을 간파한 학자들은 오경의 율법을 크게 네 개의 뭉치법으

로 나눈다. 첫째, 십계명에 대한 해설이라 해도 크게 틀리지 않을 '언약 법전'(출 20:22-23:33)이 있다. 둘째, 성막 건축과 그 안에서 행해지는 제사들에 대해 규정한 '제사장 법전'(출 25장-레 16장)이 있다. 셋째, 레위기 17장부터 26장까지의 뭉치법들은 '거룩 법전'으로 불리는데, 제사장 법전이 제사장들의 직무와 관련된 율법이라면 거룩 법전은 온 이스라엘의 성결과 관련된 율법이다. 넷째, '신명기 법전'(신 12-26장)은 가나안 땅에 들어가기 직전 출애굽 2세대에게 주어진 것이다.

　　학자들이 이렇게 율법을 나누는 이유는 분산되어 존재하는 까닭도 있지만, 이 모든 것들을 하나의 법전으로 보기에는 그 내용에 중복과 상충이 너무 많기 때문이다. 예를 들어 "너는 염소 새끼를 그 어미의 젖으로 삶지 말지니라"라는 규정은 언약 법전(출 23:19), 제사장 법전(출 34:26), 신명기 법전(신 14:21)에 중복된다. 만약 오경의 율법이 일관된 법전이라면 앞에서 말한 것을 뒤에서 여러 번 반복하지 않을 것이다. 이뿐만이 아니다. 유월절 제물 규정은 법전마다 조금씩 내용이 다르다. 언약 법전에 따르면, 유월절 어린 양은 날것으로 먹거나 삶아서 먹어서는 안 되고 반드시 불에 구워 먹어야 한다(출 12:8-9). 반면 신명기 법전에 따르면, 유월절 어린 양은 반드시 삶아서 먹어야 한다(신 16:7-8).[1] 제단 건축 법도 마찬가지다. 언약 법전(출 20:22-25)에 따르면 제단은 흙이나 돌로 건축되며 하나님이 이름을 두는 '모든 곳'에 설치 가능하다. 하지만 제사장 법전(출 27:1-8)에 따르면 제단은 귀한 나무로 만들고 그 위를 놋으로 씌워야 한다. 그리고 제단은 오로지 성막 안에 설치되어야 했다. 즉 이스라엘에서 제단은 하나뿐이 되

---

1 —— 신명기 16장 7절의 개역개정역은 히브리어 비샬타를 '구워 먹고'로 번역했지만, 직역하면 '삶아 먹고'라는 뜻이다. 이런 개역개정의 번역은 성경에 모순적 진술이 있다는 인상을 예방한다. 역대하 35장 13절의 "불에 굽고"로 번역된 히브리어 구절은 직역하면 "불에 삶고"이다. 이 표현은 출애굽기('불에' 굽고)와 신명기 율법(물에 '삶고')을 조화시키려는 역대기 저자의 시도일 가능성이 있다.

오경의 주요 뭉치법들

언약 법전	출 20:22-23:33	십계명 해설
제사장 법전	출 25장-레 16장	성막 건축과 그 안에서 행해지는 제사 관련 법, 제사장들이 지켜야 하는 규례들
거룩 법전	레 17-26장	온 이스라엘 사람들이 지켜야 하는 '정결'과 '성결' 법
신명기 법전	신 12-26장	출애굽 제2세대가 가나안 땅에 들어간 후 어떻게 살지 모세가 다시 설명한 율법

는 셈이다. 대한민국 헌법과 법률에 이런 중복과 모순이 있다면 아마 사회적 혼란이 일어날 것이다. 왜 율법에는 이처럼 중복되거나 상충되는 내용이 있을까?

학자들은 다양한 대답을 시도했다. 먼저 성서 비평학자들은 모세오경에 나오는 뭉치법들이 실은 고대 이스라엘의 다양한 시대에 각기 따로 발의되었던 독립적인 법전들인데, 후대에 성경의 일부로 편집될 때 모세를 통해 주어진 법전(즉 '모세 율법')들로 제시되었다고 생각한다. 이 설명에 따르면, 율법 내의 중복과 모순은 이유는 모르지만 편집자가 적절히 수정하지 않았기 때문이다. 하지만 이 설명은 오경의 뭉치법들이 다양한 이야기 문맥에서 등장하고 성경 편집자가 그들 사이의 중복과 모순을 의도적으로 남겨 두었을 가능성을 간과한다.

좀더 나은 대답을 복음주의 학자들이 제시했다. 이들은 오경의 율법이 여러 뭉치법으로 존재하는 현상을 두 가지 방법으로 설명한다. 첫 번째는 율법을 고대 근동의 실정법과 이념법이라는 장르 관점에서 이해하는 것이고, 두 번째는 율법 법전이 삽입된 다양한 내러티브 문맥을 통해 오경 저자의 신학적 의도를 파악하는 것이다.[2]

---

2 —— 첫 번째 방법은 미국 이스턴대학교의 스파크스(Kenston Sparks) 교수에 의해 제시되었고, 두 번째는 골든게이트침례신학교의 세일해머(John H. Sailhamer) 교수가 대표적 주창자이다.

실정법과 이념법

고대 근동에서 법은 크게 실정법과 이념법, 이 두 가지로 나뉜다. 실정법은 실제 재판의 기준으로 사용되고 다양한 판례에 인용되는 법이다. 반면 이념법은 재판과 관계없이 왕의 정의로움과 지혜를 찬양하고 선전하는 문서이다. 함무라비 법전이 대표적인 이념법이다. 함무라비 법전은 판례에 거의 인용된 적이 없다.[3] 그렇다면 모세 율법은 실정법과 이념법 중 어디에 속할까? 물론 모세 율법은 실정법이다. 출애굽한 이스라엘 백성뿐 아니라 그후 약 1,000년 동안 이스라엘의 헌법으로 기능하였다.

실정법의 특징은 사회 상황에 따라 개정, 수정, 증보된다는 것이다. 약 1,000년 동안 모세 율법이 이스라엘 사회의 헌법으로 사용되었음을 고려하면 그것이 시대의 흐름에 따라 개정, 수정, 증보되었음을 예상할 수 있다. 우리에게 전해진 율법, 즉 오경에 기록된 율법은 이렇게 개정 증보된 율법이다.

실정법은 비슷한 조항이나 모순되어 보이는 조항도 포함할 수 있다. 미국 헌법은 시대의 변화에 맞추어 수정되었는데 현재 미국의 수정헌법은 모순되는 조항을 포함한다. 수정헌법 18조는 술의 제조와 판매를 금지하지만, 수정헌법 21조는 그것을 허용한다. 음주 문제가 사회악으로 간주되었던 시절에는 법으로 술을 금지했지만 시대가 변한 다음에는 허용했던 것이다. 이처럼 법전이 개정, 수정, 증보되고, 중복되거나 모순처럼 보이는 법들이 존재하는 이유는 그 법전이 책상에만 꽂혀 있는 것이 아니라 삶의 상황에 늘 적용되는 실정법

---

3 —— 학자들은 이런 장르의 법을 '지혜법'(legal wisdom)이라 부른다. 지혜법은 실제 판결에 인용되는 것을 목적으로 하지 않으며, 어떤 판결이 정의로운지 '예들'로 기능한다. 즉 '지혜법'의 내용들을 잘 살피면, 어떤 판단이 옳은지 직관적 지혜를 획득하게 된다. 참고. John W. Walton and J. Harvey Walton, *The Lost World of the Israelite Conquest* (Downer Grove, IL: IVP, 2017), 89, 100~101쪽.

임을 보여 준다.

　　이스라엘의 율법도 삶에 적용된 실정법이었다. 시대가 변해도 사람들은 율법에서 삶의 문제에 대한 해답을 찾았다. 광야 생활을 할 때나 산지에서 촌락 생활을 할 때, 그리고 도시 생활을 할 때에도 이스라엘 백성들은 율법이 '오늘 우리에게 주시는 하나님의 말씀'이라는 믿음 아래에 그것을 그들의 삶에 적용하려 하였다. 이런 과정을 거치며 기존의 율법에 대한 개정과 증보가 발생했다.

　　유월절 어린양 제사에 대한 법들을 예로 들어 보자. 출애굽기 12장 8절(언약 법전)에 따르면, 이스라엘 사람들은 출애굽 전날 밤 첫 유월절에 어린 양을 불에 구워서('쫄리-에시') 먹어야 했다. 이것은 출애굽 백성에게 주어진 명령이었다. 하지만 신명기 16장 7-8절에서 모세가 가나안 땅에서 살게 될 이스라엘 백성에게 그 명령을 다시 내릴 때는 어린 양을 물에 삶아서('비샬타') 먹으라는 취지로 기존의 법을 개정한다.[4] 그렇다면 왜 모세는 신명기에서 유월절 제사법을 수정한 것일까? 이것은 신명기 율법이 가나안 땅에서 살게 될 이스라엘 백성들을 위한 법이기 때문이다. 모세는 유월절이 다른 농사 절기들의 일부가 될 것을 고려하였다. 즉 보통 절기 제사의 경우 고기를 삶아서 먹는 것이 일반적이었기 때문에 모세는 유월절 때에도 제물을 삶아서 먹을 수 있도록 법령을 수정했던 것이다. 언약 법전(출 12:8)의 유월절 명령이 하나님의 백성이 처음 탄생하는 특수한 상황을 배경으로 한다면 신명기 법전(신 16:7-8)의 유월절 규정은 하나님 백성이 하나님이 주신 땅에 정착해 살아가는 '정상' 상태를 배경으로 한다.

　　안식일에 대한 법도 마찬가지다. 출애굽기 20장 8-11절(언약 법전)에 따르면, 안식일을 지키라고 명하신 하나님은 그것을 자신의 창조 사역과 연관시킨다.

---

4 ──── 각주 1을 참고하라.

안식일을 기억하여 거룩하게 지키라 엿새 동안은 힘써 네 모든
일을 행할 것이나…… 이는 엿새 동안에 나 여호와가 하늘과 땅
과 바다와 그 가운데 모든 것을 만들고 일곱째 날에 쉬었음이라

즉 하나님이 제7일에 쉰 것을 본받아 이스라엘 백성도 제7일에
안식해야 한다는 것이다. 반면 가나안 땅에서 살게 될 이스라엘 백성
에게 그 율법을 다시 설명하면서 모세는 안식일 준수의 이유를 조금
다르게 설명한다. 모세는 안식일에 종들도 쉬어야 함을 강조하면서,
하나님께서 이스라엘을 종살이에서 구원하셨기 때문이라고 설명한다.

네 하나님 여호와가 네게 명령한 대로 안식일을 지켜 거룩하게
하라…… 너나 네 아들이나 네 딸이나 네 남종이나 네 여종이나
네 소나 네 나귀나 네 모든 가축이나 네 문 안에 유하는 객이라도
아무 일도 하지 못하게 하고 네 남종이나 네 여종에게 너 같이 안
식하게 할지니라 너는 기억하라 네가 애굽 땅에서 종이 되었더
니 네 하나님 여호와가 강한 손과 편 팔로 거기서 너를 인도하여
내었나니……(신 5:12-15. 신명기 법전).

언약 법전이 하나님과 이스라엘을 혼인 관계로 설정한 시내산
언약을 배경으로 한다는 사실을 고려하면 출애굽기 20장 8-11절은
신부 이스라엘이 신랑 하나님을 따라 제7일에 안식해야 한다는 논리
로 이해할 수 있다.[5] 한편 안식일에 관한 신명기 규정은 안식일이 가지
는 '하나님과의 관계'의 측면보다 '연약한 이웃'과의 관계에 초점을 맞
추었다. 이것은 출애굽 2세대 이스라엘 백성들이 가나안 땅에서 종을

---

5 —— '부부는 세월이 가면 외모까지 닮아 간다'라는 말이 있듯이 부부 관계는 '하나 됨'의 가
        장 신비한 형태이다. 창세기 2장 24절에 따르면, 부부 관계는 정의상 '한 몸'(바사르 에하
        드)이다.

둔 주인으로 살게 될 상황을 염두에 두고 모세가 기존의 규정을 개정한 것이다. 이스라엘 백성도 한때 이집트에서 종살이했던 것을 기억하고 안식일에 그들의 종들에게 쉼을 주어야 한다.

이처럼 율법이 개정되고 확장될 수밖에 없는 이유는 시대가 변하기 때문이다. 고대 이스라엘 사람들은 시대는 변해도 하나님의 법은 변하지 않는다는 믿음으로 율법을 포기하지 않고 그들 삶의 표준으로 지켜 나갔던 것이다. 이런 의미에서 율법에 있는 중복이나 모순은 말씀대로 살려고 했던 이스라엘 백성들의 믿음을 증거한다.

여기서 주목할 것은 율법이 새로운 상황에 적용될 때 그 율법에 대한 새로운 해석이 발생하며, 신앙 공동체에 의해 수용된 해석은 다시 율법의 일부가 되어 후대에 전수된다는 사실이다.[6] 예를 들어 모세가 출애굽 2세대에게 전달한 유월절 어린양 제사법은 기존의 율법에 대한 새로운 해석이었지만 오늘 우리에게는 신명기라는 말씀으로 전해진다. 이것은 율법이 하나님의 일방적인 선포가 아니라 인간과 소통하는 형태로 주어졌음을 보여 준다.

요약해 보자. 율법에 중복이나 모순되는 규정이 있는 것은 그것이 1,000년에 걸쳐 사용된 실정법이었기 때문이다. 그런 실정법에 개정과 증보의 흔적이 없다면 더 이상할 것이다. 개정되고 증보된 율법이 오경의 일부가 되어 우리에게 하나님의 말씀으로 주어졌다는 것은 우리의 삶에 대한 하나님의 뜻이 추상적이거나, 고정적 혹은 신비적이 아니라 복잡한 인생 상황에 적용하면서 소통하는 형태임을 보여 준다. 즉 하나님은 상명하달이 아니라, 우리의 상황을 이해하시고, 우리의 눈높이에서 말씀하시며 뜻을 전하신다.

바로 이 점에서 성경은 쿠란이나 몰몬경과는 다르다. 쿠란이

---

6 —— Michael Fishbane, *Biblical Interpretation in Ancient Israel* (Oxford: Clarendon Press, 1985), 1~22쪽.

나 몰몬경은 이른바 신의 계시를 인간이 토씨 하나 놓치지 않고 받아 적었다고 한다. 은유적으로 표현하면 '하늘에서 뚝 떨어진' 것이다. 심지어 몰몬경의 경우 원본이 존재한다고 주장되며, 그 원본은 인간의 언어로 기록되지 않았다고 한다. 천상의 언어를 읽을 수 있는 유일한 선지자 조셉 스미스를 통해 영어로 번역된 것이다. 하늘에서 떨어진 책이 진정한 성경이라고 한다면 몰몬경보다 완벽한 성경은 없을 것이다. 하지만 성경은 철저히 인간의 모습을 가졌다. 인간의 언어로 기록되었고, 그 언어도 강대국의 언어가 아닌 아무도 주목하지 않는 약소국 언어이며, 그 내용조차 하나님이 인간과 소통하신 결과이다. 우리에게 주어진 성경을 보면 하나님의 사랑을 느낄 수 있다. 중복되고 모순되는 성경의 내용들은 우리와 소통하시기 원하는 하나님의 사랑을 방증해 준다.

율법의 내러티브 문맥

　　모세 율법이 다양한 뭉치법으로 제시된 이유를 설명하는 또 하나의 방법은 그 구속사적 맥락을 살피는 것이다. 구약학자 세일해머에 따르면, 율법의 뭉치법들은 앞에서 뒤로 갈수록 법조항 수가 늘고 내용도 복잡해진다. 특히 제사장 역할과 관련된 법들이 늘어난다. 시내산 언약과 직접 연결된 십계명과 언약 법전이 하나님과의 언약 관계 유지에 필요한 최소한의 내용으로 구성되었다면, 그 후의 뭉치법인 제사장 법전과 성결 법전은 내용이 많아지고 복잡해지는 경향을 보인다.[7] 또한 십계명과 언약 법전의 정신에서는 이스라엘 백성이 하나님과 직접 교제할 수 있었으나, 제사장 법전과 성결 법전 정신에서는 이스라엘 백성들이 제사장을 통해서만 하나님께 나아갈 수 있게 된다. 예를 들어 십계명과 언약 법전이 주어진 이야기의 문맥에 다음

---

7 —— 이런 점에서 전자를 자유의 법이라 부르고, 후자를 구속의 법이라 부를 수 있을 것이다.

구절이 있다.

> 모세와 아론과 나답과 아비후와 이스라엘 장로 칠십 인이 올라
> 가서 이스라엘의 하나님을 보니…… 하나님이 이스라엘 자손들
> 의 존귀한 자들에게 손을 대지 아니하셨고 그들은 하나님을 뵙
> 고 먹고 마셨더라(출 24:9-11).

하나님이 이스라엘 장로들에게 손을 대지 않으셨다는 말은 하
나님이 그의 손으로 장로들의 얼굴을 가리지 않았다는 뜻이다. 이 말
을 이해하려면 보다 일반적인 상황을 알아야 한다. 인간과 만날 때 하
나님은 손으로 인간의 얼굴을 가리셔서 자신의 얼굴을 볼 수 없도록
하신다. 모세에게 자신을 계시했을 때에도 그분의 손으로 모세의 얼굴
을 가리시어 모세가 하나님을 정면에서 볼 수 없도록 하셨다(출 33:22).
그런데 시내산 언약 체결 장면에서 하나님이 모세를 비롯한 이스라엘
장로들의 얼굴을 손으로 가리지 않으시고, 그들이 하나님을 뵙고 그
분 앞에서 같이 먹었다는 것은 하나님과 이스라엘이 친구처럼 교제할
수 있었음을 암시한다.

하지만 이 상황은 이스라엘의 죄 때문에 지속되지 못한다. 이
스라엘은 하나님께 믿음으로 나아가기를 두려워했고, 하나님은 그들
이 중보자를 통하여 나아올 수 있는 방법을 제시한다. 이 때문에 성
막 건축과 성막 제사와 관련된 제사장법과 이스라엘 사람들을 위한
성결 법전이 율법에 추가된다. 이를 단적으로 보여 주는 것이 제단 건
축에 관한 상반된 두 율법이다. 하나님과 이스라엘의 직접적 만남의
가능성을 전제한 언약 법전(출 20:24-26)에서는 지역에서 쉽게 구할 수
있는 재료인 흙과 다듬지 않은 돌로 제단을 만들되, 하나님이 나타나
신 모든 곳에 제단을 세우라고 명하신다. 이것은 족장 시대의 관행을
반영한다. 반면 제사장 법전에서는 제단이 성막 안에 설치된다. 이스

라엘에는 성막이 하나뿐이므로 합법적인 제단은 제사장들이 감독하는 성막 제단뿐이다. 성막 제단은 귀한 조각 못에 놋을 씌운 것으로 누구나 손쉽게 만들 수 있었던 흙이나 돌 제단과 차별되었다. 이런 차이는 오경의 뭉치법들이 위치한 이야기의 문맥에서만 설명될 수 있다.

세일해머가 지적한 또 하나의 사실은 이 뭉치법 사이에 이스라엘의 우상 숭배 내러티브가 삽입되었다는 점이다. 언약법과 제사장법 사이에는 이른바 아론의 금송아지 사건(출 32-34장)이 삽입되어 있고, 제사장법과 성결법전 사이에는 염소 우상 숭배 사건(레 17:1-9)이 언급된다.[8] 염소 우상 숭배 사건은 이스라엘 백성들이 성막 제사를 버리고 진영 밖에서 염소 우상에게 제사를 드린 것을 지칭한다.[9] 율법이 가장 단순한 형태인 십계명에서 그것의 확장판인 언약 법전으로, 언약 법전에서 제사장 법전과 성결 법전으로 점점 복잡해진 이유가 인간의 죄와 관련 있음을 보여 주는 듯하다. 이것은 율법은 범법함을 인하여 더해진 것(갈 3:19)이라는 바울의 말을 뒷받침한다.

이처럼 인간의 죄로 인해 점점 많은 율법이 주어졌지만, 복잡해진 율법은 죄인에게 주어질 하나님의 은혜 구원을 예표한다. 왜냐하면 첨가된 율법들이 성막 건축과 그 안에서 행해지는 제사 그리고 제사에 참여한 사람들이 지켜야 할 정결법들로 구성되기 때문이다. 즉

---

8 —— 물론 엄밀하게 말하면, 아론의 금송아지 사건은 언약 법전과 제사장 법전 사이에 오지 않는다. 그것은 성막 건축 규정 다음에 위치해 있다. 이에 대해 세일해머는 금송아지 사건이 역사적으로 성막 건축 규정 전에 발생한 것이라는 유대인 주석학자 라쉬의 견해를 인용하면서, 성막 건축 규정이 하나님과 직접 만나는 것을 두려워한 백성들의 두려움과 문학적으로 연결된다고 주장한다. 참고. Sailhamer, *The Meaning of the Pentateuch*, 398~399쪽.

9 —— 레위기 17장 1-9절을 제단에서만 도살이 이루어져야 함을 규정한 것으로 이해하는 학자들이 있지만, 세일해머는 이 구절에서 염소 우상 숭배에 대한 금지를 읽어낸다. 이스라엘 백성들이 진 밖에서 행하던 것은 고기 섭취를 위한 도살이 아니라, 염소 우상 숭배라는 뜻이다. 이에 대한 근거로 염소 숭배 금지를 '영원한 규례'로 정한 점과 고기 섭취를 위한 도살은 신명기에서 처음 허용된 사실을 지적한다. 참고. Sailhamer, *The Meaning of the Pentateuch*, 364쪽.

그 율법들은 인간이 하나님 앞에 나아오기 위해서는 성전과 제사장과 같은 '매개'가 필요함을 보여 준다. 나아가 오경의 뭉치법들은 신명기 29-30장의 언약 갱신으로 마무리되는데 이 언약에는 이스라엘의 의무를 규정하는 구체적 조항이 빠져 있다. 세일해머는 이것을 그리스도의 새언약에 대한 암시로 이해한다.

율법이 중복되고 모순되는 듯한 뭉치법들의 형태로 주어진 것은 인간에게 율법을 지켜낼 능력이 없으며 인간의 구원을 위해서 중보자가 필요함을 보여 주기 위함이다.

구약 율법과 우리

구약 율법과 오늘 우리의 관계는 학자들마다 대답이 다르다. 구약 율법은 그리스도 안에서 다 폐기되었으므로 하나도 지킬 필요가 없다고 말하는 학자도 있고, 파기된 것은 제사법이나 시민법이지 도덕법은 아니니 십계명과 도덕법을 지켜야 한다는 학자도 있다. 전자는 기독교를 반율법적 종교로 전락시킬 위험이 있고, 후자는 성경에 없는 개념 범주를 억지로 적용하는 듯 보인다. 분명한 것은 우리가 본서 4, 5장에서 살펴본 율법의 정신이다. 이를 요약하면 다음과 같다.

- 하나님은 우리 삶의 모든 영역에 관심을 가지며 그분의 뜻을 나타내시고, 우리는 코람데오 즉 그분 앞에서 살아야 한다.
- 하나님과 우리는 특별한 관계에 있다. 하나님의 뜻에 대한 순종은 그 관계에 대한 외적 표지이며, 부담이 아니라 특권이다.
- 하나님의 뜻은 상명하달식이 아니라 하나님과 그 백성의 인격적 소통을 통해 인식된다.
- 율법은 우리가 죄인임을 확증하며 그리스도의 은혜를 사모하게 한다.

　　　이러한 율법의 정신은 여전히 유효하다. 아울러 그리스도인의 '율법', 즉 기독교인의 정체성을 보여 주는 최소한의 외적 표지들이 무엇이 되어야 하는지도 논의가 계속되어야 한다.

정리 질문

1. 학자들이 율법을 네 가지로 나누는 뭉치법은 무엇입니까?

2. 고대의 이념법이 무엇인지 설명하고 예를 하나 들어 봅시다.

3. 성경 율법을 고대 근동 실정법의 관점에서 볼 때 어떤 유익이 있습니까?

4. 안식일에 대한 언약 법전의 내용과 신명기 법전의 내용 차이는 무엇이며, 그 차이를 어떻게 설명할지 토의해 봅시다.

5. 기독교인의 정체성을 보여 주는 생활 규범이 무엇이어야 하는지 토의해 봅시다.

7. 정결법과 하나님의 형상

율법에서 '정결' 개념은 크게 두 가지로 나뉜다. 하나는 도덕적 정결이고 다른 하나는 제의적 정결이다. 도덕적 정결을 깨는 것은 탐심, 살인, 근친상간 등의 죄이다. 즉 죄를 지으면 우리는 도덕적으로 부정해진다. 하지만 제의적 정결을 깨는 것은 죄만이 아니다. 자연스러운 일상인데 제의적 정결을 깨는 경우가 있다. 특히 출생, 죽음, 생식 등과 관련된 일상적인 행위들이 여기에 해당한다. 개인이 죄를 지어 도덕적 정결을 상실하면 합당한 벌(재산이나 신체상 손해)이나 제사를 통해 속죄해야 한다. 민족이 죄를 지으면 하나님이 주신 축복의 땅에서 축출된다. 그러나 제의적 부정은 재산이나 신체상 손해를 입히지 않는다. 축복의 땅에서 축출되는 것도 아니다. 단 성소 예배에는 참여하지 못한다. 즉 하나님과 친밀한 교제를 금지당한다. 흥미로운 사실은 도덕적 정결을 상실했어도, 즉 죄를 지었어도 성소에 들어가 예배에 참여할 수 있었다는 것이다.

현대 그리스도인들에게 도덕적 정결 개념은 잘 이해되지만 제의적 정결은 그렇지 않다. 어떤 학자들은 이 정결법이 피와 귀신에 대한 미신적 두려움에 기인한 원시적 관습에 불과하다고 주장한다. 정결법을 하나님의 말씀으로 믿는 유대인들도 그 법의 정신을 유지하고 실천하는 데 상당한 어려움을 느낀다.[1] 그렇다면 이런 제의적 정결법이 기독교인에게 주는 교훈은 무엇일까? 제의적 정결법의 현대적 의미를 설명하기 전에 정결법 자체를 살펴보자.

정결법과 제의적 부정[2]

제의적 정결법은 이스라엘 백성이 성전 예배에 참여하기 전 지켜야 하는 법이다. 정결법을 지켰다는 것은 제의적 정결 상태에 있다는 것이고, 제의적 정결은 성전 예배에 참여하기 합당한 상태이다. 제의적으로 부정하게 된다는 것은 성전에 나가 예배하지 못하게 됨을 의미한다.

제의적 부정과 관련해 기억해야 할 세 가지 특징은 다음과 같다. 첫째, 일상적 상황이나 사물이 제의적으로 부정하게 만들므로 일상적으로 사회 생활하는 사람들은 제의적 부정을 피하기 어렵다. 예를 들어 출산, 피부병, 옷이나 집에 핀 곰팡이, 정상적 성관계, 사람이나 동물의 주검 등은 제의적 부정을 유발한다. 제사장처럼 일주일 내내 성전 안에서 생활하지 않는 한 생업에 종사하는 일반인들은 제의적 부정을 피할 수 없다. 심지어 제사와 관련된 행위를 하면서도 제의적으로 부정해질 수 있다. 예를 들어 양이나 염소를 아사셀에게 보내는 의식을 치른 사람은 제의적으로 부정해지기 때문에, 옷과 몸을 물에 씻어야 했다. 또한 붉은 암송아지를 성소 밖에서 도살하고 그 피를 회막을 향해 뿌린 후, 고기를 불태워 올린 제사장도 부정해진다

---

1 —— 본래 정결법은 성전 예배 참여와 관련한 법이었기 때문에 성전 없는 종교가 된 유대교도들에게 정결법은 실생활에 적용하기 매우 어려운 법이 되었다. 그럼에도 불구하고 정결법 중 음식법은 여전히 유대인의 종교 생활에 중요하다. 음식법에 관해서는 이번 장의 마지막 부분을 참고하라.

2 —— 이 단락은 'Concepts of Purity in the Bible', *Jewish Study Bible*, 2041~2045쪽에 기대고 있다.

(민 19:7-8). 특히 붉은 암송아지를 태운 재는 속죄의 효능을 가지는데, 그 재를 만진 제사장이 부정해진다는 것은 역설적이다.[3] 이처럼 병이 나 생리 현상, 출생과 죽음, 부부관계 등 일상과 밀접한 것들이 사람을 부정하게 만들기 때문에 일상적으로 사회 생활하는 사람들은 제의적 부정을 피하기 어렵다.

둘째, 제의적으로 부정하게 되었다고 해서 죄를 지은 것은 아니다. 오히려 하나님의 명령을 지키기 위해서는 제의적으로 부정해져야 한다. 생육하고 번성하려면 부부관계를 맺어야 하고, 자신이 부정해지는 한이 있더라도 제사장들은 제사를 집행해야 한다. 그럼에도 제의적으로 부정해지면, 제사장이나 일반인 할 것 없이 절대로 성물(제사 음식)을 먹거나 성소에 들어갈 수 없다(레 7:19-21; 22:3-7). 즉 예배에 참여할 수 없으며, 성소에서 하나님을 대면할 수 없다. 따라서 중요한 것은 제의적으로 부정해지지 않는 것이 아니라, 백성은 제의적으로 부정한 상태에서 성소에 들어가지 않고 제사장은 성무를 감당하지 않는 것이다. 이를 위해서 존재하는 것이 정결법이다. 모든 이스라엘인들은 율법을 공부하여 제의적 정결 상태를 따질 줄 알아야 하고, 부정한 상태에서 성소에 들어가지 않도록 해야 한다.

그렇다면 왜 부정한 사람은 성소에 들어갈 수 없을까? 그 이유는 거룩하신 하나님은 부정한 곳에 거할 수 없기 때문이다. 이스라엘의 성소가 부정해지면 하나님은 그곳을 떠나신다. 부정하게 되는 것이 '죄'는 아니지만 부정한 상태에 머무는 것이 죄인 이유가 바로 여기에 있다.

---

3 —— 민수기 19장 9절에 따르면, 붉은 암송아지를 태워 남은 재가 속제죄로 사용된다. 즉 그 재가 죄를 사하는 힘이 있는데, 그 재를 만든 제사장은 부정하게 되는 것이다. 이것은 정결법을 연구하는 학자들에게 수수께끼이다. 고대 랍비들에 따르면, 이 문제에 관해 연구를 한 솔로몬조차도 이 아이러니를 이해할 수 없었다고 한다.

사람이 부정하고도 자신을 정결하게 하지 아니하면 여호와의 성
소를 더럽힘이니 그러므로 회중 가운데에서 끊어질 것이니라(민
19:20).

그것도 개인적 죄가 아니라 공동체적 죄에 해당한다. 하지만 부
정하게 되더라도 자신의 상태를 인지하고 그 기간 동안 성전과 성물을
가까이하지 않으면 괜찮다. 그리고 부정하게 되었을 때는 율법이 정한
대로 정결 의식을 하면 전혀 문제가 되지 않는다. 참고로 구약 성경은
부정하게 된 사람의 예배 참여만을 금지시키지만, 쿰란 공동체는 공
동체의 교제 참여까지 금지시켰다고 한다.

제의적 부정의 세 번째 특징은 부정한 상태가 영구적이지 않다
는 것이다. 즉 제한된 시간 동안만 부정한 것이다. 부정한 물건이나 사
람과의 접촉에 의해 부정해진 경우, 부정의 기간은 짧게는 하루이다.
즉 해가 질 때까지(레 11:24; 15:7; 민 19:22)만 부정하다. 아내나 남편과
성관계한 경우도 하루 동안만 부정하다(레 15:16-18).[4] 아내가 생리 중
에 성관계를 했으면 일주일 동안 부정하다. 부정한 상태가 일주일 넘
게 지속되는 경우도 있다. 예를 들어 출산으로 생긴 부정은 남자아이
를 출생한 경우 33일, 여자아이를 출생한 경우 66일 동안 지속된다(레
12:1-8). 피부병이나 집 안에 생긴 곰팡이의 경우, 부정한 기간이 특정
되지 않았지만 이것도 영원히 부정한 것은 아니다. 성경은 그들이 정
결케 되는 방법을 제공한다. 나아가 모든 제의적 부정에는 정결을 회
복하는 방법이 있다. 해질 때를 단순히 기다리는 것부터 물에 몸을 씻
는 것, 옷을 빠는 것, 정결 제사를 드리는 것 등의 방법이 있다. 부정
한 기간이 길어질 수는 있어도 영구적이지는 않다.

4 ——— 쿰란 공동체의 경우에는 더욱 엄격하여 사흘 동안 부정하다.

제의적 정결과 하나님의 형상

정결법은 현대인에게 잘 이해되지 않는 측면이 많다. 유대인들도 정결법의 어떤 측면들에 고개를 갸우뚱거릴 것이다. 예를 들어 속죄의 효능을 가진 잿물을 만진 제사장이 부정하게 되는 이유는 무엇인가? 자연히 따라오는 질문은 왜 하나님은 사람을 성전에 들일 때 이렇게 불합리해 보이는 규칙을 따르게 하는가이다.

이에 대한 유대 랍비들의 대답은 다음과 같다. 랍비들은 하나님이 인간을 위해 우주를 창조하신 일을 이스라엘 백성이 하나님을 위해 성막을 건축한 것과 비교한다. 흔히 천지 창조 전에 아무것도 존재하지 않았다는 생각이 일반적이지만 랍비들은 우주가 창조되기 전에도 하나님과 그분의 존재에 필요한 모든 환경이 존재했을 것이라 생각한다. 즉 하나님은 우리가 사는 우주를 창조할 필요가 없었지만 우주를 창조하셨다. 그것은 오로지 인간을 위한 것이다. 다시 말해 하나님은 인간에게 필요한 환경을 만들기 위해 우주를 창조하신 것이다.

이런 하나님의 창조를 출산에 비유할 수 있다. 여인이 자기를 닮은 존재를 위한 공간(=자궁)을 몸속에 지녔듯, 하나님도 그분의 형상을 가진 존재를 위한 공간(=우주)을 그분의 세계 안에 두시기로 결정하셨다. 그리고 여인이 사랑으로 자궁 속에 어린아이를 잉태하듯 하나님도 사랑으로 우주 속에 인간을 창조하셨다.

랍비들에 따르면, 이스라엘이 그들의 땅에 하나님 아버지를 위한 성막을 건설한 것은 하나님이 그분만의 세계에 인간 아들을 위한 우주를 창조하신 것을 연상시킨다.

하나님은 인간 우주의 물리 법칙을 지켜야 하는 분이 아니지만 인간의 우주 공간 안에서는 물리 법칙에 순종하신다. 따라서 인간도 하나님의 지상 성전 안에서는 인간에게 잘 이해되지 않는 정결법에 순종해야 했다. 정결법은 하나님의 성전에 들어가려는 사람들에게만 적용된다. 즉 하나님의 성전과 관계없이 살아가는 이방인들은 지

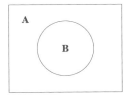
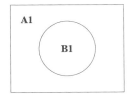
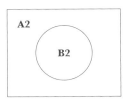

A: 하나님의 세계
B: 인간 우주

A1: 여인의 몸
B1: 자궁

A2: 이스라엘의 땅
B2: 성소

킬 필요가 없다. 하지만 하나님과 만남을 소원하는 민족인 이스라엘 백성들은 성소에 들어가기 위해 불합리해 보이는 정결법을 자원하여 지킨 것이다.

　　이런 난해한 정결법들을 하나로 묶는 개념은 하나님의 형상과 밀접한 관련이 있다. 이를 이해하려면 사람을 제의적으로 부정하게 만드는 물건이나 상황이 모두 '죽음'이나 '성'(性)과 연관되었음을 이해할 필요가 있다. 예를 들어 사람이나 동물의 주검 혹은 남성의 설정과 여성의 생리 등은 모두 죽음이나 성과 관련된 상황들이다. 살이 썩어 들어가는 문둥병도 시신을 연상시킨다. 이처럼 죽음과 성에 의해 제의적으로 부정하게 된 사람이 성소에 출입할 수 없는 이유는 하나님이 죽음이나 성과 관계없는 분이기 때문이다. 하나님은 죽지 않으시는 영원하신 분이며, 이방신들과는 달리 이스라엘의 하나님에게는 성이 없다. 그는 남신도 여신도 아니다. 그는 남신이 아니기 때문에 여신을 아내로 삼지 않는다. 정결법에 따라 정결을 지킨다는 것은 죽음과 성으로부터 자신을 분리시키는 것이며, 그렇게 함으로써 이스라엘 백성들은 그만큼 하나님과 닮은 존재가 되는 것이다. 하나님과 닮은 자들만이 성소에서 하나님과 교제할 수 있다. 즉 정결법을 따르는 궁극적 목적은 '그분을 닮는 것'이다. 그분의 형상을 되찾는 노력이다.

　　이런 관점에서 정결은 단순히 제사장에게만 중요한 것이 아닌 하나님을 섬기는 모든 이스라엘 사람에게 중요한 법이다. 학자들은 레위기 17-25장을 '성결 법전'으로 부르며 '제사장 법전'(레 1-16장)과 구별하는데 성결 법전은 제사장이 아닌 모든 이스라엘에게 적용되는 법이다. 그것은 이스라엘 백성 전체가 어떻게 하나님 앞에 나아갈 수 있는지를 보여 준다. 레위기 19장 2절은 정결과 하나님의 형상의 관계를 단적으로 요약한다.

　　　　너희는 거룩하라 이는 나 여호와 너희 하나님이 거룩함이니라

　　　　하나님을 닮는 것이 제의적 정결법의 궁극적 지향점이라면, 그것은 복음의 궁극적 지향점과도 다르지 않다. 우리가 복음을 믿는 궁극적인 목적은 예수님과 연합된 삶에 있기 때문이다.

정결법과 기독교 윤리

　　　　레위기의 율법에 도덕적 정결과 제의적 정결이 구분된다는 사실은 어떻게 살아야 하는지에 대해 중요한 통찰을 준다. 도덕적 정결과 제의적 정결이 일치하는 이상적 세계와 달리 타락한 상태, 즉 우리가 몸담고 사는 현실은 이 둘이 완전히 일치하지 않는다. 이런 의미에서 레위기의 정결법은 인간의 타락을 염두에 두고 주어졌다고 할 수 있다. 이를 지지하듯이 예수님도 이혼에 관한 율법을 언급하시면서 인간의 '완악함' 때문에 주어진 것이라 말씀하셨다.

　　　　논의를 위해 도덕과 거룩의 개념을 구분해 보자. 제의적 정결로 확보되는 '거룩'은 하나님의 영광적 임재와 관련 있다. 거룩은 그분이 거하시는 성소에서 가장 잘 체험된다. 현실 세상에서 거룩에 가장 가까운 사람은 제사장일 것이다. 반면 '도덕'은 인간 세상 혹은 공동체를 더 좋은 곳으로 만드는 가치나 행위를 지칭한다. 도덕적이 되려면 다양한 의미에서의 '힘'이 필요하다. 예를 들어 약한 사람에게 가해지는 신체적 폭력을 막기 위해서는 물리적 힘이 필요하고, 굶주린 이웃

의 배를 채워 주려면 경제적 힘이 필요하다. 그리고 보다 큰 규모의 선한 일을 원하면 정치적 힘이 필요하다. 거룩과 도덕이 항상 일치하지는 않는다는 점을 기억해야 한다. 오히려 반비례 관계처럼 보인다. 예를 들어 하나님의 거룩한 임재 안에 거하려고 세속적 직업을 가지지 않고 기도원에서 말씀 공부와 기도해 전념하는 목회자는 누구보다 '거룩한' 사람일 수 있지만, 더 나은 사회를 만드는 '도덕적' 힘은 가지지 못할 것이다. 하지만 많은 사람들이 '도덕'을 '거룩'과 동일시하는 우를 범한다. 레위기는 정결을 도덕적 측면과 제의적 측면으로 구분함으로써 타락한 세상에서는 이 둘이 엄연히 다름을 보여 준다.

　　기독교 윤리는 이 둘의 적정한 균형에 있다. 선한 일을 위해 '힘'을 구축하고 동시에 거룩을 유지해야 한다. 이것은 힘을 얻기 위해 엿새 동안 일하고 주일에는 거룩하게 예배드리는 순환적 일상이 가르치는 교훈이기도 하다. 하지만 힘을 가지려 노력하면 불가피하게 거룩의 순도를 희생해야 하는 현실을 인정해야 균형을 잡을 수 있다. 요셉은 이집트의 총리가 되기까지 유대인으로서 율법을 지킬 수 없었다. 에스더는 페르시아 제국 황후가 되기 위해 유대인 신분을 숨기고 살았다. 그녀가 율법을 지킬 수 없었음은 두말할 나위도 없다. 그러나 하루에 세 번 기도하지 않았다는 이유로, 안식일을 지키지 않았다는 이유로 요셉과 에스더를 비난할 수는 없을 것이다. 중요한 것은 요셉과 에스더가 자신들이 얻은 힘을 자기 민족을 위해 기꺼이 사용했다는 것이다.

　　기독교인들이 이 세상에서 힘을 얻는 데 어느 정도 '거룩성'을 잃는 것은 불가피하다. 성공하기 위해서는 그들도 세상 사람들이 따르는 '룰'을 따라야 하기 때문이다. 이방 정부에서 관료로 살면서도 이방 왕의 음식을 거부하고 하루 세 번 기도하는 등 거룩을 전혀 타협하지 않은 다니엘이 되고 싶은 사람도 있지만, 우리가 사는 세계에서는 다니엘이 경험한 기적이 잘 일어나지 않는 것 같다. 지금 세상에 필요한 사람은 모르드개나 에스더일지도 모른다. 유대인 신분을 숨겨야 했고 유대 율법은 지키지 못했지만, 그들은 결정적인 순간에 자신의 지위와 신분을 잃을 각오로 동족을 위해 정치적 힘을 사용하였다. 기독교 윤리에서는 부족한 사람들이 큰 선을 행할 수 있다. 이 점을 기억해야 한다.

정리 질문 ────────────────────────────

1. 제의적으로 부정한 사람에게 금지되는 것은 무엇입니까?

2. 정결법이 이스라엘 백성들에게 궁극적으로 요구하는 것은 무엇입니까?

3. '도덕'과 '거룩'이 무엇인지 정의 내리고, 타락한 세상에서 도덕과 거룩이 반드시 일치하지는 않음에 대해 토의해 봅시다.

책 속의 책

구약 성경, 언제 어떻게 확정했을까?

　　루터의 종교 개혁 이후 개신교 구약 성경은 모두 39
권이다.[1] 다시 말해 가톨릭 성경에 포함된 7권의 외경(外經)[2]
을 제외한 39권의 책만이 개신교 정경으로 인정받았다.[3] 그
렇다면 39권이라는 구약 성경의 범위가 역사적으로 언제, 어
떻게 확정되었는가? 그리고 외경은 왜 가톨릭 경전에 포함되
었는가?

　　분명한 것은 이것이다. 구약 성경은 하늘에서 완성되

---

1 ——— 유대인들은 구약 성경을 24권으로 나눈다. 개신교 구약 성경에서 상하로 나
　　　뉜 책들을 대부분 하나의 책으로 간주하고, 12소선지서도 한 권의 책으로
　　　간주한다. 이는 고대 유대인들이 성경 본문을 '코덱스'(오늘날의 책과 유사
　　　한 제본)가 아니라 '두루마리'(scroll)에 기록하였기 때문이다. 한 두루마리
　　　는 이사야서 전체가 기록될 정도로 많은 글자를 담을 수 있었다.
2 ——— 다음의 외경들은 가톨릭교회에서 정경으로 인정된다. 토빗기, 유딧기, 에스
　　　테르기, 마카베오기 상권, 마카베오기 하권, 집회서, 바룩서.
3 ——— 정경 문제는 크게 두 측면이 있다. 첫째, 성경의 권위와 관계된다. 정경은 그
　　　안에 포함된 책들이 신앙과 삶의 표준이라는 의미이다. 둘째, 정경은 성경의
　　　범위와 관련된다. 즉 신앙과 삶의 표준이 되는 책들에는 어떤 것들이 있는지
　　　를 논한다.

어 뚝 떨어지지 않았다. 39권의 책들이 하나의 성경으로 묶이는 역사적 과정이 있었다. 구약의 범위에 대한 표준적 대답은 다음과 같다.

> 구약 성경이 오늘날의 모습으로 확정된 것은 얌니아 회의(AD 90년경)이다.

이 주장에 따르면 AD 90년경 이스라엘 얌니아(히브리명 '야브네')에서 회의가 열렸고 이 회의에서 구약 성경의 범위를 39권으로 확정했다는 것이다. 결론부터 말하면 이 주장은 오해에서 비롯되었으며, 사실과 다르다.

먼저 무엇이 오해인지 살펴보자. AD 90년 얌니아에서는 어떤 공식 회의(council)도 개최되지 않았다. 즉 유대인의 대표 랍비들이 모여 유대교에 관한 중요한 무엇인가를 결정하는 회의는 없었다. 실제로 '회의' 혹은 '공의회'(council 혹은 synod)라는 말은 후대 기독교 전통에서 생긴 것이다. 1세기 유대교에는 그런 회의 자체가 존재하지 않았다.

그러나 '아니 땐 굴뚝에 연기나랴'라는 속담이 있듯이 '그때 얌니아에서 아무 일도 없었는데 그런 주장이 널리 퍼졌겠느냐?'라는 의심이 생길 수 있다. 합당한 의심이다. 그러면 1세기 말 이스라엘 얌니아에서는 무슨 일이 있었던 것일까? 얌니아가 왜 1세기 이스라엘에서 가장 '뜨거운' 장소였는지 알아보자.

AD 70년 헤롯 성전의 멸망은 유대인들에게 충격적인 사건이었다. 성전의 멸망과 함께 약 1,000년 동안 유지된 제사 중심의 구약 종교가 역사 속으로 사라져 버렸다. 많은 유대인은 성전 없는 종교를 상상할 수 없었고, 성전의 멸망은 곧 유대인의 멸망이었다. 하지만 유대인은 예루살렘 성전과 함께 멸망하지 않았다. 오히려 새로운 종교를 통해 명맥을 이어 갔다. 그것이 오늘날의 유대교이다. 현 유대교는 성전과 제사 중심이 아니라 회당과 기도, 말씀 중심의 종교이다. 제사드릴 성전이 필요한 종교가 아니라 기도와 말씀 공부를 하는 회당이 필요한 종교이다. 물론 제사 중심 종교에서 말씀 중심 종교로 AD 70년을 기점으로 칼로 무 자르듯 전환한 것은 아니다. 솔로몬 성전이 무너지고 바빌론에서 포로 생활을 할 때부터 전환을 위한 준비들이 있었다. 그리고 말씀 종교로의 전환에 핵심적 역할을 한 사람들은 다름 아닌 바리새인들이었다. 포로 생활을 하던 바리새인들은 '언약 백성이 왜 이방 민족의 노예로 살아가야 하는가?'를 치열하게 고민했다. 그리고 어떻게 하면 다시 언약 백성의 지위에 걸맞은 삶이 회복될지를 물었다. 그리고 그런 치열한 질문과 고민에 대한 답을 '말씀 연구'에서 찾았다. 하나님의 말씀을 올바로 해석하여 삶의 전 분야에서 그 말씀에 순종하는 것이 이스라엘 민족이 회복되는 길이라고 이해했다. 이때부터 유대인들 사이에서 말씀 연구는 제사에 준하는 중요성을 얻기 시작한다. 이것이 후에 랍비들을 통한 탈무드 운동으로 이어진다. 실제로 히브리어 '탈무드'는 성경 공부라는 뜻이다.

　　AD 70년 예루살렘 성전 멸망은 말씀 연구를 중심으로 한 새로운 종교, 즉 랍비 유대교가 본격적으로 출범하는 계기가 되었다. 이런 유대교의 출범에 산파 역할을 한 사람이 요하난 벤 자카이(Johanan ben Zakai)이다. 그는 예루살렘 멸망 후 얌니아로 이주하여 랍비 학교를 열었다. 이 학교는 당시 최고의 랍비들과 학생들을 끌어모았다. 그리고 그곳에서 연구된 내용이 미슈나, 토세프타, 탈무드 등 유대교 경전의 기초가 되었다. 이처럼 1세기 말의 얌니아는 유대교가 태동한 모태였다.

이제 구약 성경의 범위가 얌니아 회의에서 결정되었다는 주장으로 돌아가자. 얌니아에서 랍비 회의가 개최되지 않았고 어떤 공적인 결정도 없었음에도 구약 성경 39권이 1세기 말 얌니아에서 확정되었다고 믿는 이유는 무엇일까? 그것은 당시 얌니아 학교에서 벌어진 토론을 기록한 문서(〈미슈나〉와 〈토세프타〉)를 후대 사람들이 오해했기 때문이다.

유대교 경전 〈미슈나〉의 '야다임' 편에는 '손을 부정하게 하는 책'들에 관한 논쟁이 있다. '손을 부정하게 하는 책'은 거룩한 책, 즉 성경을 의미한다. 당시 유대인들은 성경 두루마리를 만지면 손이 부정해진다 하여 반드시 손을 씻었다. 야다임 편을 보면 구약 성경의 일부 책들이 손을 부정하게 하는지 토론이 벌어진다. 전도서, 아가, 에스겔, 잠언, 에스더 등의 정경성이 토론 대상이 되었다. 전도서는 내용의 일부가 교리적으로 불건전하고 모순적이라는 이유로, 아가는 성에 대한 노골적 표현 때문에, 에스겔은 일부 내용이 오경의 율법과 모순된다는 이유로, 잠언은 내용 간 모순으로, 에스더는 '하나님'이 한 번도 나오지 않는다는 이유로 그 정경성이 의심되었다. 물론 야다임이 말하는 것은 모든 랍비가 정경성을 의심했다는 것이 아니라 그렇게 의심하는 랍비들이 있었다는 것이다. 다음은 아가에 대한 논쟁의 예이다.

> 랍비 유다는 말하기를 '아가는 손을 부정케 한다'……
> 그러나 아가에 대해서 이견이 있다…… 랍비 요새는 '아
> 가는 손을 부정하게 하지 않는다'라고 말한다(〈미슈나〉,
> '야다임' 3:5).

이 기록만 보면, 1세기 말에 아가의 정경성을 두고 유대 공동체의 합의가 없었던 것처럼 보인다. 즉 아가가 구약 성경에 포함되어야 하는지 완전히 합의되지 않은 것 같다. 하지만 이것은 당시 문서 기록 방법을 오해한 것이다. 당시 유대인들은 논쟁을 기록할 때 주류 의견과 소수 의견에 동일한 분량을 할애했다. 소수 의견을 무시하지 않았다. 100명 중 99명의 랍비가 A라고 말하고 1명의 랍비만이 B라고 말해도, 문서에는 언제나 '랍비 아무개는 A라고 말하고 랍비 아무개는 B라고 말했다'로 기록된다. 이것이 관행이다. 완전히 합의된 사안도 토론 형식으로 전달한다. 실제로 앞서 예를 든 아가는 '야다임'의 다른 부분에서 구약 성경 중에 '가장 거룩한 책'으로 인정받은 책이었다. 즉 1세기 유대 공동체 안에서 아가의 정경성은 의심되지 않았다. 그러나 후대 사람들이 이런 유대인의 저작 관행을 모르고 그들의 기록을 오해하였고, 1세기 얌니아에서 일부 구약 성경 책들의 정경성이 토론에 붙여져 결정되었다고 주장한 것이다.

구약 성경의 범위는 언제 확정되었는가?

결론적으로, 1세기 후반 얌니아 회의에서 구약 성경의 범위가 결정되었다는 주장은 잘못이다. 그러면 구약 성경의 범위는 언제 확정되었는가? 이 질문에 BC 혹은 AD 몇 년이라고 정확하게 단정 지을 수는 없다. 하지만 범위가 확정된 대략의 연대, 다시 말해 유대인들 사이에 암묵적 정경 의식이 생긴 대략의 시점은 다양한 자료로 추정할 수 있다. '정경 의식'은 정경으로 인정된 제한된 목록이 존재한다는 의식을 지칭한다. 누구도 목록을 발표하거나 공식화하지 않았지만, 신앙 공동체에서 암묵적으로 동의한 범위는 있었다는 것이다.

이상한 이야기 같지만, 기독교가 로마에 의해 공인된 이후에
도 이단의 공격 등 특별한 필요가 생기기 전까지 교회는 정
경의 범위를 문서로 공식화하지 않았다. 지금부터 논의할 다
양한 자료에 따르면 얌니아 회의 약 300년 전부터 이런 정경
의식이 존재했다.[4]

먼저 BC 2세기경에 작성된 집회서의 서문을 보자. 집
회서는 현재 가톨릭 성경에 포함된 책으로 시락의 아들 예수
가 히브리어로 BC 200년경에 저술한 책이다. 현재 우리에게
전해지는 본문은 그의 손자가 BC 135년에 번역한 헬라어 역
본인데, 이 헬라어로 번역된 집회서의 서문에서 번역자는 자
신의 할아버지가 '율법서, 선지서, 그 외의 조상들의 책들'을
읽는 일에 헌신하였다고 기술한다. 여기서 '율법, 선지서, 그
외의 조상들의 책들'은 구약 성경 전체에 대한 유대인의 어법
이다. 예수님도 구약 성경 전체를 가리키면서 '모세의 율법와
선지자 그리고 시편'이라고 말씀하신 적이 있다(눅 24:44). 집
회서 서문이 구약 성경 전체를 지칭하는 삼분법을 사용했다
는 사실은 이미 BC 2세기경에 유대인들 사이에 어떤 책들이
권위 있는 하나님의 말씀인지 암묵적 의식(=정경 의식)이 있었
음을 암시한다.

BC 2세기에 이미 정경 의식이 있었다는 또 하나의 증
거는 마카베오기 상권에서 확인할 수 있다. 셀레우코스의 왕
안티오쿠스 4세가 유대인의 헌법인 토라 대신 다른 법전을

<hr>

4 —— 정경 의식(canon-conciousness)은 어떤 책이 교회를 위해 성령이 감동한
문서이고 어떤 책이 그렇지 않은지에 대한 공동체의 암묵적 합의를 지칭한
다. 이 정경 의식은 인간들의 자의적인 결정이 아니라 기도와 예배, 설교와
가르침 등 교회 공동체의 활동으로 생성된다. 참고. Castelo and Wall, *The
Marks of Scripture: Rethinking the Nature of the Bible*, 6쪽.

헌법으로 채택함으로써 유대인들을 이방 민족에 동화시키려
한 적이 있다. 마카베오기 상권 1장 56-57절은 안티오쿠스
4세가 구약 성경—'계약의 책'이라 부름—을 파괴하고, 그것('계약
의 책')을 숨겨 두었다가 들킨 유대인들을 벌하는 장면을 기록
한다. 이런 이방 왕의 민족 말살 정책에 반기를 들고 유대 독
립 운동을 주도한 사람들이 마카비 형제들이다. 이들의 주도
로 유대인들은 바빌론의 침공 이래 처음으로 그들만의 독립
국을 건설하게 되는데, 독립 운동가 유다는 반란 성공 후 혼
란을 수습하면서 다음과 같이 말한다. "우리에게 닥친 전쟁
때문에 흩어진 책들을 모두 모아들였고 그 책들이 우리에게
있습니다." 이처럼 유다가 구약의 책들을 모았다는 것은 그에
게 어떤 것이 '계약의 책'이고 어떤 것이 아니라는 확실한 정
경 의식이 있었기 때문이다.

　　물론 이런 사실이 당시에 구약 성경 목록이 확정되었
음을 증명하지는 않는다. 그럼에도 BC 2세기에 이미 유대인
들이 외경을 정경으로 인정하지 않았다는 사실은 당시 구약
성경의 범위가 변함없이 후대로 전해졌을 가능성을 시사한
다.[5] 그리고 그로부터 약 150년 후 요세푸스의 저작에서 당
시의 구약 성경에 대한 좀더 구체적 정보가 나온다. 요세푸
스는 반(反)로마 전쟁에 참여했다가 로마로 망명한 유대인으
로 《유대고대사》 등을 쓴 역사가로 유명하다. 변증서 《아피온
에 대한 반박》에서 그는 유대교가 그리스 철학보다 윤리적으
로 우월하다고 주장하는데, 그 과정에서 헬라 사람들의 책들
과 구약 성경을 대조한다. 그는 구약 성경을 22권이라 언급한

---

5 —— 〈토세프타〉의 야다임 편에 보면, 유대인들은 외경을 정경으로 인정하지 않
　　았음을 알 수 있다.

후, 그것을 모세의 책 5권, 선지서 13권, 찬양과 지혜서를 포함한 책 4권으로 나누어 설명한다. 유대인들은 구약 성경을 24권으로 계수하기 때문에, 구약 성경이 22권이라는 언급이 이상할 수 있다. 하지만 학자들에 따르면 이때 요세푸스는 룻기와 사사기를 한 권으로, 예레미야와 예레미야애가를 한 권으로 계산했다.[6] 구약 성경 권수에 대한 요세푸스의 언급은 이미 오랫동안 인정된 구약 성경의 범위를 확증하는 것이다.

요세푸스가 구약 성경의 권수를 정확하게 알려 주었다면 탈무드는 그 24권의 이름을 알려 준다. 바빌로니아에서 만들어진 탈무드 바바 바트라에 그 목록이 나열되어 있다.

> 율법 : 창세기, 출애굽기, 레위기, 민수기, 신명기 / 선지서 : 여호수아, 사사기, 사무엘서, 열왕기서, 예레미야, 에스겔, 이사야, 12 소선지서 / 성문서 : 룻기, 시편, 욥기, 잠언, 전도서, 아가, 애가, 다니엘, 에스더, 에스라-느헤미야, 역대기.[7]

정리하면, 구약 성경의 범위는 AD 1세기 말 얌니아 종교 회의에서 확정된 것이 아니다. 그보다 약 300년 앞선 BC 2세기부터 유대인들 사이에 성경 범위에 대한 암묵적 합의가 있었다.

구약 성경은 어떻게 정경으로 인정받았나

아직 논의해야 할 주제가 하나 더 남았다. 앞서 설명한

---

6 —— 1장 각주 4를 참고할 것.
7 —— 이 탈무드에 기록된 구약 책들의 순서는 오늘날 가장 널리 쓰이는 히브리어 성경(BHS)의 순서와 조금 다르다.

대로 BC 2세기에 이미 사람들 사이에 정경 의식이 있었다면, 그 의식은 어떻게 생겨났느냐는 질문이다. 구약 성경의 범위를 정한 종교 회의는 없었다. 성경의 권위는 어떤 인간이 부여한 것이 아니라 성경이 스스로 획득했다. 즉 구약 성경은 유대 공동체에서 읽히고 사용되면서 스스로 권위를 획득한 것이며, 그 말씀을 읽고 실천하는 유대인들이 그 권위를 그들의 삶에서 확인한 것이다. 성경 본문이 개인을 살리고 공동체를 살리는 역사가 일어나자 그 본문을 하나님의 말씀으로 믿은 것이다. 따라서 당시의 유대 공동체들은 어떤 책이 권위 있는 성경인지 삶을 통해 확신했다고 할 수 있다. 어떤 회의를 통해 구약 성경의 범위를 정할 필요가 없었다. 이것은 신약 성경도 마찬가지다. 다만 이단의 출현 등으로 정경의 범위를 확인할 필요가 있었을 때 권위 있는 종교 지도자들이 모여 정경의 범위를 확인했다. 그러나 그 회의는 이미 신앙 공동체에서 성경으로 인정되는 책들을 확인하는 역할이지, 없는 권위를 새로이 만들어 내지는 않았다.

외경이 가톨릭 성경에 포함된 이유

외경은 신구약 중간기(혹은 제2성전기)에 저작된 유대인 문서 중 당시 유대 공동체에서 어느 정도 권위를 획득했지만 최종적으로 히브리 성경 안에 포함되지 못한 문서들을 지칭한다. 하지만 외경은 그리스어로 번역된 구약 성경인 70인역에 포함되면서 초기 기독교도들 사이에서 정경적 권위를 획득해 가게 된다. 예수님과 신약 성경은 70인역에서 외경을 거의 인용하지 않은 반면,[8] 교부들은 외경을 자주, 그것도 광범위하게 인용하였다. 외경이 마치 구약 성경과 동등한 권위를 가진 듯 말이다. 이 때문에 제롬의 라틴어 성경에도 외경이 포함되었다. 비록 제롬은 외경의 정경적 권위를 인정하지 않는다고 분명히 밝혔지만, 외경에 대한 대중적 인기는 거스를 수 없었다. 후에 로마 가톨릭은 382년 로마 공의회에서 외경을 정경으로 인정한다. 흥미로운 것은 16세기 종교 개혁자들도 외경의 권위를 어느 정도 수용했다는 것이다. 예를 들어 루터의 독일어 성경은 외경을 포함하며 성경과 동등한 권위는 아니지만 읽기에 유익한 책으로 외경을 소개한다. 외경이 성경에서 완전히 제외된 것은 17세기 개신교도들에 의해서이다. 그때 작성된 웨스트민스터 신앙 고백서는 신구약 66권만이 권위 있는 책임을 확인한다.

구약 39권보다 열등한 권위를 가진 외경을 성경에 포함시킨 일련의 결정을 개신교도들은 잘 이해할 수 없을 것이다. 왜냐하면 많은 개신교인들은 성경의 모든 책들에 동일한 영감이 부여되었으며 영감이 부여되지 않은 책은 절대 성경일 수 없다고 믿기 때문이다. 일종의 성경 영감에 대한 '전부 아니면 전무' 접근이다. 하지만 유대인들과 초기 그리스도인들은 그렇게 생각하지 않았다. 같은 구약 성경이라도 책에 따라 영감의 정도가 다를 수 있다고 믿었다. 유대인들은 구약 39권 중에 가장 크게 영감된 책은 '오경'이라고 생각한다. 선지서는 오경보다 덜 영감된 책이며, 성문서는 선지서보다 덜 영감된 책이다. 이처럼 영감의 정도에 차등을 두었기 때문에 어느 정도 영감된 외경의 개념이 생겨나게 된 것이다. 영감이 정도의 문제가 되면 성경의 범위는 원칙상 열린 문제가 된다는 것은 명약관화하다. 그 결과 로마 가톨릭에 '제2정경'이라

8 ——— 유일한 예외는 에녹서를 인용한 유다서인데, 이것은 외경이 당시 유대인들 사이에 어느정도 권위를 인정받았지만 구약 성경과 동일한 수준의 책으로 받아들여지지 않았다는 사실을 방증한다.

는 이름으로 토빗, 유딧, 마카베오기 상권, 마카베오기 하권, 지혜서, 집회서, 바룩서, 모두 일곱 권이 포함되었다.[9] 또한 가톨릭 성경의 다니엘서는 13장과 14장이 덧붙어 있다.

'위경'(僞經)의 문자적 의미는 저자의 이름을 속인 저작을 가리키지만, 통상적 의미는 신구약 중간기에 저작된 유대인 문헌 중 정경의 권위를 전혀 인정받지 못한 책들을 가리킨다. 이런 위경의 이중적 의미 때문에 외경 중 일부는 위경이라고 할 수 있다. 예를 들어 바룩서와 에녹1서는 각각 가톨릭 교회와 이집트 콥트교회에서 정경의 권위를 인정받은 신구약 중간기 문서라는 점에서 외경이지만 그 문서의 저자가 바룩과 에녹이 아니라는 점에서 위경인 셈이다.

---

9 —— 제2정경의 범위는 교회의 전통에 따라 다르다. 예를 들어 이집트 콥트교회는 에녹서, 희년서 등을 제2정경에 포함시킨다.

2

이스라엘의　　　　　　　역
　　　　　　　　　　　　사

8. 아브라함에서 모세까지

구약 성경은 이스라엘의 역사를 아브라함부터 기록한다. 아브라함의 아버지 데라는 바빌론 도시 우르에서 대기의 신 엔릴을 위한 우상을 만들어 팔던 장인이었다.[1] 하나님의 부르심이 없었다면 아브라함도 그의 아버지를 따라 우상 숭배자가 되었을 가능성이 높다. 그런 아브라함이 이스라엘 민족의 시조뿐 아니라 모든 성도의 영적 아버지가 될 수 있었던 이유는 무엇일까? 많은 사람들이 이 질문에 '하나님의 은혜, 선택, 주권'이라고 답할 것이다. 물론 옳은 말이다. 하지만 성경은 하나님이 아브라함을 축복의 통로로 선택한 다른 이유도 밝히고 있다.

내가 그로 그 자식과 권속에게 명하여 여호와의 도를 지켜 의와 공도를 행하게 하려고 그를 택하였나니(창 18:19).

---

1 ── 데라가 우상 장인이라는 사실은 유대인들 사이에 전해지는 이야기이다. 우르에 있던 신전인 에후르삭은 대기의 신 엔릴을 위한 신전이었다. 그 외에 우르 사람들이 선호하던 신은 달의 신 난나였다.

이처럼 하나님이 아브라함을 선택한 이유는 아브라함이 그의 자식과 권속('베이트', 집)에게 여호와의 도, 즉 의와 공도를 가르쳐 지키게 할 자이기 때문이다. 이 사명을 위해 하나님은 아브라함을 택하셨다.

족장들

아브라함과 그 자손의 이야기(창 12-50장)는 한마디로 하나님의 약속을 따라 이동하는 한 유목 가족의 이야기라 정의할 수 있다. 하나님이 하란에서 아브라함을 부르실 때 아브라함의 나이는 75세였으며(창 12:4) 사라는 이미 불임이었다(창 11:30). 아브라함은 하나님의 약속을 믿고 아내 사라와 조카 롯을 데리고 하란을 떠나 가나안으로 이동한다. 처음에는 가나안 북부 세겜에 잠시 머물지만 목초지를 찾아 남방으로 내려가 결국 헤브론에 정착한다. 주목할 것은 머무는 지역마다 아브라함이 제단을 쌓았다는 사실이다(창 12:8). 이때 제단은 예배 장소뿐 아니라 영토 표지 기능도 가졌다. 즉 제단을 쌓는 것은 약속의 땅을 정복하는 상징적 행위였다.

아브라함 이야기는 약속 성취를 가로막는 위기나 위협 앞에서 아브라함이 어떻게 반응했는지를 보여 준다. 아브라함은 때로는 믿음으로, 때로는 불신앙으로 반응했다. 가장 먼저 찾아온 위기는 기근이다. 하나님의 인도를 따라 도착한 그 땅에서 더 이상 살 수 없게 된 것이다. 이런 시험에 아브라함은 어떻게 반응했을까? 실망스럽게도 그는 약속의 땅을 버리고 이집트로 내려간다. 이집트로 내려간 것이 불신앙의 행위라는 사실은 아내 사라를 누이라고 속인 사건에서 확인된다. 이것은 단순히 거짓말을 한 죄가 아니다. 자기가 살아남기 위해 약한 아내를 지역 사람들의 성적 욕망에 넘겨준 행위이다. 그것은 후에 롯이 자기 딸을 소돔 사람들의 노리개로 내어 주려던 죄(창 19장)와 레위인이 자기 첩을 기브아 사람들에게 성적 유희물로 내어 준 죄

(삿 19장)에 비견된다. 즉 아내를 누이라고 속인 것은 결코 사소한 죄가 아니었다. 그러나 하나님의 역사는 인간의 죄와 실패에 무릎꿇지 않는다. 하나님은 아브라함을 스스로 자초한 위기에서 구원하셨을 뿐 아니라 그의 잘못된 결정에서 선한 결과를 만들어 내셨다. 아브라함이 이집트에서 올라올 때 엄청난 부자가 되어 있었다는 사실은 이것을 단적으로 보여 준다.

    '인생사 새옹지마'라고 하듯이 아브라함이 이집트에서 모은 재물은 곧 가족 분쟁의 씨앗이 된다. 양 떼가 너무 많아 아브라함의 종들과 롯의 종들 사이에 목초지를 놓고 분쟁이 생긴 것이다. 늘어난 재산 때문에 아브라함과 롯은 함께 살 수 없게 되었다. 이때 아브라함의 진짜 고민은 롯과 어떻게 땅을 나누느냐가 아니었다. 땅은 크게 염려하지 않았다. 이것은 그가 롯에게 먼저 땅을 선택하라고 한 점에서 드러난다. 아브라함의 진짜 고민은 롯과의 이별이었다. 사라가 불임이었기 때문에 아브라함은 조카 롯을 자신의 상속자로 생각했을 가능성이 높다. 잘 생각해 보면 '큰 민족의 아버지'가 될 것이라는 약속이 반드시 아브라함의 생물학적 아들을 통해 실현될 필요는 없었다. 많은 한국 사람들이 단군과 피 한 방울 안 섞였더라도 그를 민족의 조상이라 칭할 수 있는 것과 마찬가지이다. 이 때문에 아브라함은 조카 롯을 자신의 상속자로 생각하고 가나안 땅까지 데려왔을 가능성이 있다. 하지만 롯과 더 이상 함께할 수 없는 상황(공동체의 분열)에 직면하자 그는 미련 없이 롯을 내보낸다. 아브라함이 그럴 수 있었던 것은 하나님에 대한 신뢰 때문이다. 즉 내가 생각한 방식이 아니더라도 하나님의 약속은 반드시 이루어진다고 믿은 것이다. 롯과 결별한 아브라함의 마음을 아셨는지 하나님은 바로 아브라함에게 나타나셔서 후손 약속을 재확인해 주신다.

    너는 눈을 들어 너 있는 곳에서 북쪽과 남쪽 그리고 동쪽과 서쪽을 바라보라 보이는 땅을 내가 너와 네 자손에게 주리니 영원히 이르리라 내가 네 자손이 땅의 티끌 같게 하리니 사람이 땅의 티끌을 능히 셀 수 있을진대 네 자손도 세리라(창 13:14-16).

하지만 아브라함의 조급증이 하나님의 언약을 위협한다. 그는 자신의 종 엘리에셀을 양자로 삼으려 한다. 하나님은 그런 아브라함의 생각을 꾸짖으시고 사라의 몸에서 태어날 자가 언약의 아들임을 말씀하신다(창 15장). 이에 아브라함은 당시의 관습을 따라 아내의 몸종을 통해 후사를 얻으려 하였다(창 16장). 하지만 하나님은 99세가 된 아브라함에게 다시 나타나셔서 사라를 통해 아들을 주겠다는 약속을 재확인해 주신다. 그리고 마침내 아브라함은 100세에 약속의 아들 이삭을 얻는다(창 21장). 이로써 언약의 성취를 방해하는 가장 큰 장애물—사라의 불임—이 없어진 듯했지만 이번에는 하나님 자신이 그 장애물이 된다. 하나님은 자신의 약속을 무효로 돌리려는 듯 아브라함에게 약속의 아들 이삭을 제물로 바치라고 명령한다(창 22장). 아브라함은 정의의 하나님에 대한 전적인 믿음을 보이며 이 마지막 시험에 합격한다. 하나님도 마지막 순간에 이삭 대신 숫양을 제물로 받으시면서 아브라함의 믿음이 옳았음을 확인해 주신다.

이삭의 이야기를 짧게 다룬 창세기 저자는 야곱과 그 아들들에게 집중한다. 순종적이며 착하고 분쟁을 피하는 평화적 인물로 그려진 이삭과 달리 야곱은 적극적으로 자신의 이익을 추구하고, 자신의 앞길을 막는 존재와 기꺼이 '씨름'하는 독특한 족장이다. '교활함'을 의미하는 그의 이름처럼 그는 복 받기 위해, 상대방을 이기기 위해 꾀와 술수를 서슴지 않았다. 사냥에서 돌아온 형 에서의 절박함을 이용해 장자권을 매수했고, 눈먼 아버지를 속이고 에서로 변장하여 장자의 축복을 선점했다. 형의 분노를 피해 외삼촌 라반이 사는 밧단아람으로 이주한 그는 세겜으로 돌아올 때까지 속고 속이는 투쟁의 삶을 살았다. 야곱 이야기의 절정은 하란에서 세겜으로 돌아가는 길에 하나님과 씨름한 사건이다. 이 사건을 다룬 성경 본문(창 32:24-32)은 해석하기 어려운 여러 요소가 있지만 다음의 사실만은 매우 분명하다. 하나님이 야곱을 변화시켰다. 이것은 야곱에게 주어진 새 이름을 통해 암시된다. 야곱의 이름은 '이스라엘'로 개명된다. 그리고 그의 열두 아들들은 이스라엘 민족을 구성하는 열두 지파가 된다. 야곱 이야기의 교훈은 무엇일까? 어떤 이는 하나님이 '의외의 인물'을 통해 일할 수 있다는 것에서, 어떤 이는 타고난 숙명을 거부하고 더 나은 운명을 위해 용기 있게 도전한 것에게서 교훈을 얻는다.

　　엄밀한 의미에서 족장에는 포함되지 않지만 창세기에서 매우 중요하게 다루는 인물이 요셉이다. 창세기 37-50장이 모두 요셉 이야기에 할애된다. 우리는 요셉 이야기를 통해 의로운 삶이 언제나 축복과 성공으로 이어지는 것은 아니지만, 하나님은 궁극적으로 그분의 백성을 선하게 인도하셔서 많은 사람들을 위한 축복의 통로가 되게 하심을 깨닫는다. 이 주제는 요셉이 두려움에 떠는 형들을 위로하며 건넨 말 속에 가장 잘 나타난다.

　　　형님들은 나를 해치려고 하였지만, 하나님은 오히려 그것을 선하게 바꾸셔서, 오늘과 같이 수많은 사람의 생명을 구원하셨습니다(창 50:20, 공동번역).

　　보다 큰 문맥에서 요셉 이야기는 족장 이야기와 출애굽 이야기를 연결시키는 교량 역할을 한다. 즉 아브라함, 이삭, 야곱의 후손이 어떻게 400여 년에 걸쳐 이집트에서 노예로 살게 되었는지 설명해 준다. 가장 근본적 이유는 야곱의 아들들이 기근을 피해 이집트로 내려갔고, 무슨 이유인지 모르지만 기근이 끝난 후에도 돌아오지 않고 그곳에 머물러 버린 까닭이다. 요셉의 업적을 인정하지 않는 이집트 왕들이 일어났을 때에는 야곱의 후손들이 가나안으로 돌아가는 것은 불가능해졌을 것이다. 그들은 야곱의 후손들을 귀한 손님이 아니라 노예로 취급하고 그들의 귀향을 허락하지 않았다.

출애굽과 열 가지 재앙

히브리 노예들이 언제 이집트를 탈출했는지에 대해 크게 두 가지 주장이 있다. 솔로몬 즉위 4년이 출애굽 후 480년이 되던 때라는 열왕기상 6장 1절에 근거해 BC 1446년을 출애굽한 해로 보는 입장이 있고, 가나안 도시들에 대한 고고학적 증거에 근거해 BC 1260년으로 보는 입장이 있다. 두 입장 모두 나름의 성경적·고고학적 증거가 있지만 학자들은 대부분 후자를 선호한다. 즉 출애굽을 BC 13세기로 보는 후자의 입장은 열왕기상 6장 1절에 나오는 480년을, 한 세대가 열두 번 지나간 시간을 가리키는 상징으로 이해한다. 그리고 후자의 입장을 따르면 이스라엘 백성의 출애굽은 당시 고대 근동의 질서를 뒤흔들었던 현상인 '해상 민족'들의 대이동으로 설명 가능하다. 아모스 선지자도 이런 민족들의 이동을 인지하고 있었던 것으로 보인다. "내가 이스라엘을 애굽 땅에서, 블레셋 사람을 갑돌(크레타)에서, 아람 사람을 기르에서 올라오게 하지 아니하였느냐"(암 9:7).

출애굽기는 이집트로 이주한 야곱의 아들들이 이집트 땅을 가득 채울 만큼 그 수가 많아졌다는 내용으로 시작된다. 특히 '생육하고 불어나 번성하고 매우 강하여 온 땅에 가득하게 되었다'는 언급(출 1:7)은 하나님이 최초의 인류 아담, 홍수에서 살아남은 노아에게 주신 명령들(창 1:28; 9:1)을 상기시키는데, 이것은 출애굽기가 아담과 노아 이야기처럼 새로운 시작 혹은 기원의 이야기임을 암시한다. 다시 말해 출애굽 사건은 히브리 노예들이 이스라엘 민족으로 새로 시작하는 이야기이다. 아울러 야곱의 자손들이 땅을 채울 만큼 많아졌다는 사실은 그들이 이집트에 사는 동안 하나님의 언약 중 일부가 성취되었

불타는 떨기나무

광야는 건조하고 온도가 높기 때문에 자연발화가 자주 발생한다. 따라서 불타는 떨기나무 자체는 그다지 관심을 끌 만한 일이 아니다. 길을 가던 모세를 멈추어 세운 것은 떨기나무에 불이 붙었기 때문이 아니라 불이 붙은 떨기나무가 소멸되지 않았기 때문이다. 모세가 무슨 일인가 하여 그곳에 접근하려 했을 때, 하나님께서 "가까이 오지 마라" 말씀하신다. 성경에서 하나님이 불로 나타나시거나 불에 비유되는 이유가 무엇일까? 불 비유는 하나님에 대한 이스라엘인들의 경험을 잘 드러낸다. 불은 인간의 생명 유지에 중요하지만 너무 가까이 가면 인간의 생명을 빼앗는다. 이것은 성경의 하나님이 인간과 친밀한 관계를 맺으시지만, 인간과 분명한 구분을 유지하신다는 사실을 연상시킨다. 성경은 절대로 창조주 하나님과 피조물 인간을 동일시하지 않는다. 인간은 절대 하나님이 될 수 없다. 하나님의 자리에 서려는 인간은 죽음을 경험한다.

음을 보여 준다. 즉 하나님이 아브라함에게 약속대로 그의 후손들이 "땅의 티끌같이" 많아졌다. 이것은 하나님이 아직 성취되지 않은 약속, 즉 땅을 주시겠다는 약속도 이루실 것을 기대하게 한다. 이런 관점에서 보면 출애굽은 단순한 노예 해방 이야기가 아니라 하나님의 언약 성취 이야기임을 알 수 있다.

이집트에서 400년 남짓 살면서 야곱의 후손들은 이집트 제국 건설에 없어서는 안 될 도구가 되어 있었다. 즉 그들은 이집트 왕에게 상당한 규모의 노예 노동을 제공한 것으로 보인다. 이것이 가능했던 이유는 히브리인들의 수가 크게 늘었기 때문이다. 이집트 왕은 번성하는 히브리인들에게 위협을 느낀다. 외적이 침입했을 때 그들이 외적과 손을 잡고 이집트를 배신할까 봐 두려워했다(출 1:10). 이에 이집트 왕은 히브리인들에게 강제적 산아 제한 정책을 펼친다.

> 아들이 태어나거든 너희는 그를 나일 강에 던지고 딸이거든 살려 두라(출 1:22).

이런 위기의 시대에 모세가 태어났다. 모세의 어머니는 그를 석 달 동안 숨겼지만 더 숨길 수 없게 되자 방수 처리된 갈대 상자에 넣어 나일 강가 갈대 사이에 두었다(출 2:3). 그때 바로의 딸이 우는 모세를 발견하고 '불쌍히 여겨' 바로의 명령을 어기고 그 히브리 남자 아이를 자신의 양자로 삼아 키웠다. 후대의 유대 전통은 바로의 딸을 최초의 유대교 개종자로 이해하는데, 그 이유는 그녀가 이집트 왕의 명령보다 불쌍한 생명 구원하기를 더 중히 여겼기 때문이다.

성인이 된 모세는 어느 날 이집트 관리가 히브리 노예를 학대하는 것을 보고 우발적으로 그를 살해하게 된다. 랍비들에 따르면, 당시 모세는 그가 변호한 노예의 국적을 몰랐을 수 있다. 모세는 동족 히브리인이 아니라 부당하게 억압받는 노예를 보고 행동했던 것이다.[2] 이런 해석이 옳다면 모세는 그를 양자로 입양한 어머니의 기질을 닮았다고 말할 수 있다. 유대인 전통에 따르면, 바로의 딸이 위험을 무릅쓰고 물에 빠진 갓난아이를 구원하여 아들로 삼은 것처럼, 모세도 위험을 무릅쓰고 학대받는 노예들을 구하고 그들과 한편이 되기로 결심한 것이다. 이것은 바로가 모세를 죽이려 한 이유를 설명한다. 모세의 죄는 단순 살인죄가 아니라 반역죄였다. 이집트 왕자가 아닌 히브리 노예로 살기로 결정한 모세는 바로의 살의를 피해 미디안 광야로 도망해야 했다. 그곳에서 미디안 제사장의 딸 십보라를 만나 결혼하여 이름 없

---

2 ——— 모세는 나중에 그 노예가 히브리인임을 알게 되었을 것이다.

는 양치기로 살다가 시내 산에서 그의 인생을 바꾼 체험을 한다. 불이 붙었으나 타서 없어지지 않는 떨기나무를 보기 위해 접근했을 때 그는 아브라함과 야곱과 이삭의 하나님을 만난다. 하나님은 자신을 '여호와'로 계시하시고 이스라엘 백성을 '속박의 집'에서 해방시키라는 출애굽의 사명을 주신다.

이어지는 출애굽 이야기의 핵심은 여호와 하나님이 이집트 신들과의 전쟁에서 승리하는 내용이다.[3] 열 가지 재앙은 단순히 바로를 설득하여 이스라엘의 해방을 얻어 내려는 것이 아니라 이집트인들이 숭상했던 다양한 신들에 대한 하나님의 심판이다. 예를 들어 첫 번째 재앙은 나일 강의 신 하피에 대한 심판이며 아홉 번째 흑암의 재앙은 이집트인들이 생명의 원천으로 생각한 태양 신 아몬 레와 관련한 것이다. 이것은 하나님이 한 가지가 아니라 열 가지 재앙을 주신 이유와 연결된다. 하나님이 한 번의 재앙으로 이스라엘을 구원하지 않은 이유는, 재앙의 목적이 히브리 노예들은 물론 온 이집트인들이 여호와를 인정하는 데 있었기 때문이다. 400년간 이집트에서 노예로 살아온 이스라엘인들도 초강대국 이집트의 신들을 인정하지 않을 수 없었을 것이다. 하나님은 열 가지 재앙을 통해 이집트 신들의 거짓을 파하시고 여호와가 어떤 신인지를 이스라엘과 이집트가 알게 하신 것이다.

> 바로가 너희의 말을 듣지 아니할 터인즉 내가 내 손을 애굽에 뻗쳐 여러 큰 심판을 내리고 내 군대, 내 백성 이스라엘 자손을 그 땅에서 인도하여 낼지라 내가 내 손을 애굽 위에 펴서 이스라엘 자손을 그 땅에서 인도하여 낼 때에야 애굽 사람이 나를 여호와인 줄 알리라 하시매(출 7:4-5).

---

3 —— 고대 근동 문학에서 신들 사이의 전쟁은 초자연적 현상과 기적을 수반한다. 열 가지 재앙과 홍해가 갈라진 사건을 자연 현상들로 설명하려는 시도는 저작 의도에 어긋난다.

하나님은 나일 강을 피로 바꾸어 마시지 못하게 만들고 태양을 흑암으로 바꿈으로써 자신이 이집트의 신들보다 더 위대함을 증명하였다. 여기서 특히 열 번째 재앙이 특이하다. 첫째, 열 번째 장자 재앙과 관련된 이집트 신을 학자들이 특정하지 못했다. 둘째, 장자 재앙은 이스라엘인도 당할 수 있었다. 어린양의 피를 문설주에 바르지 않으면 그들도 이집트인들과 같은 운명에 처해진다. 이것은 특별한 조치 없이도 이스라엘 사람들을 비껴갔던 나머지 아홉 재앙과는 사뭇 다른 것이다. 그렇다면 다른 재앙과 달리 장자 재앙이 가지는 특별한 의미는 무엇일까? 출애굽을 기념하는 절기의 이름이 '광복절'이나 '독립기념일'이 아닌 바로 이 장자 재앙에서 유래한 '유월절'이라는 사실은 열 번째 장자 재앙이 출애굽 사건에서 가지는 중요성을 단적으로 보여 준다.

유월절

열 번째 장자 재앙은 하나님이 출애굽 사건을 통해 이스라엘 민족을 장자로 세상에 낳으셨음을 암시한다. 출애굽 사건은 바로에게 한 하나님의 경고가 성취된 것이다.

> 이스라엘은 내 아들 내 장자라 내가 네게 이르기를 내 아들을 보내 주어 나를 섬기게 하라 하여도 네가 보내 주기를 거절하니 내가 네 아들 네 장자를 죽이리라 하셨다 하라 하시니라(출 4:22-23).

이 구절에서 이스라엘 민족이 처음으로 하나님의 '장자'로 언급된다. 이것은 이스라엘이 출애굽을 통해 하나님의 장자가 되었다는 의미이다. 열 번째 재앙을 피하기 위해 이스라엘이 행했던 행위도 그러하다. 즉 이스라엘 백성들이 주변에 피가 발린 문을 통해 나오면서 출애굽의 대장정을 시작한 것은 태아가 어머니 몸 밖으로 빠져나오는 장면을 연상시킨다. 이 때문에 유대인들은 출애굽 사건을 단순한 해방 사건이 아니라 하나님의 장자로 태어난 사건으로 이해한다.

출애굽이 이스라엘 민족의 '탄생' 사건, 그것도 장자로 태어난 사건이라면 이스라엘의 존재 목적, 즉 사명을 상기시키는 사건도 된다. 장자가 부모와 다른 형제들 사이의 '사이적 존재'이듯 이스라엘도 출애굽을 통해 하나님과 열방들 사이의 '사이적 존재'로서의 사명을 부여받았다. 즉 하나님 나라의 복과 가치들을 세상에 대표하고 전수하는 역할을 가진다. 세상에 정의와 공평, 사랑과 자비를 전하는 사명이다. 이런 관점에서 나일 강이 피로 변한 첫 번째 재앙을 다시 보자. 그것은 사람들의 식수가 오염되었다거나 나일 강의 신 하피에 대한 하나님의 승리만을 의미하지 않는다. 그 재앙은 두 살 이하의 히브리 남아를 나일 강에 던진 바로의 범죄에 대한 심판의 의미도 있다. 이집트 군인들이 집에 들이닥쳐 어린아이를 빼앗아 나일 강에 던지는 모습을 목격한 히브리인들의 관점에서 생각해 보라. 어젯밤 내 아이의 생명을 앗아간 나일 강이 그다음 날 평온하게 흐르는 모습, 그리고 그 나일 강에서 아무 일 없었다는 듯 물을 긷고, 논에 물을 대는 이집트인들의 일상을 보는 히브리인들의 고통은 어떠했을까? 그들은 나일 강이 피로 물드는 첫 번째 재앙을 보면서 하나님께 크게 감사했을 것이다. 피로 물든 나일 강은 이집트인들이 저지른 범죄를 만천하에 드러냈기 때문이다. 히브리인들은 그들의 애통함을 보신 하나님이 나일 강을 피로 물들였다고 생각했을 것이다. 피를 바른 문을 통해 장자로 태어난 이스라엘 민족은 그런 악을 이 땅에서 몰아내고 하나님 나라의 선한 가치들을 가져오는 사명을 부여받은 것이다. 그리스도인들은 피 묻은 문지방을 그리스도의 십자가로도 이해한다. 우리는 하나님과 세상의 '사이적 존재'로서의 사명을 감당할 힘이 그리스도의 십자가를 통과할 때 얻어진다고 믿는다. 그리스도의 피 묻은 십자가를 통과할 때 하나님의 장자가 되고, 사명의 삶을 시작하게 되는 것이다.

홍해 사건

첫 번째 유월절을 지킨 이스라엘 백성은 이집트에서 가나안 땅까지 가장 빠르게 갈 수 있는 '바닷길', 즉 해안 도로로 가지 않고 하나님의 명령에 따라 홍해를 우회하는 광야 길을 택한다. 한편 이집트 왕은 히브리 노예들이 도망했다는 소식에 마음을 바꾸어 전차 600대를 이끌고 추격하기 시작한다. 이스라엘 백성들이 밤을 보내기 위해 홍해 바닷가에 진영을 꾸렸을 때 바로의 전차 부대가 그들을 바짝 추격하고 있다는 소식을 듣는다. 그때 하나님께서 모세를 통해 그들에게 말씀하신다.

> 두려워하지 말고 가만히 서서 여호와께서 오늘 너희를 위하여 행하시는 구원을 보라 너희가 오늘 본 애굽 사람을 영원히 다시 보지 아니하리라(출 14:13).

모세가 지팡이를 홍해 위로 내밀자 바다가 갈라졌고 하나님이 구름 기둥과 불 기둥으로 이집트 전차들의 접근을 막는 동안 이스라엘 백성들은 바다 가운데 드러난 길로 홍해를 건넜다. 그들을 막고 있던 구름 기둥과 불 기둥이 걷혔을 때 이집트 전차들도 바다 가운데 드러난 길에 진입했지만 병거 바퀴가 진흙 속에 빠지는 바람에("여호와께서 그 병거 바퀴를 벗겨서", 출 14:25) 제 속도로 달릴 수 없었다. 이스라엘 백성들이 모두 무사히 홍해를 건넜을 때 모세가 그의 지팡이를 들어 바다 위에 내밀자 바닷물이 다시 밀려와 이집트 사람들을 수장시켰다. 이 놀라운 구원의 역사를 본 이스라엘 백성들은 여호와를 두려워했고 그의 종 모세를 신뢰하게 된다.

> 이스라엘이 여호와께서 애굽 사람들에게 행하신 그 큰 능력을
> 보았으므로 백성이 여호와를 경외하며 여호와와 그의 종 모세를
> 믿었더라(출 14:31).

이스라엘이 건넌 바다가 '홍해'였는지는 학자들 사이에 의문이 있다. 이는 구약 성경에서 '홍해'로 번역된 히브리어가 '갈대 바다'로 번역될 수 있는 '얌 수프'이기 때문이다. 우리말 성경이 '얌 수프'를 '홍해'로 번역한 것은 '얌 수프'를 '붉은 바다'로 번역한 칠십인역 성경을 따른 것이다. 만약 '얌 수프'가 '갈대 바다'라면 이스라엘이 건넌 바다는 어디였을까? 지도에서 홍해 북쪽 연안을 따라 올라가다 보면 비터 호수와 만나게 된다. 일부 학자들은 출애굽 당시 이 비터 호수에는 갈대가 무성했을 뿐 아니라 홍해와 연결되어 있었을 것이라 추정한다. 이 추정이 옳다면 '얌 수프'를 홍해로 번역한 것이 그리 잘못은 아니지만, 보다 큰 문제는 이스라엘 백성이 건넌 바다가 갈대가 자라는 얕은 바다라는 것이다. 얕은 바다를 갈라 마른 땅이 드러나게 하고 그 얕은 바다에 이집트 군인들을 익사시키는 것도 기적이지만 성경 본문이 전달하는 기적과는 다소 차이가 있다. 하나님의 구원을 강조하기 위한 문학적 과장으로 이해하는 학자도 있겠지만 다른 해결도 가능하다. 이것은 '얌 수프'를 '땅끝 바다'로 이해하는 것이다. '수프'가 갈대를 의미하지만 모음을 바꾸어 '소프'로 읽으면 '끝', '마지막'을 의미하기 때문이다. '땅끝 바다'는 지역과 관점에 따라 다양한 바다를 지칭할 수 있다. 예를 들어 에돔 사람들의 입장에서 '얌 수프'는 아카바 만을 가리킨다. 열왕기상 9장 26절은 솔로몬의 항구 도시 에시온게벨을 "에돔 땅 홍해(얌 수프) 물가의 엘랏 근처"에 있는 것으로 소개한다. 엘랏이 위치한 '얌 수프'는 모세가 건넌 '얌 수프'와 분명 다른 바다이다. 한편 이집트 델타 지역에서 탈출한 이스라엘의 입장에서 '땅끝 바다'는 홍해를 의미할 수 있었을 것이다. 나일 강이 빠져나가는 지중해는 이집트

> **시내산의 위치**
>
> 통상 시내산으로 알려진 곳은 시내 반도의 '제벨 무사'이다. 하지만
> BC 1200년경 시내 반도에 사람이 살았던 흔적은 발견되지 않았다.
> 성경에 따르면, 모세가 하나님을 만난 시내산/호렙산은 장인 이드로
> 가 속한 미디안인들의 영토였기 때문에 시내산이 시내 반도에 있었
> 다면 그 지역에 미디안 사람들이 생활했던 흔적들이 발견되어야 한
> 다. 그러나 그렇지 않다는 점은 제벨 무사가 시내산 위치였다는 주
> 장의 가장 큰 약점이다. 그래서 두 가지 가설이 대안으로 제안되었
> 다. 하나는 하르 카르콤(네게브 지역)이 시내산이라는 주장이다. 다
> 른 하나는 사우디 북서부에 시내산이 있었다는 주장이다. 두 군데
> 모두 사람들이 산 흔적이 있으나 전자는 연대적으로 BC 2000년경
> 이므로 출애굽기의 연대를 수정하지 않는 한 모세 시대와 연결하기
> 에는 무리가 있다. 사우디 북서 지역에서는 BC 1300년대의 미디안
> 인들의 유적들이 발견되었다. 학자들은 대부분 시내산 위치에 대해
> 불가지론적 입장을 취하지만 사우디 북서부 지역에 시내산이 있었
> 다는 주장도 충분히 고려해 볼 만하다.

인들에 의해 '땅끝 바다'가 아니라 '큰 푸른 바다'로 불렸기 때문이다.

아말렉 전투

홍해를 건너 광야에 진입한 이스라엘인들은 시내산을 향해 나
아간다. 그들은 마라, 엘림, 신 광야, 돕가, 알룻 그리고 르비딤을 거쳐
출애굽 50일 만에 시내산에 도착하는데 르비딤에서 아말렉의 공격을
받는다. 아말렉은 행군하는 이스라엘 백성들의 후미를 공격한다. 여자
와 어린이, 노인들이 행군에서 뒤처지는 무리임을 고려하면 아말렉인

들은 이스라엘 군인들과의 교전 대신 연약한 민간인을 대상으로 테러
를 저지른 것이다. 전쟁 중 군인들 간 교전에서 발생한 희생과 달리 민
간인에 대한 공격, 그것도 연약한 어린아이나 여자들에 대한 학살은
절대 지워지지 않는 상처를 공동체에 남긴다. 이 때문에 하나님은 아
말렉에게 다음과 같이 말씀하신다.

> 내가 아말렉을 없이하여 **천하에서** 기억도 못 하게 하리라……
> 아말렉과 더불어 **대대로** 싸우리라(출 17:14, 16, 강조 저자).

아말렉에 대한 하나님의 적대감은 시간('대대로')과 공간('천하에
서')에 제한이 없다. 보통 성경에 등장하는 이방 민족들에 대한 적대감
이 제한적인 것임을 고려하면 매우 이례적이다. 예를 들어 가나안 진
멸 명령은 여호수아 시대에 가나안 땅에 살던 원주민 족속들에게만
적용되었지 오늘날까지 유효한 것은 아니다. 또한 여호수아 시대에도
가나안 땅 밖으로 망명한 가나안인들은 진멸 대상이 아니었다.[4] 그러
나 아말렉에 대한 하나님의 싸움은 영원하며 지구 구석구석에서 진행
된다. 이것은 아말렉의 범죄가 가지는 상징적 성격 때문이다. 즉 연약
하고 무고한 생명을 수단 삼아 자신들의 이득을 챙긴 아말렉인들의 범
죄는 사람 됨의 근본을 파괴하는 것으로 하나님 나라의 가치에 정면
으로 위배되는 것이다. 출애굽을 통해 하나님의 장자로 태어난 이스라
엘 민족은 이런 인간성을 파괴하는 무리들과 영원히 맞설 사명을 가
진다. 이 때문일까? 이스라엘의 첫 번째 왕에게 주어진 사명은 아말렉
을 진멸하는 것이었다(삼상 15장과 30장, 삼하 1장 참조).

---

4 ——— 한 유대 전통에 따르면 기르가스 족속은 여호수아 정복 이전에 자발적으로 아프리카로
      망명하였다.

시내산 율법

시내산에서 이스라엘 백성들은 하나님과 언약을 맺는다. 율법을 수여받고 그 말씀에 순종하겠다고 다짐함으로써 그들은 하나님 나라의 백성으로 공식 출범한다. 시내산에서 주어진 율법은 다양한 법전으로 구성된다. 언약 백성에 합당한 삶의 방식을 기록한 법전(출 20-24장), 성막과 제사장의 직무에 관한 법전(출 25장; 레 16장; 민 1-10장), 백성들의 성결에 관한 거룩 법전(레 17-27장)이 시내산 율법을 구성한다. 이스라엘 백성이 시내산에 머물며 율법을 전수받은 기간은 1년 남짓이지만 그 기간에 관한 성경 본문은 출애굽기 19장부터 민수기 10장까지 걸쳐 있다. 즉 오경 전체의 3분의 1에 해당하는 분량이다. 이것은 시내산 사건이 이스라엘 백성들에게 얼마나 중요한 사건인지를 단적으로 보여 준다.

광야 방황

민수기는 38년간의 광야 생활을 주로 다룬다. 긴 광야 방황이 시작된 결정적 사건이 가데스 바네아에서 발생한다. 하나님의 명령에 따라 시내산을 출발한 이스라엘은 불과 며칠 만에 가나안 땅의 초입 가데스 바네아에 도착한다. 모세는 그곳에서 열두 정탐꾼을 약속의 땅으로 보내는데(민 13장) 그중 열 정탐꾼은 그 땅이 하나님이 말씀하신 것처럼 젖과 꿀이 흐르는 좋은 땅임을 인정하면서도 땅의 원주민들이 모두 용사들이며 그들의 성읍은 매우 견고하여 이스라엘이 승리할 가능성이 없다고 보고한다. 부정적인 보고 때문에 하나님의 약속에 대한 신뢰를 상실한 이스라엘 백성들은 모세와 아론에 대항해 들고일어난다. 그리고 그에 대한 벌로 38년간 약속의 땅에 들어가지 못하고 광야에서 생활한다. 이 기간에 출애굽 1세대들이 대부분 죽는다.

광야 방황 시대의 마지막 여정은 민수기 33장 33-49절, 신명기 2장에 서술되어 있다. 모세는 광야 방황을 끝내고 북쪽으로 올라가라는 하나님의 명령에 따라 출애굽 2세대들을 이끌고 에돔과 모압 땅을 통과하여 요단 동편으로 북상한다. 그리고 아모리 왕 시혼과 바산 왕 옥을 물리쳐 요단 동편 일부를 차지함으로써 가나안 땅으로 통하는 진입로를 확보하게 된다. 민수기 22-24장은 자신의 뒷마당에 진을 친 이스라엘 백성에게 위협을 느낀 모압 왕이 발람 선견자를 고용하여 이스라엘을 저주하려 했지만 실패한 이야기를 담고 있다. 신명기는 가나안 땅이 내려다보이는 모압 평지에서 모세가 출애굽 2세대에게 마지막으로 설교한 내용이다. 신명기에서 모세는 출애굽 2세대들에게 용기와 믿음을 갖고 하나님이 약속하신 땅을 차지할 것을 주문한다. 그리고 자신은 그들과 함께 약속의 땅에 들어가지 못할 것이라며 여호수아를 후계자로 세운다. 이제 출애굽 2세대들은 여호수아의 지휘 아래 약속의 땅을 정복해야 한다.

정리 질문

1. 아브라함이 가는 곳마다 쌓은 제단은 어떤 의미를 가집니까?

2. 요셉 이야기가 주는 교훈은 무엇입니까?

3. 왜 하나님은 한 가지가 아닌 열 가지 재앙을 내리셨을까요?

4. 유대인들은 왜 바로의 딸을 개종한 첫 유대인으로 간주할까요?

9. 가나안 정복과 사사 시대

유대인들은 흔히 모세를 태양에, 여호수아를 달에 비유한다. 이 비유에 따르면 여호수아보다 모세가 더 위대한 지도자인 듯하다. 하지만 여호수아 시대만큼 이스라엘이 하나님 나라를 위해 잘 연합하고 순종한 시대가 없었다는 사실은 비유의 의미를 달리 생각하게 한다. 예를 들어, 태양은 직접 볼 수 없지만 달은 맨눈으로 볼 수 있다. 태양이 뜨면 별들은 사라지지만 달이 뜨면 주변의 별이 보이기 시작한다. 이것은 여호수아가 백성들과 친밀히 소통하는 지도자였음을 암시한다. 여호수아가 백성들처럼 느끼고 소통할 수 있었던 이유는 스스로가 백성들처럼 연약하고 부서지기 쉬운 사람이었기 때문일 것이다. 하나님이 여호수아에게 '강하고 담대하라'며 여러 번 말씀하신 것(1:6, 7, 9)은 그만 한 이유가 있었을 것이다. 심지어 르우벤, 갓, 므낫세 지파 사람들도 여호수아에게 '강하고 담대하소서'라고 말한다(1:18). 백성들이 보기에도 여호수아가 약해 보였나 보다. 하지만 이런 연약함 때문에 오히려 그는 백성들과 공감하고 소통할 수 있었을지 모른다. 그리고 그것이 모세로부터 배운 신앙과 상승 작용을 일으켜, 여호수아를 이스라엘 역사에서 가장 위대한 지도자 중의 하나로 만든 것은 아닐까?

하나님은 자기 민족만을 사랑하시는가?

내 종 모세가 죽었으니 이제 너는 이 모든 백성과 더불어 일어나
이 요단을 건너 내가 그들 곧 이스라엘 자손에게 주는 그 땅으로
가라 내가 모세에게 말한 바와 같이 너희 발바닥으로 밟는 곳은
모두 내가 너희에게 주었노니(수 1:2-3).

하나님의 명령에 따라 여호수아는 출애굽 2세대를 이끌고 싯
딤에서 요단강을 건너, 여리고 성과 아이 성을 단숨에 정복하고 세겜
에서 여호와께 충성을 서약한 후, 남방 가나안 동맹군과 북방 가나안
동맹군을 차례로 무찌른다. 이런 이스라엘의 정복 전쟁과 관련해 가장
불편한 질문은 '하나님은 이스라엘의 종족신(a tribal god)인가?'이다.
여호수아기에서 하나님은 이스라엘만을 보호하고 축복하는 신처럼
느껴진다. 다른 민족에 대해서는 진멸을 명령하는 잔인한 신으로 비춰
진다. 이런 진멸은 가나안 정복 내내 이어진다. 여리고, 아이 성 전투는
물론 남방 전투와 북방 전투의 결과를 요약하는 구절에서도 모두 '진
멸' 혹은 그에 상응하는 용어들이 사용된다(수 6:21; 8:24; 10:40; 11:14).
가나안 사람들을 죽인 것은 우상 숭배를 심판하는 의미가 있
다 해도, 아직 죄짓지 않은 어린아이까지 죽이는 것이 옳은가 하는 반
문이 들 것이다. 하나님은 인간 생명을 귀중히 여기시지 않는 분인가?
이런 질문에 만족스러운 답을 얻기란 어렵다. 다음 두 가지가 조금이
나마 대답이 될지 모르겠다.
첫째, 여호수아기에 기록된 정복 이야기는 소위 선택 민족(=이
스라엘)을 위한 하나님의 편파적 호혜가 아니다. 이것은 여호수아기의
구성에서 분명히 드러난다. 여호수아기는 이스라엘 백성이 요단을 건
너 가나안의 도시들을 정복하는 이야기를 담고 있다. 도시를 어느 정
도 파괴했는지, 주민을 얼마나 죽였는지는 논쟁거리이지만 분명한 것

은 하나님이 가나안 주민이 아닌 이스라엘의 편에 서서 싸웠다는 사실이다. 이 사실이 하나님의 '편파성'을 말할 수도 있지만 여호수아 저자는 정복 전쟁을 묘사하기 직전에 두 가지 에피소드를 기록한다. 하나는 라합 사건(2장)이고, 다른 하나는 여호수아가 여호와의 군대 장관과 대면한 사건(5장)이다.

먼저 라합 사건을 살펴보자. 여호수아는 여리고를 정탐하기 위해 사람들을 보냈다. 그 정탐꾼들이 사람들에게 발각되었을 때 기생 라합이 그들을 숨겨 준다. 이를 계기로 정탐꾼들은 라합의 가족과 일종의 언약을 맺는데, 그때 이방인 라합이 정탐꾼들에게 한 말은 구속사를 망라하여 가장 인상적인 신앙 고백으로 간주된다.

> 여호와께서 이 땅을 너희에게 주신 줄을 내가 아노라…… 너희가 애굽에서 나올 때에 여호와께서 너희 앞에서 홍해 물을 마르게 하신 일과 너희가 요단 저쪽에 있는 아모리 사람의 두 왕 시혼과 옥에게 행한 일 곧 그들을 전멸시킨 일을 우리가 들었음이니라…… 너희의 하나님 여호와는 위로는 하늘에서도 아래로는 땅에서도 하나님이시니라(수 2:9-11).

하나님의 기적을 체험했지만 그분을 신뢰하지 못하고 끊임없이 불평한 이스라엘 백성과 달리 소문으로만 여호와를 알았던 이방인 라합은 이스라엘의 하나님을 정확히 이해하고 믿었다. 이방인 라합의 신앙 고백은 어떤 이스라엘 사람의 고백보다 뛰어났다.

여리고 공격을 목전에 둔 상황에서 여호수아가 여호와의 군대 장관을 대면한 사건도 매우 흥미롭다. 군대장관을 몰라보았던 여호수아는 그에게 '당신은 우리 편입니까? 아니면 적의 편입니까?'하고 묻는다. 이때 여호와의 군대장관은 나는 누구의 편도 아니라고 대답한다(수 5:13-15). 이스라엘을 위해 여리고 성을 무너뜨릴 여호와의 군대

장관이 한 말이라니 충격적이다. 이스라엘을 위해 가나안과 싸우시는 그분이 이스라엘 백성의 편도, 가나안 민족의 편도 아니라는 사실은 선뜻 이해되지 않는다.

여호수아기 저자가 가나안 정복 이야기를 본격적으로 전개하기 전에 두 에피소드를 기록한 것은 정복이 하나님의 보다 큰 뜻(=보다 큰 구속 역사)의 일부임을 암시한다. 가나안 정복은 하나님의 세계 구원의 한 과정이다. 물론 이 사실이 왜 하나님이 어린아이까지 죽이셔야 했는지를 충분히 설명하지는 못한다. 그러나 여호수아기가 분명히 선포하는 것은 하나님은 이스라엘을 편애하시는 분이 아니라 열방을 사랑하셔서 구원하신다는 사실이다. 가나안 정복을 제대로 이해하려면 하나님의 세계 구원 계획의 일부로 보아야 한다.

둘째, 구약 성경을 전체적으로 고찰할 때 하나님이 무고한 생명을 죽이는 분이 아님을 알 수 있다. 이것은 이스라엘의 율법에서 인신 제사가 엄하게 금지되었다는 사실로 입증된다. 이방 종교에서는 인신 제사가 널리 행해졌다. 동물 제사보다 효력이 강하다고 여겨져 국가적 위기 때(신이 매우 분노해 있을 때)마다 인간을 제물로 바쳤다. 다시 말해 이방 종교에서는 신을 위해 인간 생명이 수단화되는 것이 자연스러웠다. 하지만 고대 이스라엘에서는 신이라 할지라도 인간 생명이 수단화되지 않는다.

그렇다면 하나님의 진멸 명령은 어떻게 이해해야 할까? 인신 제사를 원치 않으시는 하나님이 가나안 백성들이 '바쳐지기'(진멸)를 명했던 이유는 무엇일까? 왜 인간 생명을 소중히 여기는 하나님이 원주민들을 진멸하라고 명령하셨을까? 그렇게 죽은 원주민들 중에는 좌우를 분별하지 못하는 어린아이들도 있었을 것이다. 하나님은 '자기 사람'만 수단화하지 않는 편애의 신인가?

진멸 전쟁

진멸 전쟁의 의미를 말하기 전에 여호수아기가 하나님의 언약적 신실함을 강조하기 위해 문학적 과장을 사용한다는 사실에 주목해야 한다. 다음의 예를 보자.

여호수아와 이스라엘 자손이 그들을 크게 살륙하여 거의 멸하였고 그 남은 몇 사람은 견고한 성들로 들어간 고로(수 10:20).

이 구절의 배경은 이스라엘과 화친한 기브온(수 9장)을 응징하려는 가나안 연합군이 여호수아에게 쫓겨 막게다 굴에 숨었을 때이다. 여기서 여호수아군이 가나안 연합군을 '완전히 멸하였다'는[1] 진술은 분명한 과장이다. 왜냐하면 '살아남아' 다른 성으로 피신한 '몇 사람'이 존재하였기 때문이다. 다음의 구절은 여호수아의 남방 원정을 요약한 구절이다.

이와 같이 여호수아가 그 온 땅 곧 산지와 네겝과 평지와 경사지와 그 모든 왕을 쳐서 하나도 남기지 아니하고 호흡이 있는 모든 자는 다 진멸하여 바쳤으니 이스라엘의 하나님 여호와께서 명령하신 것과 같았더라(수 10:40).

이 구절에 따르면 여호수아는 남방 가나안의 '모든' 왕과 '호흡이 있는 모든' 자를 다 죽였다. 이것은 이스라엘의 완전한 승리를 나타낸다. 여호수아의 북방 원정을 요약한 다음의 구절도 이스라엘의 승리를 과장적으로 묘사한다.

---

1 ── '거의 멸하였다'는 개역개정의 번역은 오역이다. 히브리어 '아드-투맘'은 '완전히'의 의미에 가깝다. 영어표준역(English Standard Version)은 이것을 'until they were wiped out'이라 번역한다.

이 성읍들의 모든 재물과 가축은 이스라엘 자손들이 탈취하고 모든 사람은 칼날로 쳐서 멸하여 호흡이 있는 자는 하나도 남기지 아니하였으니(수 11:14).

이 구절에 따르면 북방 가나안의 왕들과 백성들도 예외 없이 모두 멸망당했다. 하지만 이렇게 여호수아에게 진멸당했던 가나안인들이 후대에도 여전히 존재했음을 생각할 때(삿 3:2-3), '호흡이 있는 모든 자'를 다 진멸했다는 내용이 문학적 과장임을 알 수 있다. 그 문학적 과장을 통해 저자는 여호와의 신실한 약속 이행을 강조한다. 즉 하나님이 족장들과 한 약속을 신실하게 지키셨다는 것을 이스라엘의 완벽한 승리를 통해 보이고자 한 것이다.

진멸에 대한 언급도 이런 문학적 과장의 일환이다. 하지만 '진멸'이라는 말에는 단순히 '모두', '다', '하나도 남김없이', '호흡이 있는 모든 자'와 같은 과장적 표현에 없는 다른 의미도 있다. 그것은 하나님께 '헌신된' 혹은 '바쳐진 것'이라는 의미이다. 즉 진멸은 성전(聖戰)의 문맥에서 사용된다. 성전은 경제적 이득을 목적으로 하는 약탈 전쟁과 달리 전리품을 취하면 안 되는 전쟁이다. 이른바 '하나님에 의한, 하나님을 위한, 하나님의 전쟁'이다. 그 대상은 이스라엘의 대적이 아니라 하나님의 대적이다. 하나님이 가나안인들의 진멸을 명하신 이유는 여호수아의 정복 전쟁이 이스라엘에게 땅을 주시기 위한 약탈 전쟁이 아니라 죄인들에 대한 하나님의 심판 전쟁이기 때문이다(창 15:16). 이는 하나님이 편파적 종족신이 아님을 보여 준다.

왜 전쟁을 통해 땅을 주셨는가

이제 마지막으로 대답할 질문은 가나안 정복 전쟁으로 희생되었을 무고한 가나안 사람들이다. 호흡이 있는 자를 다 진멸했다는 진술이 문학적 과장이라 하더라도 정복 전쟁에서 희생된 생명들 가운데 어린아이가 포함되었을 가능성은 충분하다. 인류 역사에서 무고한 희생자가 없는 전쟁이 어디 있겠는가? 그렇다면 '약속의 땅'(=하나님의 나라)이 왜 그런 깨끗하지 못한 수단을 통해 이스라엘에게 주어졌을까 질문을 제기할 수 있다.

이에 대한 대답은 하나님 나라가 죄의 권세 아래 있는 '이 땅'에 세워졌다는 사실과 관계있다. 이 땅에서 하나님 나라가 세워져 가는 방식은 순도 100퍼센트의 정결을 유지할 수 없다. 이 말을 이해하려면 '도덕'과 '거룩'의 개념을 구분해야 한다. 레위기 안에서 구분되는 도덕적 정결과 제의적 정결도 바로 이 구분을 전제한 것이다(7장 참조). '도덕적 행위'는 타인 혹은 공동체를 이롭게 하는 행위이며, '거룩'은 하나님과의 교제에 합당한 상태이다. 따라서 도덕적이려면 세상의 힘을 얻어야 하며, 거룩하려면 세상과 구별된 깨끗함이 요구된다. 죄가 없는 이상적 세계에서는 도덕과 거룩이 일치한다. 하지만 타락 이후의 세계에서는 이 둘이 늘 일치하지는 않는다. 오히려 반대 관계에 놓이는 경우가 많다. 타인과 공동체의 행복을 증진시키기 위해서는 힘이 필요한데 타락한 세상에서 그 힘을 얻으려면 종종 거룩을 타협해야 한다. 이집트의 총리가 된 요셉이 철저히 이집트의 관습과 문화에 적응하며 살았던 것을 예로 들 수 있다. 그는 심지어 이방 제사장의 딸과 결혼했다. 모르드개와 에스더도 정치적 힘을 얻기 위해 철저히 정체성을 숨기며 살았다. 페르시아 궁중에서 율법을 제대로 지킬 수는 없었을 것이다. 하지만 성경은 그들이 세속적 힘을 얻기 위해 정결함을 타협한 것을 비판하지 않는다. 그렇게 얻은 세속적 힘이 이스라엘의 구원으로 이어졌기 때문이다.

이런 관점에서 이 땅의 하나님 나라 백성에게 올바른 행위는 도덕과 거룩 사이의 적정한 균형에 있다. 예를 들어 엿새 동안 세속에서 열심히 일하지만 제7일에는 거룩에 힘쓰는 것, 육류 섭취를 위한 살생을 허용하지만 동물의 고통을 최소화하는 방식으로 도살하는 것

등은 균형을 찾는 노력들이다. 하나님의 통치가 죄로 가득한 땅에 임하는 방식은 언제나 둘의 절묘한 조화를 찾는 것과 관계있다. 그러나 많은 이들이 도덕과 정결을 구분하지 않고, 하나를 잃으면 다른 것도 없어진다고 생각하기 쉽다. 올바름의 기준으로 에녹 수준의 성결과 요셉 수준의 영웅성을 동시에 요구한다면 이것은 우리가 사는 죄악 현실을 간과하는 것이다.

하나님이 전쟁이라는, (우리 보기에) '이상적이지' 못한 방식으로 이스라엘에게 가나안 땅을 허락하신 것도 이런 관점에서 이해할 수 있다. 비폭력적 방법을 사용하지 않은 것을 무조건 비난할 것이 아니라 그것을 통해 발생하는 덕을 고려해야 한다. 원주민을 몰아내고 가나안 땅을 얻은 이스라엘은 인류 구원의 신비한 도구가 되지 않았는가? 우리는 하나님의 영원한 지혜를 인정하고 하나님이 하신 일의 교훈을 구해야 한다. 즉 여호수아기에서 하나님 나라가 전쟁이라는 수단을 통해 이루어졌다는 사실은 사단과 죄가 왕 노릇하는 이 세상에서 하나님 나라를 이루어 갈 때 도덕과 거룩의 균형이 얼마나 중요한지 가르쳐 준다. 물론 이것이 가나안 정복 과정에서 발생했을 갓난아이의 희생까지 해결해 주는 것은 아니다. 하지만 이것은 가나안 정복에 국한된 문제만은 아니다. 죄 없는 사람의 고난이라는 보다 보편적 문제와 연결된다. 이에 대해서는 20장 '의인의 고난—욥기'를 참조하라.

정착 시대

여호수아기가 가나안 땅의 정복 과정을 보여 준다면, 사사기는 그 땅에서 사람들이 살아가는 모습, 즉 정착 과정을 그린다. 사사기를 이해하려면 정복의 후속 단계인 '정착'의 신학적 의미를 알아볼 필요가 있다. 정착이란 하나님이 선물로 주신 가나안 땅을 하나님 나라로 일구어 가는 것을 말한다. 즉 그 땅을 선물로 받은 이스라엘 백성들은 그곳에서 우상을 몰아내고 여호와 신앙을 세워 하나님 나라의 가치를 구현할 의무가 있었다. 그러나 사사기는 이스라엘 백성들이 이 사명에 실패하는 과정을 보여 준다. 가나안 땅을 하나님 나라로 바꾸어 가는 것이 아니라, 하나님 백성이 오히려 '가나안화'되는 모습이 사사기에 기록되어 있다.

구원자 사사와 그 역할

왕정이 생기기 전까지 이스라엘은 '사사'로 불리는 지도자들에 의해 다스려졌다. 사사는 어떤 사람들이었나? 사사로 번역된 히브리어 '쇼페트'는 보통 '판관'의 의미에 가깝지만, 사사기에 기록된 사사들의 행적은 구원자의 성격이 강하다. 그들은 이스라엘을 외세의 위기에서 구원한 자들이다.

사사 통치는 여러 면에서 왕정과 구분된다. 왕은 세습을 통해 권력을 위임받지만 사사직은 세습되지 않았다. 위기 때마다 사사들이 일어났다. 또한 왕이 물리력을 통해 백성들의 순종을 얻어냈다면 사사의 지도력은 자발적 순종으로 형성되었다. 사회학자 막스 베버는 이런 사사들을 '카리스마적 지도자'로 명명했다. 그러나 사사들이 카리스마적 지도자들과 결정적으로 다른 점은 모두 흠이 있었다는 사실이다. 블레셋을 무찌른 삼갈은 이방신 숭배자의 아들이었고, 기드온은 하나님의 신실하심을 의심했으며, 입다는 창기의 소생이었고, 입산과 압돈은 왕처럼 많은 아내를 거느렸으며, 삼손은 다혈질에 이방 여자를 사랑하였다. 하지만 여기에 사사기의 가르침이 있다. 하나님은 흠 있는 사람을 통해 하나님 나라를 온전히 이루어 가시는 분이다.

사사의 역할은 두 가지였다. 사회적 위기 순간에 백성들을 외세로부터 '구원하는'(호시아) 역할이 첫 번째라면 두 번째 역할은 평화 시대가 그 배경이다. 즉 평화 시대의 사사들은 하나님이 주신 은사로 백성들의 문제를 해결한다. 사사기 저자는 이것을 '재판한다'(샤파트)로 표현한다(삿 4:5). 고대 사회에서 '재판'은 법정에서 죄의 유무를 가리는 행위뿐 아니라 전반적 민원 해결을 지칭한다. 사람들이 다양한 문제로 사사를 찾아오면 사사는 하나님이 주신 능력으로 그들의 문제를 해결해 준다. 이런 의미에서 선교지 목회와 비슷하다고 할 수 있다.

이런 사사들의 지도력은 이스라엘의 정착 실패와 하나님의 신실하심을 배경으로 이해해야 한다. '정착 실패'는 이스라엘 백성들이 가나안 땅을 하나님의 나라로 가꾸지 못하고 가나안화되어 자기 소견대로 행하는 상황을 지칭한다. 사사기 17-21장은 이런 정착 실패를 성직자였던 레위인들의 모습으로 예증한다. 먼저 사사기 17-18장의 레위인은 생활이 어렵다는 이유로 본래의 사역지(레위인 도시)를 떠나 떠돌다가 '먹고살기' 위해 한 개인의 집에서 우상 모시는 일을 맡았고, 후에는 더 큰 자리를 위해 사역지를 옮기는 자로 그려진다. 사사기 19-21장의 레위인은 첩을 두고 살았을 뿐 아니라 조작된 대의명분을 내세워 인간을 사물화·수단화하여, 결국 하나님의 유업인 지파 하나를 멸절시키는 결과를 초래하게 된다. 이런 레위인 이야기는 당시 사회 전체의 타락을 예증한다. 많은 학자들은 사사기 17-21장이 사사 시대 말기가 아니라 사사 시대 전체를 대표한다고 본다. 이 말이 옳다면, 사사들의 지도력은 이스라엘의 끊임없는 배도가 그 배경이라고 할 수 있다. 이것은 오늘날의 정치 지도자가 처한 상황과도 맞물린다. 정치 지도자는 언제나 '아멘'을 외치는 시민을 다스리는 것이 아니다. 시민들은 결국 자기 소견대로 행동한다는 사실을 전제하고 그들을 더 나은 미래로 이끄는 사람이 유능한 정치 지도자이다.

또 하나의 배경은 이스라엘 사람들의 반복적인 실패에도 불구하고 그들을 구원하시는 하나님의 신실하심이다. 이 때문에 사사들의 행적이 주된 소재인 사사기에서 '이스라엘의 죄 → 외적의 억압 → 이스라엘의 신음 → 하나님의 구원' 패턴이 반복된다. 사사기 2장 11-16절은 이런 패턴을 요약해 준다.

이스라엘 자손이 여호와의 목전에 악을 행하며 바알들을 섬기며…… 곧 그들이 여호와를 버리고 바알과 아스다롯을 섬겼으므로 여호와께서 이스라엘에게 진노하사…… 주위에 있는 모든 대적의 손에 팔아 넘기시매…… 그들의 괴로움이 심하였더라…… 여호와께서 사사들을 세우사 노략자의 손에서 그들을 구원하게 하셨으나

하나님의 구원에도 불구하고 이스라엘 백성들은 자기 소견대로 행하는 죄악에서 벗어나지 못한다. 일단 대적이 물러나면 사사에게 순종하지 않고 우상을 섬기며, 여호와의 명령을 따르지 않았다(삿 2:17). 그러나 하나님은 이스라엘이 부르짖을 때마다 그들을 위해 사사들을 세우신다. 위에 인용된 구절에서 명확한 것처럼 이스라엘의 회개 혹은 간구가 아니라 백성들의 신음 소리에 하나님은 응답하셨다('그들의 괴로움이 심하였더라'). 이것은 구원이 하나님의 긍휼하심에 있기 때문이다.

하나님의 근심

이와 관련하여 생각해야 할 질문은 회개의 진정성이다. 이스라엘 백성들은 외적의 억압 아래서 하나님께 부르짖곤 했는데(삿 3:9 참조), 하나님이 그들을 구원하신 후에는 곧 우상을 섬기는 삶으로 회귀한다. 즉 이스라엘은 '회개'한 후에도 반복적으로 동일한 죄에 빠진다. 그렇다면 사사기에서 이스라엘의 회개는 진정한 회개였을까? 회개가 양심의 문제라면 우리는 이스라엘 백성들의 회개의 진정성을 판단할 수 없을 것이다. 그러나 회개가 삶의 문제라면 이스라엘의 회개가 그다지 참되지 않았다고 할 수 있다.

하나님은 이스라엘의 회개를 어떻게 받아들이셨을까? 하나님도 똑같은 죄에 빠지는 이스라엘의 회개를 못마땅하게 생각하셨던 것

같다. 다음의 구절을 보라.

> 이스라엘 자손이 여호와께 여쭈되 우리가 범죄하였사오니……
> 여호와께서 이스라엘의 곤고로 말미암아 마음에 근심하시니라
> (삿 10:15-16).

'마음에 근심하시니라'로 번역된 히브리어 '카짜르'는 '짜증나
다'라는 의미가 있다. 자꾸 같은 죄를 반복하는 백성들의 회개에 하나
님이 짜증이 나신 것이다. 그럼에도 하나님이 이스라엘을 구원하시는
것은 그들의 고통('곤고')을 불쌍히 여기기 때문이다. 즉 하나님은 이스
라엘의 회개 때문에 구원해 주시는 것이 아니라, 고통당하는 백성들
에 대한 그분의 긍휼함 때문에 구원하시는 것이다. 사사기에서도 구원
은 하나님의 전적인 은혜이다.
　사사들의 지도력이 이런 하나님의 은혜를 배경으로 한다는 사
실은 구속사를 이루어 가시는 하나님의 방식을 다시 상기시킨다. 하
나님은 불완전한 지도자들을 통해 하나님 나라를 완전하게 이루어
가신다.

사사기의 메시지

첫째, 하나님은 인간 지도자가 불완전하더라도 그분의 나라를
온전히 이루신다. 사사기는 가나안 땅을 하나님 나라로 일구는 데 실
패한 민족의 역사를 기록한다. 여기서 재미있는 것은 사사들도 해답
의 일부가 아니라 문제의 일부라는 사실이다. 하지만 신실하신 하나
님은 부족한 사사를 통해 죄악에 빠진 이스라엘을 지속적으로 구원
하신다. 구원의 근거는 이스라엘의 공로도 아니며, 부르짖음과 회개도
아니다. 오로지 하나님의 자비와 긍휼에 기인한(삿 2:16, 18) 동시에 족
장들에게 하신 하나님 자신의 약속에 근거한 것이다(참조. 신 6:10-11).

이는 이스라엘의 진정한 통치자가 여호와 하나님임을 보여 준다. 사사들의 타락, 제사장의 타락, 백성들의 타락은 어떤 희망도 품을 수 없게 하지만, 그 어둠 가운데에서도 여전히 주장하시고 통치하시는 여호와가 계신다.

둘째, 가나안 정복이 선물로 이미 주어진 구원을 상징한다면 가나안 정착은 아직 이루어야 하는 구원을 예표한다. 이스라엘 백성들은 가나안 땅을 선물로 받았지만, 그 땅을 하나님 나라로 일구어 갈 사명도 있었다. 가나안의 우상적 가치들을 몰아내고 그 땅에 하나님 나라의 가치를 새로 심어야 했다. 그러나 사사 시대의 이스라엘은 이 정착의 사명에 실패한 것이다. 그리스도 안에서 이미 구원받은 우리도 우리 영혼을 성령의 열매로 채워야 할 사명을 가진다. 정복이 정착으로 이어져야 했듯이 구원받은 우리는 구원을 날마다 이루어 가야 한다. 즉 우리의 삶의 자리를 하나님이 통치하시는 현장으로 바꾸는 일에 진력해야 할 것이다.

정리 질문

1. 이스라엘을 위해 가나안 민족들을 가나안 땅에서 몰아내신 하나님이 공평하지 못한 신인지 토의해 봅시다.
2. 하나님이 폭력적인 방법으로 이스라엘에게 땅을 주신 것이 정당화될 수 있는지 토의해 봅시다.
3. 사사의 중요한 직무 두 가지는 무엇입니까?
4. 하나님이 이스라엘 백성들을 구원하신 까닭은 무엇입니까?

10. 사울과 다윗

사무엘기는 하나님이 원하시는 통치자의 본질을 설명한다. 사무엘기에 따르면 하나님이 원하시는 통치자는 '순종하는 왕'이다. 이 개념은 고대 세계에서 통용된 왕 개념과 매우 다르다. 고대 근동 세계에서 왕은 곧 신과 같은 존재였다. 이런 점에서 고대 세계에서 '순종하는 왕'은 모순 어법이다. 왕은 타인의 의지나 명령에 순종하는 존재가 아니었기 때문이다. 그러나 이스라엘 왕에게 요구되는 핵심적인 자질은 순종이었다. 즉 자신의 뜻을 꺾고 하나님의 뜻에 복종하는 능력이다. 왕의 사명은 맡겨 주신 하나님 백성 위에 하나님의 통치를 실현하는 것이었다.

모든 민족들처럼 우리에게 왕을

사사 시대는 모두가 자기 소견대로 행하는 영적 혼돈의 시대였다. 사사기 저자는 책 말미에서 이런 혼돈을 수습할 인물이 '순종하는 왕'임을 암시한다. 율법에 순종하는 왕이 출현할 때 이스라엘 사람들도 하나님께 순종하는 백성으로 거듭날 것이다. 하지만 이스라엘 백성들은 '열방과 같은 왕'을 요구한다. 이스라엘 장로들은 사무엘 선지자에게 찾아와 다음과 같이 말한다.

> 보소서 당신은 늙고 당신의 아들들은 당신의 행위를 따르지 아
> 니하니 모든 나라와 같이 우리에게 왕을 세워 우리를 다스리게
> 하소서(삼상 8:5).

이스라엘 장로들이 사무엘의 연로함과 그 아들들의 실정을 들
먹이며 왕을 달라고 요구하지만 이것은 핑계에 불과하다. 그들이 왕
을 원한 진짜 이유는 '모든 민족들처럼' 되고 싶은 열망 때문이었다.

당시 이스라엘 사회는 문명의 후발국이었다. 높은 건물, 경기
장, 각종 생활 편의 시설, 먹거리가 넘치는 시장 등을 가진 고대 근동
의 도시와 달리 이스라엘 백성들은 가나안 산지에 촌락을 이루어 살
고 있었다. 모두가 자기 소견에 옳은 대로 행했다는 말이 암시하는 것
처럼 자유로웠지만 경제적으로 그다지 풍요롭지 못했다. 전형적인 산
촌 경제로 겨우 먹고사는 정도였다. 외적이 침입하거나 가뭄이라도 들
면 그들의 삶은 무척 궁핍해졌다. 이에 이스라엘의 장로들은 중대한
결단을 내린다. 다른 나라들처럼 왕을 세우려 한 것이다. 그들은 왕이
이스라엘을 부유하게 만들어 주리라 기대했다. 사사들과 달리 왕은
강제력을 가진 명령을 낼 수 있기 때문에 사람들은 왕의 명령에 순종
하여 세금을 내거나, 부역을 하거나, 군대에 갈 것이다. 이 때문에 왕
은 가뭄에도 농사를 지을 수 있는 관개 수로를 건설할 수 있고, 상비
군을 설치하여 외적의 침입을 효과적으로 막아 내리라는 기대를 받
았다. 실제로 왕정을 택한 나라들은 모두 강하고 풍요로운 도시 문명
을 건설하였다. 이처럼 이스라엘 백성들이 사사를 버리고 왕을 선택
한 것은 다른 나라처럼 살고 싶은 욕망 때문이다. 즉 부강한 나라가
되기 원했기 때문이다. 물론 잘살고 싶은 욕망 자체를 탓할 수는 없
을 것이다. 그러나 문제는 수단이었다. 그들이 왕을 요구할 때 이방 나

라의 왕들이 그들의 마음에 있었다. 다시 말하면 그들이 요구한 왕은 이방 나라 왕처럼 카리스마 넘치는 신과 같은 존재였다. 이 때문에 왕을 요구하는 것은 우상 숭배와 다름없었다. 그들은 하나님의 통치를 대리하는 사사를 버리고 이방 나라의 신성 왕을 선택하였다. 인간 왕을 요구하는 일은 하나님의 왕권을 거부하는 행위였다. 백성들의 요구에 마음이 상한 사무엘에게 하나님이 하신 말씀이 이를 잘 보여 준다.

> 백성이 네게 한 말을 다 들으라 이는 그들이 너를 버림이 아니요 나를 버려 자기들의 왕이 되지 못하게 함이니라(삼상 8:7).

사무엘은 백성의 요구가 못마땅했지만 하나님의 지시를 따라 사울을 왕으로 세운다. 그러나 사울은 처음부터 하나님이 선택한 왕이 아니라 백성들이 요구하여 얻은 왕이었기 때문에 이스라엘이 처한 문제들을 해결하고 하나님의 통치를 실현할 수 없었다.

사울

사사 시대 말 이스라엘에게 가장 큰 위협은 블레셋이었다. 블레셋은 본래 그리스 지방에 살던 민족이었지만 BC 1200년대에 가나안 땅 남부 해안 지역에 정착하기 시작했다. 정착 초기에는 새로운 환경에 적응하느라 이스라엘을 공격하지 않았지만 반세기 만에 정착에 성공한 후 늘어나는 인구 때문에 내륙 지역으로 영토를 확장하려 하였다. 사사 시대 말에는 블레셋 사람들이 이스라엘을 실질적으로 지배한 것 같다(삿 13-16장). 이것을 단적으로 보여 주는 것은 사울의 고향 기브아에 블레셋 군대가 상주했다는 사실이다(삼상 10:5). 이스라엘 장로들이 라마에 있던 사무엘에게 찾아와 왕을 요구한 배경에는 블레셋의 억압과 위협이 있었다. 하나님이 사울 왕의 직무를 말씀하시면서 '블레셋의 손'에서 이스라엘을 구할 자라고 하신 것도 이런 배경에서 이해할 수 있다(삼상 9:16).

사울은 선지자 사무엘을 통해 왕으로 기름 부음을 받는다(삼상 10:1). 그 후 미스바 집회에서 제비 뽑기를 통해 다시 한 번 왕으로 지명된다(삼상 10:24). 사울 왕의 첫 번째 업적은 길르앗 야베스 사람들을 암몬의 공격에서 구원한 것이었다. 암몬인들이 야베스 성을 포위하고 주민들의 오른쪽 눈을 뽑겠다고 위협했을 때 사울은 강한 카리스마로 지파들을 규합하여 암몬을 크게 물리쳤다. 사울의 카리스마와 전투 능력을 확인한 이스라엘 백성들은 선지자 사무엘과 함께 길갈에서 하나님께 제사를 올리고 공식적으로 사울 왕국의 출범을 선포한다.

사울이 왕이 되었을 때의 나이와 그가 몇 년 동안 이스라엘을 다스렸는지는 확실히 알 수 없다. 그 정보를 기록한 사무엘상 13장 1절이 훼손되어 버렸기 때문이다. 현재의 히브리어 본문은 직역하면 사울이 한 살 때 왕이 되어 2년간 다스렸다는 내용이다. 그러나 학자들은 사울이 왕이 된 때는 그가 40세 되던 해이며, 왕이 되어 약 20~25년 정도 다스렸을 것으로 추정한다.

사울 왕의 업적은 주로 군사적 업적이었다. 이것은 이스라엘이 아직 나라를 이루지 못한 민족 형태로 존재했다는 사실과 연결된다.[1] 나라를 이루지 못한 약소민족을 주변 왕국이 틈만 나면 약탈하고 침략한 것은 당연하다. 특히 블레셋은 에브라임과 유다 산지에 흩어져 사는 이스라엘 민족을 실질적으로 지배했다. 하나님이 사울을 왕으로 세울 때 가장 중요한 임무로 블레셋의 손에서 이스라엘을 구원하는 것을 맡기신 이유도 이 때문이다. 사무엘상 14장 47절은 사울의 업적을 다음과 같이 요약한다.

1—— '이스라엘'이라는 말을 최초로 언급한 이집트 사료는 메르넵타 석비(BC 1200년경)인데 이 석비는 가나안 정복 직후 혹은 사사 시대에 건립된 것으로 보인다. 이 석비에서 '이스라엘'은 아직 나라를 이루지 못한 민족으로 등장한다. 보다 자세한 내용은 '책 속의 책—고고학으로 본 구약 성경'을 참고하라.

사울이 이스라엘의 왕위에 오른 후에 사방에 있는 모든 대적 곧 모압과 암몬 자손과 에돔과 소바의 왕들과 블레셋 사람들을 쳤는데 향하는 곳마다 이겼고 용감하게 아말렉 사람들을 치고 이스라엘을 그 약탈하는 자들의 손에서 건졌더라

이 구절은 사울의 군사적 업적을 비교적 가치중립적으로 서술한 것이다. 이 군사적 업적은 용병술에 기인한다. 사무엘상 14장 52절은 그의 용병술을 이렇게 기록한다.

사울이 힘 센 사람이나 용감한 사람을 보면 그들을 불러모았더라

사울은 변변한 궁전도, 관료 조직도 갖추지 못한 것으로 보인다. 그가 전쟁 회의를 한 장소는 '기브아 변경 미그론에 있는 석류나무 아래'였고(삼상 14:2), 다윗과 솔로몬의 경우와 달리 성경 저자가 정부 관료로 언급한 인물은 군사령관 아브넬뿐이었다. 이런 사실들을 종합해 보면 사울은 '왕'의 칭호는 사용했지만, 실제 역할은 외적을 물리치는 군사 직무에 국한된 듯하다.

사울 왕에 대한 사료는 사무엘상 9-15장이 전부이다. 사울 왕의 업적에 대한 고고학 자료는 전혀 없다. 성경 본문은 사울 왕의 등극과 업적에 대한 객관적인 서술보다는 신학적 평가에 집중한다. 왕위 등극 과정을 서술한 부분(삼상 9-12장)과 치세 업적을 서술한 부분(삼상 13-15장)은 모두 사울 왕이 실패한 원인에 집중한다. 사무엘서 저자는 선지자를 통해 주신 하나님의 말씀에 사울이 순종하지 못했음을 강조한다. '순종'이 이스라엘 왕에게 요구되는 가장 핵심 덕목이었기 때문이다. 즉 전쟁 능력이 떨어지는 왕, 경제적 안목이 떨어지는 왕, 사람과 물자를 조직하는 능력이 떨어지는 왕은 용서될 수 있어도, 순

종하지 않는 왕이나 회개하지 않는 왕은 용서될 수 없다는 뜻이다. 아
말렉 진멸 명령(삼상 15:2-3)을 따르지 않은 사울을 심판하면서 사무
엘은 이렇게 말한다.

> 순종이 제사보다 낫고, 말씀을 따르는 것이 숫양의 기름보다 낫
> 습니다. …… 임금님께서 주님의 말씀을 버리셨기 때문에, 주님
> 께서도 이미 임금님을 버리셔서, 임금님이 더 이상 이스라엘을
> 다스리는 왕으로 있을 수 없도록 하셨습니다. …… 주님께서 오
> 늘 이스라엘 나라를 이 옷자락처럼 찢어서 임금님에게서 빼앗
> 아, 임금님보다 더 나은 다른 사람에게 주셨습니다(삼상 15:22,
> 26, 28, 새번역).

순종이 핵심 덕목이었던 이유는 이스라엘 왕은 이방 나라의
왕과 달리 '신'이 아니었기 때문이다. 이스라엘의 왕은 가나안 땅에 사
는 이스라엘 사람들에게 하나님의 통치를 대리하는 자였다. 이런 점에
서 이스라엘은 하나님의 백성이다. 하지만 이런 왕정 개념은 당시 고
대 근동에서는 완전히 새로운 것이었다. 사울이 그 개념을 이해하기
쉽지 않았을 것이다. 하지만 사울은 한 번만 실패한 것도, 순진한 무지
때문에 실패한 것도 아니다. 사울은 지속적으로 하나님께 불순종했고
고의적으로 하나님의 왕권에 도전하였다. 다음은 사울이 죄를 반복하
고도 끝내 버리지 못한 욕망이 무엇인지 잘 보여 준다.

> 내가 범죄하였을지라도 이제 청하옵나니 내 백성의 장로들 앞과
> 이스라엘 앞에서 나를 높이사(삼상 15:30).

순종의 왕 다윗
사울에 대한 하나님의 후회하심와 함께 그분의 새로운 역사가

시작된다. 사무엘이 말한 '왕보다 나은 왕의 이웃'(삼상 15:28)을 무대에 등장시키는 하나님의 작전이 시작된다. 하나님은 베들레헴 이새의 집으로 사무엘을 보낸다. 사무엘은 이새의 막내아들이자 목동에 불과했던 다윗을 이스라엘의 왕으로 기름 붓는다. 고대 이야기 장르는 사울과 다윗 같은 평민이 한 나라의 왕이 되는 과정을 지명, 증명, 확증으로 나누어 서술한다. 지명은 평민에 불과한 어떤 사람이 신에 의해 왕으로 선택되는 것을 가리킨다. 선택의 방법은 관습에 따라 다르다(꿈, 기름 부음, 제비 뽑기 등). 증명은 그렇게 선택된 자가 전쟁을 통해 신의 소명을 현장에서 증명하는 것이다. 사람들은 그의 초인적인 승리를 보면서 '신이 그와 함께한다'라고 인식한다. 이것은 세 번째 단계인 확증으로 이어진다. 즉 사람들은 신의 선택을 받은 그 사람을 공식적 의식을 통해 왕으로 추대한다. 사울은 기름 부음과 제비 뽑기로 왕으로 지명받았고, 암몬 전쟁에 승리함으로 그의 소명을 증명했으며, 곧이어 길갈에서 사무엘이 집례한 의식에서 왕으로 확증되었다.

　　다윗의 등극 과정도 이런 지명, 증명, 확증으로 이해될 수 있다. 사무엘이 다윗에게 기름 부은 것은 '지명' 사건에 해당한다(삼상 16장). 그리고 다윗이 블레셋의 장수 골리앗을 물리친 것(삼상 17장)은 다윗의 소명을 '증명'하는 사건이다. 하지만 다윗은 골리앗을 물리친 후 최종적으로 온 이스라엘의 왕으로 '확증'될 때까지(삼하 5장) 오랜 세월을 고난 속에 보내야 했다. 바로 이 점에서 다윗의 왕위 등극 과정은 사울(을 비롯한 다른 왕들)의 그것과 구분된다. 이것은 다윗이 되려는 '왕'이 고대 근동의 '왕'과 질적으로 다르다는 사실과 연결된다. 하나님께서 다윗을 오랜 기간 고난 속에 두신 이유는 그를 '순종하는 왕'으로 만들기 위함이다. 다윗은 고난을 통해 순종을 배워 간다. 그는 처음부터 순종의 사람은 아니었다. 고난을 통하여 순종하는 왕이 된 것이다.

　　다윗의 고난은 다음 세 시기로 구분 가능하다.

사울의 궁정에서 생활하던 시절(삼상 18-21장)
사울을 피해 유다 광야를 헤매던 시절(22-26장)
블레셋 왕 아기스 왕의 용병 시절(27-31장)

성경을 보면 다윗이 사울의 궁에서 생활하던 시절과 광야 생활 초반(블레셋 1차 망명 시도)까지는 하나님의 뜻을 구했던 흔적이 없다. 그러나 블레셋 망명에 실패하고 아둘람 굴에서 생활하면서 하나님께 묻고 움직이는 습관이 생긴다. 다윗이 다양한 경로로 하나님께 물을 때마다 하나님은 다윗에게 즉각 응답하셨다. 그리고 다윗은 그 말씀에 철저히 순종한다. 이처럼 다윗은 고난을 통해 점점 하나님께 순종하는 왕이 되어 간다.

그러나 아둘람 굴 시절 다윗에게 실수와 실패가 없었던 것은 아니다. 다윗은 하나님의 인도하심으로 사울의 군대에 한 번도 잡히지 않았음에도 어느 순간 다시 블레셋으로 망명할 것을 결심한다. 이유는 두려움 때문이었다.

내가 언젠가는 사울의 손에 붙잡혀 죽을 것이다. 살아나는 길은 블레셋 사람의 땅으로 망명하는 것뿐이다(삼상 27:1, 새번역).

다윗의 2차 망명 시도는 매우 갑작스럽고 혼란스러워 보인다. 왜냐하면 망명을 결정하기 직전에 사울로부터 '네가 복받기를 바란다. 너는 분명히 큰일을 할 것이며 반드시 승리할 것이다'라는 말을 들었기 때문이다. 사울이 말한 '큰일'은 다윗이 왕이 될 것임을 의미했다. 사울 왕으로부터 그런 말을 들었으니 하나님이 주신 비전을 확신하고 인내할 힘을 얻었어야 했다. 하지만 다윗은 얼마 지나지 않아 사울에 대한 두려움으로 망명을 결심한다.

블레셋 망명은 단순한 정치적 행위가 아니다. 망명은 블레셋 왕에 대한 정치적 충성뿐 아니라 그가 섬기는 신에 대한 충성도 포함하기 때문이다. 이스라엘의 왕이 되려 한다면 다윗은 절대 블레셋에 내려가면 안 된다. 내려가는 순간 민심은 다윗을 떠날 것이기 때문이다. 이 때문에 사울도 다윗이 블레셋으로 내려가자 그를 추격하지 않은 것이다. 더 이상 다윗은 경쟁자가 아니다. 그는 우상숭배자가 된 것이다. 그런데 하나님의 역사는 놀랍다. 하나님은 모든 이스라엘 사람이 포기한 그런 다윗을 포기하지 않고 왕으로 귀환하게 하신다. 블레셋으로 내려갔던 다윗이 이스라엘의 왕이 되었다는 사실은 십자가에 죽은 예수가 부활하여 메시아가 되었다는 사실처럼 당시 사람들에게 큰 충격을 주었을 것이다. 하나님이 예수님을 부활시킨 것처럼, 블레셋 왕의 신하 다윗이 이스라엘의 왕이 된 것은 전적인 하나님의 역사였다.

　　사울 왕이 죽은 후에도 다윗은 온 이스라엘의 왕이 되기까지 약 8년의 세월을 더 기다려야 했다. 골리앗을 무찌름으로 하나님의 선택을 증명한 다윗은 오랜 고난을 거친 후에야 왕이 될 수 있었다. 그 고난의 세월은 다윗을 순종의 사람으로 변화시켜 갔다. 다윗이 유다의 헤브론으로 이주하는 결정을 묘사한 성경 본문은 다윗이 얼마나 철저하게 하나님의 뜻을 따라 움직이는 왕이 되었는지를 단적으로 보여 준다.

　　　그 후에 다윗이 여호와께 물었다.
　　　"제가 유다의 한 성읍으로 올라가야 합니까?"
　　　여호와께서 대답했다.
　　　"올라가라."
　　　다윗이 다시 물었다.
　　　"제가 어디로 올라가야 합니까?"
　　　여호와께서 말씀하셨다.
　　　"헤브론으로 올라가라"(삼하 2:1, 저자 사역).

사울이 죽었으니 다윗은 더 이상 블레셋 땅에 남을 이유가 없다. 유다 땅으로 돌아가는 것은 분명한 하나님의 뜻이었다. 그러나 다윗은 유다 땅으로 올라가도 좋을지 하나님께 묻는다. 그가 올라간다면 헤브론으로 가는 것이 가장 좋다. 왜냐하면 다윗의 두 아내 아히노암과 아비가엘이 모두 그 지역 출신이며, 다윗은 그 지역 장로들과 좋은 관계를 유지해 왔기 때문이다. 하지만 다윗은 유다 땅으로 돌아간다면 어느 도시로 가야 하는지 묻는다. '헤브론으로 가라'는 하나님의 응답을 받은 후에야 다윗은 헤브론으로 이동해 그곳에서 유다의 왕이 된다. 이것은 다윗의 변화를 극적으로 보여 준다. 골리앗을 물리침으로 왕의 사위가 되었을 때에는 자신의 정치력으로 왕위를 물려받을 것이라 생각했을 수 있다. 사울의 미움을 받고 블레셋으로 망명하려 했을 때도 다윗은 하나님께 묻지 않고 독자적으로 행동했다. 하지만 아둘람에서 가난하고 소외된 백성들과 함께 생활하면서 다윗은 하나님께 묻기 시작한다. 그리고 훈련의 기간이 끝나는 시점에 다윗은 철저한 순종의 사람이 되어 있었다. 이것은 다윗의 통치가 고대 근동 왕들의 통치와 다를 것임을 암시한다. 다윗은 신처럼 군림하는 왕이 아니라 하나님께 순종하는 왕이 될 것이다. 하나님의 백성들을 자신의 형제로 섬길 것이다. 하나님의 나라가 그 땅에 이루어지도록 자기 소견이 아니라 하나님의 뜻을 따라 통치할 것이다.

다윗의 정치

하지만 사울의 죽음으로 다윗이 바로 왕위를 획득하지는 않았다. 헤브론으로 돌아왔지만 이스라엘은 여전히 사울의 집안이 다스리고 있었다. 사울이 죽은 후 다윗에게 달라진 점이 하나 있었다. 주지하다시피 사울이 살아 있는 동안 다윗은 왕권을 인위적으로 탈취하려 하지 않았다. 이는 사울의 힘이 다윗보다 월등했기 때문만은 아니다. 실제 다윗은 두 번이나 사울을 죽일 기회를 얻었지만(삼상 24장, 26

장), 하나님이 기름 부은 자라는 이유로 그를 살해하지 않았다. 다윗이 하나님을 온전히 신뢰했기 때문이다. 그는 때가 되면 하나님이 자신을 왕위에 앉힐 것이라고 믿었다. 하지만 사울이 길보아 전투에서 죽자 더 이상 기름 부은 자에 대한 금기에 얽매일 필요가 없게 되었다. 왜냐하면 다윗은 이스라엘 땅에서 기름 부음을 받은 유일한 왕이기 때문이다. 실제로 다윗은 사울의 아들 이스보셋 왕국과 정치적·군사적으로 당당히 경쟁했고 그 경쟁에서 승리를 획득해 갔다. 또한 이스보셋 왕국을 흡수하기 위해서 자신에게 주어지는 정치적 기회들을 적극 활용했다. 아브넬과 협상했으며 그 과정에서 미갈을 다시 아내로 데려왔다. 왕이 되기 위해 정치적 노력은 했지만 그의 중심은 하나님 나라의 가치를 지키는 데 있었다. 통일 이스라엘의 왕이 되는 일에 도움이 되더라도 하나님 나라의 가치를 위배할 경우, 다윗은 단호히 거부했다. 이것을 단적으로 보여 주는 것이 레갑과 바아나 사건이다. 레갑과 바아나가 그들의 주인 이스보셋을 암살하고 그의 머리를 헤브론으로 가져와서 '하나님이 복수하셨다'고 하자, 다윗은 그들을 크게 꾸짖고 참수하였다. 이제 이스보셋의 죽음으로 다윗과 맞설 용사가 남지 않았다. 그때 이스라엘 백성들이 움직인다. 그들은 지파의 대표들을 헤브론으로 파견하여 하나님이 세운 왕으로 다윗을 받아들이고 그를 온 이스라엘의 왕으로 기름 붓는다(삼하 5:3).

온 이스라엘의 왕이 된 다윗은 제일 먼저 수도를 예루살렘으로 정한다. 본래 여부스인들의 도시였던 예루살렘을 다윗의 정예 부대가 함락시켰고, 다윗은 예루살렘을 '다윗의 성'이라 이름 붙이고 통치 수도로 삼았다. 예루살렘은 다윗 왕국의 수도가 되기에 천혜의 조건을 갖추었다. 북쪽 산맥을 제외하면 동·서·남쪽 모두 가파른 절벽이어서 침투가 쉽지 않았고, 유다 지파와 북방 지파의 경계 지역에 위치하여 정치적 중립지였다. 이스라엘과 유다 지파들 간의 화해와 통합이 중요했던 시대에 예루살렘에 수도를 정한 것은 지혜로운 일이었다.

또한 다윗은 북방 지파의 종교 상징인 언약궤를 예루살렘에 가져옴으
로써 사회 통합 의지를 적극 천명하였다. 사울과 달리 다윗은 화려한
궁전과 체계적 관료 체제를 갖추었다. 두로 왕 히람은 궁전 건축을 위
한 재료와 기술을 제공하였다. 다윗은 군사 면에서도 큰 업적을 남겼
다. 무엇보다 블레셋을 완전히 제압하여 더 이상 이스라엘을 괴롭히
지 못하게 하였고, 모압, 아람, 암몬, 에돔을 제압하여 조공국으로 삼
았다. 다윗 왕국은 '소제국'으로 불릴 수 있을 만큼 지역의 패권 국가
가 되어 북쪽의 아람 제국과 어깨를 나란히 하였다.

다윗 언약

하나님이 다윗과 맺은 언약은 구속 역사에서 가장 중요한 언
약이라 해도 지나치지 않다. 사무엘하 7장에 따르면, 다윗이 성전을
짓겠다고 하자 하나님은 그 제안을 거절하시고 다윗에게 영원한 왕
조를 약속하신다. 다윗의 후손이 영원히 유다의 왕이 될 것이다. 하
지만 이 언약은 속된 말로 '한 사람이 잘나서 대대로 먹고사는 복'이
아니다. 아브라함과 모세 언약이 이 땅에 세워질 하나님 나라의 구체
적 모습—가나안 땅에서 하나님의 법에 순종하며 사는 백성들의 나라—을 보
여 주었다면, 다윗 언약은 이스라엘 백성의 실패를 내다보고 주신 은
혜 언약이다. 다윗 언약의 핵심은 하나님 나라의 회복과 종말적 다윗
후손과의 새로운 관계이다.

구약 성경에서 하나님 나라는 순종하는 왕을 통해 성취되어야
했다. 이스라엘 왕들은 순종의 본을 보임으로써 일반 백성들도 하나
님께 순종하도록 인도하는 존재이다. 하지만 그들은 이 일에 실패했다.
실패한 왕조는 몰락해야 했고 실제로 북이스라엘과 남유다 모두 몰락
했다. 다윗 왕국도 몰락했다는 사실은 다윗 언약의 핵심이 다윗 왕국
의 지속에 있지 않음을 보여 준다. 다윗 언약의 핵심은 하나님과 다윗
의 자손과의 관계를 아버지와 아들 관계로 재정의한 것이다. 다윗 언

약 이전에 여호와와 이스라엘 왕의 관계는 주인과 종의 관계였다. 사울의 예가 보여 주듯, 잘못이 있으면 쉽게 파기될 관계이다. 하지만 다윗 언약으로 시작된 아버지와 아들 관계는 훨씬 파기하기 어려운 관계임에 분명하다. 다윗의 후손이 죄를 지으면 이방 나라를 통한 징계를 받을 수는 있어도 '신의 아들'이라는 신분, 즉 왕의 신분이 제거되는 것은 아니다. 다윗의 왕국이 영원히 굳건하리라는 약속은 하나님과 다윗의 후손 간의 끊을 수 없는 부자 관계를 전제하는 것이다. 이런 관점에서 다윗 언약은 다윗의 후손이 종말에 회복될 하나님 나라의 왕이 될 것임을 보여 준다. 이 때문에 '다윗의 후손'은 예수님 시대에 '메시아'를 상징하는 말이 되었다.

다윗의 몰락

사무엘하에 따르면, 다윗의 통치는 밧세바 사건을 기점으로 흔들리기 시작했다. 하나님의 마음에 합한 자로 여겨진 다윗도 권력에 취하자 전능자 증후군에 빠진다. 그는 하나님의 법을 어기고도 자신만은 처벌받지 않을 것이라 여겼다. 이에 대범하게 우리아를 살해하고 그의 아내 밧세바를 취했다. 비록 나단 선지자의 지적으로 회개했지만 몰락을 막을 수는 없었다. 이후의 이야기는 하나님의 말씀을 지키지 않는 왕이 이스라엘에서 어떤 권위도 갖지 못함을 보여 준다. 다윗 통치의 핵심은 정의와 공의였는데 밧세바 사건 이후 다윗은 분쟁하는 아들들 혹은 백성들 사이를 공의롭고 정의롭게 중재하지 못한다. 큰아들 암논이 자신의 이복동생 다말을 모욕적으로 강간하고 버렸을 때 다윗은 암논을 꾸짖지 않았고 침묵했다. 다윗의 침묵은 형제들 간의 유혈 보복 사건을 가져온다. 다말의 친오빠인 압살롬은 암논을 살해하는 것으로 복수한다. 이 모든 과정에서 다윗은 철저히 수동적이었다. 오히려 그는 아버지의 사랑과 왕의 책무 사이에서 갈등하는 모습을 보여 준다. 요압은 다윗이 그술로 도망한 압살롬을 그리워함을

눈치 채고 그를 데려오지만, 다윗은 망명에서 돌아온 압살롬을 2년
간 대면하지 않는다. 압살롬을 그리워했지만 동시에 압살롬의 야심을
두려워했던 것으로 보인다. 왕위 계승자로 인정하지 못할 것을 깨달은
압살롬은 쿠데타를 일으킨다. 하지만 다윗은 조기에 권력을 양도할 생
각이 전혀 없었다. 그래서 아들과 싸울 것을 결심하고 예루살렘을 버
리고 피신한다. 다윗은 한동안 마하나임을 근거지로 압살롬과 대치했
고 결국 아들이 죽은 후에야 왕위를 회복한다.[2]

　　압살롬의 반란은 진압되었지만 지파들 간의 갈등까지 봉합되
지는 않았다. 다윗이 예루살렘으로 복귀하기 위해 요단강을 건넌 직
후 이스라엘과 유다 지파 사이에 갈등이 일어났고, 다윗은 이 갈등을
공의롭게 중재하지 못한다. 이 때문에 세바의 난이 일어난다. 베냐민
사람 세바는 유다 지파에 편파적인 다윗의 통치에 맞서 반란을 일으
켰다. 비록 요압을 통해 난이 진압되지만 다윗의 권력은 이전보다 훨
씬 약해졌다. 다윗의 말년에는 그의 넷째 아들 아도니야가 반란을 일
으킨다. 다윗이 육체적으로 쇠약해지자 아도니야는 스스로를 왕으로
선포한다. 다윗은 나단과 밧세바의 도움으로 난을 진압하고 솔로몬을
왕으로 옹립한다.

　　사무엘하에 집중적으로 조명된 다윗의 몰락 사건들은 다윗이
우리와 성정이 같은 사람이었음을 보여 준다. 그러나 구속사에서 가장
중요한 언약이 그를 통해 인류에게 주어졌다. 왜 예수님이 마리아의
몸을 통해 태어났는지 우리가 명확히 대답할 수 없듯, 왜 하나님 나라
가 다윗의 후손을 통해 임했는지도 만족스럽게 대답할 수 없다. 다만
분명히 말할 수 있는 것은 이것이다. 다윗은 사울과 달리 '순종하는

---

2 —— 물론 압살롬을 죽인 것은 요압이다. 더구나 다윗은 요압을 비롯한 모든 병사들에게 압
　　살롬을 죽이지 말라고 당부했다. 하지만 압살롬이 막상 죽었을 때 그를 죽인 요압에게
　　어떤 책임을 묻지 않은 것은 그 일의 불가피성을 인정했기 때문이다. 다시 말해 왕위를
　　놓고 벌이는 전쟁은 압살롬이 죽어야 끝나는 것이었다.

왕'의 시험을 통과했다. 사울은 자신에게 주어진 순종의 기회를 살리지 못했지만, 다윗은 고난을 겪고 순종하는 왕이 되었다. 하나님이 '순종하는 왕'에게 영원한 왕국을 약속하신 가장 큰 이유는 순종하는 왕이 다스릴 백성이 왕의 소유가 아니라 '하나님 백성'이기 때문이다. 다음은 이스라엘의 장로들이 찾아와 다윗을 왕으로 추대하면서 했던 말이다.

> 여호와께서도 왕에게 말씀하시기를 네가 내 백성 이스라엘의 목자가 되며…… (삼하 5:2).

고대 근동의 왕들은 자기 백성을 다스리지만, 이스라엘의 왕은 하나님 백성('내 백성 이스라엘')을 다스린다. 다른 관점에서 말하면 하나님이 순종하는 왕을 찾으신 이유는 이스라엘 백성을 자기 백성으로 만들기 위함이다. 이것을 사무엘 선지자는 이렇게 표현한다.

> 여호와께서는 너희를 자기 백성으로 삼으신 것을 기뻐하셨으므로 여호와께서는 그의 크신 이름을 위해서라도 자기 백성을 버리지 아니하실 것이요(삼상 12:22).

왕이 범죄하면 백성도 범죄한다. 그때 하나님은 백성을 버리는 것이 아니라 왕을 버리신다. 그리고 다른 왕을 세우신다. 순종의 왕을 통해 하나님 백성이 창조될 때까지 그 일을 계속하신다. 그 순종의 왕이 바로 예수님이시다. 왕 되신 예수님은 말씀에 순종하여 십자가에 죽으심으로 하나님 백성을 창조하셨다.

정리 질문

1. 사울 왕이 버림받은 이유는 무엇입니까?

2. 왕위 등극 과정을 지명, 증명, 확증의 세 단계로 이해할 때 다윗의 왕위 등극 과정에서 독특한 점은 무엇입니까?

3. 다윗 언약의 핵심을 말해 봅시다.

11. 솔로몬과 왕국 분열

솔로몬은 다윗을 이어 이스라엘을 40년간 다스렸다. 후대 사람들은 솔로몬의 통치 기간을 이스라엘의 황금시대로 일컫는다(왕상 4:25 참조). 솔로몬은 다윗과 밧세바 사이에서 태어났다. 솔로몬의 아버지가 다윗이 아니라 우리아라는 주장이 있지만 성경은 솔로몬이 우리아가 죽은 후에 잉태되어 태어난 아이임을 분명히 한다. 솔로몬의 출생과 관련해 보다 흥미로운 질문은 그의 이름 '여디디야'이다. 여디디야는 하나님이 직접 지어 준 이름이다. 하지만 솔로몬은 한 번도 여디디야로 불리지 않는다. 왜 이 이름이 사라져 버렸을까?

여디디야 대 솔로몬

여디디야는 '여호와께 사랑받는 자'라는 의미이다. 이것은 '다윗'(=사랑받는 자)이라는 이름을 강하게 연상시킨다. 실제로 이 둘은 같은 어원에서 유래했다. 다시 말해 여디디야는 '다윗 2세'라는 뉘앙스가 있다. 더구나 하나님이 그 이름을 직접 지어 주셨다는 사실은 솔로몬이 다윗의 뒤를 이어 왕이 될 자라는 메시지를 포함한다. 그렇다면 여디디야는 정치적 관점에서 매우 위험한 이름이다. 솔로몬이 여디디야로 불리며 자라났다면 왕이 되기 전에 형들에게 살해당했을지 모른다. 다윗과 밧세바가 그를 하나님이 붙여 준 이름 여디디야가 아닌 솔로몬으로 부른 것은 바로 이 때문이다. '솔로몬'은 '평화'를 의미한다. 일반적으로 이 이름은 그의 업적 전체를 요약하는 이름으로 간주된다. 심지어 '솔로몬'은 후대에 붙여진 이름이라는 주장도 있다. 하지만 솔로몬이라는 이름은 태어나자마자 아버지 다윗이 붙여 준 이름이다(삼하 12:24). 다윗이 아들 이름을 솔로몬이라 붙인 이유는 평화로운 성격으로 크기를 원했기 때문으로 생각된다. 왕위 경쟁 암투에서 죽지 않고 살아남기 위해서 솔로몬은 눈에 띄지 않는, 야심이 없어 보이는, 그래서 모든 형제들과 평화롭게 지내는 왕자이어야 했다.

　　다윗의 열 번째 아들이었던 솔로몬이 형님들 대신 왕이 되었던 가장 큰 이유는 왕위 다툼에서 살아남았기 때문이다. 학자들은 사무엘하 13장부터 열왕기상 1장까지의 이야기를 '솔로몬의 왕위 계승 이야기'로 명명한다. 그러나 그 이야기에 솔로몬이 등장하지 않는다는 점이 흥미롭다. 왕이 되기 위해 솔로몬이 한 것은 생존 외에는 없는 듯하다. 하지만 암논, 압살롬, 아도니야가 차례로 왕위 경쟁에서 낙마하고 솔로몬은 하나님의 뜻을 따라 왕이 된다. 솔로몬의 왕위 계승 이야기가 다윗의 죄에 대한 심판 과정과 일치함을 기억하자. 다윗의 아들들이 왕위를 놓고 벌인 유혈 암투는 밧세바 사건에 대한 나단의 심판 예언을 따른다. 하나님은 범죄한 다윗을 철저히 심판하셨지만, 그 가운데서 긍휼을 잊지 않으시고 솔로몬을 후계자로 세우셨다. 다윗의 관점에서는 어둠의 연속이었던 과정에서 하나님의 뜻이 이루어진 것이다. 이 모든 것은 인간의 죄와 실패에도 불구하고 신실하게 완성되는 하나님 나라의 역사를 보여 준다. 사탄은 하나님의 계획을 좌절시킬 수 없다. 하나님은 깊은 어둠 속에서도 빛을 창조하시는 분이시다.

솔로몬의 왕위 등극

솔로몬이 왕이 되는 과정을 묘사한 열왕기상 1장은 '다윗 왕이 나이가 많아 늙으니 이불을 덮어도 따뜻하지 않다'는 말로 시작한다. 이 말은 다윗에게 나라를 통치할 육체적 기력이 남아 있지 않음을 의미한다. 이제 후계자가 정해지고 왕위에 올라야 할 시점이다. 바로 그때 아도니야가 스스로를 왕으로 선포한다. 다윗의 군대 장관 요압과 대제사장 아비아달의 지지도 얻었다. 솔로몬을 제외한 모든 왕자들도 아도니야의 왕위 등극을 지지하였다. 그럼에도 아도니야가 왕이 되지 못한 것은 솔로몬의 어머니 밧세바와 선지자 나단의 발빠른 대응 때문이다. 아도니야의 반란 소식을 들은 나단과 밧세바는 솔로몬의 왕권을 인정하는 어명을 받아 낸다. 다윗이 솔로몬을 왕으로 세웠다는 소문이 퍼지자 아도니야는 도망할 수밖에 없었다. 왜냐하면 고대 이스라엘의 왕위 계승에서 가장 중요한 것이 부왕의 선택이었기 때문이다. 장남이 자동으로 계승하는 것이 아니라 부왕의 선택을 받은 왕자가 왕위를 계승한다. 아도니야도 그것을 알았기 때문에 솔로몬을 왕으로 세운다는 어명을 듣자마자 도망한 것이다. 아도니야는 자신이 에느로겔에서 왕이 되면 다윗이 승인할 것이라 생각했는지 모른다.

밧세바와 나단이 판단력이 흐려진 다윗 왕을 속여 어명을 받아 냈다는 주장도 있다. 나단이 밧세바와 함께 다윗을 찾아간 것이 아니라, 밧세바가 먼저 솔로몬에 관한 왕의 약속을 언급하고 나단이 나중에 밧세바의 말을 확증하는 방식에는 분명 다윗의 판단에 영향을 주려는 의도가 있었다. 하지만 그런 의도가 있다고 해서 그들의 주장을 거짓이라 단정할 수는 없다. 아도니야가 반란을 일으켰을 때 먼저 움직인 사람이 나단임에 주목하자. 나단은 하나님이 지어주신 여디디야라는 이름을 다윗과 밧세바에게 알렸던 사람이다. 그는 누구보다도 하나님의 뜻이 솔로몬에게 있음을 잘 알았다. 또한 아도니야가 엔로겔에 솔로몬만 초대하지 않았음에 유의하라. 다윗이 솔로몬을 왕위 계승자로 미리 선택하지 않았다면, 아도니야가 평화의 사람 솔로몬을 자신의 잔치에 초대하지 않았을 이유가 없다. 아도니야가 왕이 되면 솔로몬과 밧세바의 목숨도 위태로워질 것이라는 나단의 판단도 솔로몬의 특별한 지위를 암시한다.

성경 저자는 솔로몬이 왕위에 오를 때 전쟁에 나간 경험이 없음을 강조한다. 이는 솔로몬이 꿈에 나타난 하나님께 한 말, '나는 아직 어린아이라서 출입할 줄을 모릅니다'(왕상 3:7)에 암시되어 있다. '출입하다'는 말은 왕이 군대를 이끌고 성문을 드나드는 모양을 가리키며, 어린아이라는 말은 경험이 없다는 뜻으로 해석할 수 있다. 전쟁 경험이 없는 솔로몬이 왕위에 올랐다는 것은 그의 통치가 이전의 왕들과 달라질 것을 시사한다. 실제로 성경은 솔로몬이 다른 나라를 침략하거나, 다른 나라가 솔로몬 시대에 이스라엘을 침공한 일은 거의 언급하지 않는다. 오히려 모든 주변 국가들이 솔로몬과 평화했다(왕상 4:25). 솔로몬에게 남긴 다윗의 유언도 바로 이런 관점에서 이해할 수 있다. 다윗은 솔로몬에게 요압과 시므이는 숙청하고 바르실래는 선대하라고 말한다(왕상 2:1-10). 요압과 시므이는 각각 남유다와 북이스라엘의 이익을 대표하는 강경파들이고, 요단 동편 길르앗 주민 바르실래는 남북 지파 어디에도 속하지 않는 중립 인사였기 때문이다. 다윗이 바르실래를 중용하라고 조언한 것은 솔로몬 시대에는 남북 간의 분쟁이 아니라 화합과 평화가 시대적 화두가 되어야 함을 암시한다.

솔로몬의 업적

성경에 기록된 솔로몬의 업적은 성공적인 내치와 외교, 경제 부흥에 집중되어 있다. 솔로몬의 내치와 관련해 중요한 업적은 그가 전국을 12개 행정구역으로 나누었다는 것이다(왕상 4:1-20). 이것은 전통적 열두 지파 구분을 뛰어넘는 새로운 체제이며, 왕권을 강화하여 조세 징수를 용이하게 하려는 목적이 있다. 성경 저자는 솔로몬의 행정

구역 개편을 성공적으로 평가한다. 그 덕분에 이스라엘 백성들이 '단에서 브엘세바까지 솔로몬이 사는 날 동안 각자 자기 포도나무와 무화과나무 아래에서 평안히 살았다'고 기록한다(왕상 4:25). 살기가 좋으니 이스라엘 백성들의 인구가 늘어나는 것도 당연하다(왕상 4:20). 솔로몬 시대는 이스라엘 역사의 황금 시기였다.

솔로몬의 주권이 미치는 범위는 유프라테스 강부터 블레셋 땅, 즉 이집트 국경 지대까지였다(왕상 4:24). 이 통치 주권의 범위는 하나님이 아브라함에게 약속하신 영토의 범위(창 15:18)와 대체로 일치하며 다윗 시대의 그것과도 동일하다. 더 확장되지 않은 이유는 학문을 좋아하는 솔로몬 왕이 전쟁을 일으키지 않았기 때문이 아니라, 이스라엘의 '헌법'상에 명시된 영토가 거기까지이기 때문이다. 율법에 따르면, 이스라엘 왕은 할 수 있더라도 하나님이 약속하신 땅의 범위를 넘는 침략 전쟁을 하지 않아야 했다. 즉 이스라엘은 '제한된 영토'를 원칙적으로 고수하는 세계 최초의 국가였다. 한편 성경에 기록된 솔로몬의 통치 범위가 역사적이지 않다고 주장하는 학자들도 있다. 실제로 솔로몬 시대에 이스라엘의 영토가 그렇게 넓은 지역을 포괄하지는 않았다. 그럼에도 솔로몬이 그렇게 넓은 영토를 '통치'했다고 성경이 주장하는 이유는 고대의 통치 개념이 오늘날의 통치 개념—자국의 행정 체계에 영토 편입—과 달랐기 때문이다. 고대인들의 통치 개념은 군사적 정복을 통한 직할 통치뿐 아니라 조공 상납이 보여 주는 우월적 주권 확립도 포함한다. 성경은 솔로몬이 유프라테스 강부터 블레셋 땅에 이르는 모든 나라에게서 조공을 받았다고 기록하는데, 그것은 고대인의 관점에서 분명히 통치 행위에 해당한다(왕상 4:21).

한편, 솔로몬은 주변국과의 무역을 통해 큰 부를 축적하였다. 예를 들어 솔로몬은 이집트와 쿠에에서 말과 병거를 수입하여 다른 나라에 수출하는 중계 무역에 종사했다(왕상 10:28-29). 또한 솔로몬은 중계 무역을 통해 축적한 부로 다양한 건축 사업을 일으켰다. 성경

솔로몬의 건축 노동자들

솔로몬은 건축 사업을 위한 노동력을 두 모둠으로 나누어 운영했다. 한 모둠은 이스라엘 땅에 거주하는 3만 명의 가나안인들로 구성되었으며, 약 550명의 관리들이 이들을 통제하였다(왕상 9:15-23). 가나안 노동자들은 레바논 산으로 파견되어 벌목 작업에 종사하였으며 그 외 게셀, 벳-호론 등의 도시 건축에도 동원되었다. 다른 노동자 모둠은 15만 명의 이스라엘인으로 구성되었고, 3,300명의 관리들이 이들을 통제하였다. 이스라엘 노동자들은 성전 건축을 위해 돌을 깎고 짐을 나르고 예루살렘의 밀로를 보수하는 일에 동원되었다. 이때 동원된 이스라엘 노동자들은 모두 북방 지파 사람들로 이들의 대장은 여로보암이었다. 여로보암은 솔로몬에 반기를 들었다가 이집트로 망명한다.

은 솔로몬의 건축 사업 묘사에 상당한 지면을 할애한다(왕상 6-7장; 대하 3-4장). 가장 유명한 사업은 예루살렘 성전이다. 솔로몬은 성전 건축을 위해 두로의 왕 히람과 계약을 맺고, 당대 최고의 건축 자재인 백향목과 가나안 최고의 석공 기술자들을 제공받았다. 그리고 그 대가로 솔로몬은 히람의 궁에 식량을 제공했다. 솔로몬 성전은 당시 가나안 신전들처럼 비트 힐라니(bit hillani) 양식으로 지어졌다. 이 양식은 세 공간—기둥을 가진 입구(기둥에 천장이 있었는지는 불확실), 성소, 지성소—으로 나뉜 직사각형 구조물이다. 가나안 신전들과 달리 지성소에는 우상 대신 여호와의 보좌로 쓰이는 언약궤와 그룹 천사가 있었다. 성경은 솔로몬의 왕궁 건축도 언급한다. 그 외에도 하솔, 므깃도, 게셀, 벳-호론 등에도 건축 사업을 벌였는데 이 도시들은 이집트에서 해안을 따라 올라오다가 내륙(북부 시리아와 아시리아)으로 꺾이는 '바닷길'의 길목에 위치하여 상업 및 군사적 가치가 높은 도시들이었다. 고고학자들은 언급한 이 도시들에서 솔로몬 시대의 건축물들을 찾았다.

솔로몬은 인생 후반에 타락했는가?

솔로몬에 대한 성경의 평가는 대체로 호의적이다. 솔로몬은 '여호와의 사랑을 받는 자'(여디디야)로 태어나서 하나님을 신실히 섬긴 왕이었다. 무엇보다도 그는 성전을 봉헌한 왕이다. 특히 역대기 저자는 솔로몬의 신앙이 타락했음을 말하는 열왕기상 11장 1-8절의 내용, 즉 솔로몬이 외국 공주를 사랑하여 아스다롯과 밀곰 등의 우상을 섬겼으며, 우상을 위한 산당을 예루살렘 근처 산에 건설한 일을 소개하지 않는다. 솔로몬의 타락을 비교적 정확하게 서술한 열왕기 저자도 그것이 솔로몬 통치의 말기에 발생한 것처럼 이야기한다.

> 솔로몬이 늙으니, 그 아내들이 솔로몬을 꾀어서 다른 신들을 따르게 하였다(왕상 11:4, 새번역).

그리고 솔로몬의 우상 숭배는 북방 지파의 반란, 에돔 사람 하닷과 아람 사람 르손의 반란 원인으로 제시된다. 즉 여호와를 잘 섬겼던 통치 기간에는 반란이나 전쟁을 겪지 않았지만 우상 숭배에 빠진 말년에는 반란과 전쟁을 경험했다는 것이다.

하지만 열왕기의 내용을 살펴보면 솔로몬이 처음부터 이상적 왕은 아니었음을 알 수 있다. 첫째, 솔로몬이 꿈에서 하나님께 지혜를 얻는 장면(왕상 3장)이 보고되기 전에 열왕기 저자는 솔로몬이 정적들을 숙청한 이야기(왕상 2장)를 들려준다. 이것은 하늘의 지혜가 아니라 아버지 다윗이 전해 준 정치적 지혜를 따른 것이다. 이처럼 성경 저자는 솔로몬의 초기 통치를 묘사할 때 다윗에게 받은 정치적 지혜를 하나님께 받은 지혜와 병치·대조하고 있다. 이것은 후에 인간적 지혜에 따른 솔로몬의 정책들—과도한 부역, 정략결혼 등—이 그의 통치에 그림자가 될 것임을 암시한다. 둘째, 솔로몬이 이집트 공주와 정략결혼한 것은 통치 후기가 아니라 통치 초기였다(왕상 3:1). 이것은 솔로몬이 통치 초기부터 외교적 결혼을 적극적으로 추진했음을 보여 준다. 다시 말해 외국 공주들을 아내로 맞아들인 일이 통치 후기에 국한된 것은 아니다. 그리고 그 정략결혼이 솔로몬의 종교적 타락과 연결되었을 가능성을 고려하면, 완벽했던 초기의 솔로몬이 후기에 타락했다는 주장은 사실이 아닐 가능성이 높다. 하나님을 잘 섬긴 젊은 시절의 솔로몬과 외국 공주의 유혹에 넘어간 중년 솔로몬, 그리고 다시 지혜를 찾은 노년의 솔로몬을 구분하는 것은 다소 인위적이다. 인간은 그렇게 단순한 존재가 아니다. 셋째, 솔로몬은 북방 지파들에게만 부역과 세금을 부과한 것으로 추정된다. 솔로몬이 부역과 조세를 위해 개편한 12개 행정구역을 보면 유다의 마을들이 빠져 있다.[1] 만약 유다 지파에게 면세 혜택을 주고 나머지 지파들에게만 조세를 부과했다면 그것은 중대한 잘못이다. 넷째, 열왕기상 11장 25절은 솔로몬의 통치 기간 내내(왕상 11:25) 에돔 사람 하닷과 아람인 르손이 솔로몬을 괴롭혔을 가능성을 제기한다. 즉 솔로몬이 우상 숭배에 빠졌을 때 외적들이 침략한 것이 아니라, 솔로몬 통치 기간 내내 침략 위협이 존재했던 것이다. 다만 솔로몬이 늘어 정국 운영 능력이 약화되자 문제가 좀더 심화되었을 가능성이 있다.[2] 물론 열왕기서 저자는 솔로몬 이야기를 '전반 성공, 후반 실패'라는 틀로 설명한다. 그리고 후반 실패의 이유를 솔로몬의 우상 숭배에서 찾는다. 하지만 이것은 성경 저자가 교훈을 주기 위

1 —— 열왕기상 4장 7-19절에서 유다를 찾으려는 시도가 있었다. 가장 오래된 것은 칠십인역의 번역가들로 그들은 19절의 '그 땅'을 '유다'로 번역한다. 10절의 아룹봇, 소고, 헤벨이 유다 마을들이라는 주장도 있다. 하지만 명확히 인식될 수 있는 유다 마을들을 조세 구역에 포함시키지 않은 것은 성경 저자의 의도인 것 같다.
2 —— 보다 자세한 내용은 이안 프로반 외 2명, 《이스라엘의 성경적 역사》, 575~579쪽을 참조하라.

솔로몬과 결혼한 이집트 공주

이집트 사람들은 자존심이 무척 강한 것으로 유명하다. 그 단적인 예는, 이집트 왕이 외국의 공주를 아내로 맞은 적은 많지만 이집트 공주가 외국 왕에게 시집간 적은 한 번도 없다는 것이다. 하지만 예외가 있었는데 그것이 솔로몬이다. 솔로몬이 이스라엘의 왕이 되었을 때 이집트는 신왕국(18-20왕조)이 무너져 국력이 크게 쇠퇴한 상태였다. 제21왕조 때 이집트는 나라가 남북으로 분열되어 있었다. 타니스를 수도로 한 21왕조는 테베를 중심으로 한 남부 지역을 통제하지 못했다. 이렇듯 솔로몬이 이집트의 공주를 아내로 맞을 수 있었던 것은 이집트의 국력이 크게 쇠퇴했기 때문이었다. 이집트 학자들에 따르면 21왕조의 왕 시아문(Siamun, BC 978-959)이 이집트 역사상 처음으로 이스라엘 왕 솔로몬에게 공주를 시집보냈다고 한다.

해 사용한 문학적 구성일 가능성이 높다. 유사한 문학적 구성이 다른 유다 왕들에 대한 이야기에도 사용된다. 앞선 논의가 옳다면 역사적 솔로몬은 우리와 별반 다르지 않게 복잡한 인간이었을 가능성이 높다. 즉 그는 처음부터 죄와 싸우는 영적 전투를 수행한 왕이다. 그 전투에서 영웅처럼 승리할 때도 있었지만, 처참하게 실패하여 그의 신앙조차 의심스러워질 때도 있었다. 하지만 분명한 것은 솔로몬의 추한 죄 때문에 그에 대한 하나님의 선택이 취소되지는 않았다는 사실이다.

이스라엘과 유다의 분열

솔로몬이 죽자 유다를 제외한 북방 지파들의 불만이 임계점에 달했다. 르호보암이 이스라엘의 왕으로 즉위하기 위해 세겜으로 올라갔을 때, 북방 지파들은 여로보암을 통해 르호보암에게 요구한다.

왕의 아버지가 우리의 멍에를 무겁게 하였으나 왕은 이제 왕의
아버지가 우리에게 시킨 고역과 메운 무거운 멍에를 가볍게 하
소서 그리하시면 우리가 왕을 섬기겠나이다(왕상 12:4).

이에 사흘의 말미를 요청한 르호보암은 솔로몬을 섬겼던 원
로들과 자신과 함께 자라난 젊은이들에게 각각 조언을 구한 후 '북방
지파들의 요구를 모욕적으로 거절하여 왕의 위엄을 보이라'는 젊은이
들의 조언을 선택한다. 그러자 북방 지파들은 '우리가 다윗에게서 받
을 몫이 무엇이냐? 이스라엘아, 네 장막으로 돌아가라. 다윗아, 이제
네 집이나 돌보아라'(왕상 12:16)라는 말과 함께 르호보암 대신 여로보
암을 자신들의 왕으로 옹립한다. 르호보암에게는 유다 지파만이 남
는다(BC 920년경).

분열 이후 르호보암은 북이스라엘과 군사적으로 자주 충돌했
으며 내적으로도 민심 이반으로 어려움을 겪은 것으로 보인다. 이 민
심 이반을 암시하는 것은 르호보암이 건설한 15개의 방어성이다(대하
11:5-12). 일부 학자들은 이 성들이 북이스라엘의 공격에 대비한 것이
라고 주장하지만, 그 방어성들이 북쪽 국경 지대가 아닌 남쪽 고원 지
대에 분포되었음을 볼 때 불만을 품은 유다 백성들의 반란 대비용이
었을 가능성이 있다. 이외에도 성경은 르호보암을 그다지 좋게 평가하
지 않는다. 르호보암 통치 5년째 되던 해 이집트의 왕 시삭(셰숑크 1세)
이 유다와 이스라엘을 침략했는데, 역대기 저자는 그것을 르호보암의
우상 숭배에 대한 하나님의 심판으로 해석한다(대하 12:2). 르호보암은
시삭 군대에 많은 양의 성전 보물을 조공으로 바침으로써 성이 함락
되는 것을 면했다. 시삭 군대가 유다를 거쳐 북이스라엘로 진군하여
많은 도시들을 파괴하였지만, 이집트 자료에 따르면 이집트 왕 시삭이
남유다에 준 피해도 그에 못지않았다.

북이스라엘의 초대 왕 여로보암과 관련하여 가장 유명한 사건

시삭

이집트 왕. 세숑크 1세. 제22왕조의 초대왕. 람세스 3세에 의해 이
집트로 유입된 리비아 이민자의 후손으로, 이집트 군대의 총사령관
으로 근무하다가 제21왕조 말의 혼란을 틈타 새 왕조를 만들고 초
대 왕이 되었다. 그가 제21왕조의 마지막 왕인 프수센네스 2세(Psu-
sennes II, 959-945)의 사위라는 사실은 왕위 찬탈에 좋은 명분을
제공했을 것이다. 그는 왕이 된 후 가나안 땅으로 군사 원정을 감행
했는데, 이때 르호보암이 다스리던 예루살렘을 거쳐 므깃도까지 올
라가 그곳에 기념비를 세움으로써 가나안 땅에 대한 주권을 주장하
였다. 이것은 이집트 제18왕조의 전성기를 이끌었던 강력한 군왕 투
트모세 3세의 경로를 그대로 답습한 것이다.

은 단과 벧엘에 금송아지상을 설치한 일이다. 남북 분열 이후에도 북
이스라엘 백성들이 해마다 제사를 위해 예루살렘으로 내려가자 그것
이 권력 누수로 이어질 것을 염려한 여로보암은 일종의 종교 개혁을
단행한다. 단과 벧엘을 새로운 제사 중심지로 삼고, 그곳에 금송아지
를 설치했다. 북방 지파들을 르호보암의 억압적 통치 아래에서 해방
시킨 것을 '출애굽'에 비유한다면, 단과 벧엘에 금송아지를 설치한 것
은 아론의 '금송아지 사건'에 해당할 것이다. 실제로 단과 벧엘에 금
송아지를 설치한 후 여로보암이 한 말은 아론이 금송아지를 만든 후
에 한 말과 같다.

    이스라엘아 이는 너희를 애굽 땅에서 인도하여 올린 너희의 신
    들이라(왕상 12:28: 참조. 출 32:4).

이 일로 여로보암은 아히야 선지자에게서 약속받은 견고한 왕조 축복을 상실하게 된다. 아히야 선지자는 핍박을 피해 이집트로 도망가는 여로보암에게 다윗 왕조에 필적하는 견고한 왕조를 약속했었다(왕상 11:38). 하지만 그를 이어 왕이 된 아들 나답이 전쟁 중 사망함으로써 여로보암 왕조는 사울 왕조처럼 단 2대 만에 막을 내리게 된다.

정리 질문

1. 다윗이 유언한 내용은 무엇이며 그것은 솔로몬의 통치에 무엇을 시사합니까?

2. 솔로몬은 어떻게 부를 축적할 수 있었습니까?

3. 르호보암 때 이스라엘이 남북으로 분리된 경위를 설명하고, 르호보암의 선택이 어떤 점에서 잘못되었는지를 토의해 봅시다.

4. 여로보암의 종교 '개혁'의 내용은 무엇인지 설명하고, 여로보암이 그런 개혁을 단행한 이유를 이야기해 봅시다.

12. 분열 왕국사

분열 이후 약 40년(BC 924-885)은 남유다와 북이스라엘이 군사적으로 자주 충돌함으로 서로의 국력을 소진한 시기로 요약될 수 있다. 다윗 왕조가 지속된 남유다와 달리 이 기간의 북이스라엘은 지속적 왕조를 이루지 못하였다. 특히 왕이 암살당해 왕위가 바뀌는 일이 잦았다. 이 기간에 주목할 인물들로 이스라엘 왕 바아사와 유다 왕 아사를 들 수 있다.

여로보암의 아들 나답을 암살하고 왕위에 오른 바아사는 예루살렘에서 북쪽으로 7킬로미터 떨어진 라마에 군대를 주둔시켜 예루살렘을 드나드는 사람들을 통제하려 하였다. 이런 바아사의 봉쇄 정책은 북왕국 사람들의 예루살렘 순례를 막은 여로보암의 봉쇄 정책보다 더 나아간 것으로 남왕국에 큰 고통을 주었다. 이에 대항하여 유다 왕 아사는 아람 왕 벤하닷에게 도움을 청한다. 벤하닷은 이스라엘의 북쪽 국경을 침공함으로써 바아사의 봉쇄정책을 사실상 무력화시킨다. 그 외에도 아사는 성전 남창들을 제거하고 아비야가 세운 우상들을 제거하는 등 일련의 개혁적 조치를 단행한 것으로 유명하다. 41년이라는 긴 통치 기간도 아사의 성공적인 사역을 방증하는 듯하

다. 하지만 아사가 발('성기'를 가리키는 완곡한 표현)에 병이 들어 죽었다
는 사실은 당혹스럽다. 역대기 저자는 아사가 노년에 발에 병이 들어
죽은 이유를 북왕국의 왕 바아사를 무찌르기 위해, 아람 왕 벤하닷
을 끌어들인 탓이라고 평가한다. 즉 이스라엘과의 분쟁 해결을 위해
이방인 왕 벤하닷의 도움을 청한 것이 불신앙으로 해석된 것이다. 이
는 아사가 그에게 직언하는 선지자 하나니를 감옥에 가두어 버린 사
건에서도 확인된다(대하 16:7-10). 이하 이번 장의 표는 밀러와 헤이즈
의 것을 수정한 것이다.

유다 (연대 BC)	이스라엘(연대 BC)	왕조	주요 사건
르호보암 (924-907) 아비야 (=아비얌, 907-906) 아사(905-874)	여로보암 1세 (924-903) 나답(903-902) 바아사(902-886) 엘라(886-885)	남유다에서는 다윗 왕조가 지속된 반면, 북이스라엘은 왕조가 서지 못하고, 암살에 의해 왕이 바뀜.	분열 이후 약 40년 동안 두 왕국은 적대적 관계에 있었음. 잦은 국지전으로 양국의 국력이 소진됨.

오므리 왕조와 유다 왕조

이렇다 할 왕조를 이루지 못하던 북왕국은 오므리를 통해 비
로소 지속적인 왕조를 이루는 데 성공한다. 오므리 왕조는 4대간 이
어진다. 오므리 왕조의 이스라엘은 경제적 번영은 물론 군사 및 외교
분야에서도 큰 업적을 남겼다. 세계사에서 오므리 왕조가 갖는 중요
도를 단적으로 보여 주는 사실은 오므리 왕조가 끝난 후에도 아시리
아 문서(예. 살만에셀 3세의 블랙오벨리스크, 쿠르바일 조각상)에서 이스라엘
을 지칭할 때 '오므리의 집'이라는 표현을 사용한다는 것이다. 오므리
왕조는 유다와 좋은 관계를 유지했다. 남북 왕국은 정치·군사적으로
긴밀히 협력하면서 상생의 길을 찾았다.

성경은 오므리가 왕이 되는 과정을 비교적 자세히 설명한다.

오므리가 깁브돈에서 블레셋과 전쟁하고 있었을 때, 엘라 왕의 암살 소식이 전해진다. 그 소식을 들은 이스라엘군이 오므리를 새 왕으로 선포하고 당시 이스라엘의 수도였던 디르사로 진군해 들어간다. 이 소식을 듣고 엘라 왕을 암살한 시므리는 자살하지만 기낫 출신의 디브니를 지지하는 세력이 오므리에 계속 저항하였다. 하지만 곧 오므리는 반대 세력을 제압하고 북이스라엘의 왕이 된다.

오므리가 왕이 되는 과정과 달리 오므리의 업적은 그다지 자세히 기록되지 않았다. 그가 사마리아를 건설하고 새 통치 수도로 삼았다는 내용이 전부이다(왕상 16:24). 하지만 주변국의 사료를 토대로 판단하건대 오므리는 매우 역동적인 국가 건설자였던 것으로 보인다. 메사 석비에 따르면 오므리는 모압을 정복하고 이스라엘의 영토를 메데바까지 넓혔다. 성경 저자가 오므리 왕의 업적을 자세히 언급하지 않은 이유는 오므리 왕조가 바알 종교를 받아들여 종교적 타락을 선도했기 때문이다. 성경 저자의 관점에서 좋은 왕은 나라를 정치·군사·경제적으로 부강하게 만든 왕이 아니라, 백성을 하나님께 순종하게 만드는 왕이다.

오므리의 아들 아합 왕에 대한 서술도 비슷한 관점에서 이해할 수 있다. 세속 역사가의 관점에서 아합 시대는 이스라엘의 전성기다. 그는 외교, 군사, 경제 분야에서 뚜렷한 업적을 남겼다. 때로는 결혼을 통해 주변국(페니키아와 유다)과 외교를 맺고, 때로는 주변국(모압)을 정복하고, 때로는 공동의 적에 맞서 주변국(아람의 다메섹)과 군사적 동맹을 꾸렸다. BC 853년 아시리아 왕 살만에셀 3세와 맞붙은 카르카르(Qarqar) 전투에서, 아합이 연합군에 제공한 전차 2,000대는 나머지 연합국들이 제공한 전차 수를 모두 합한 것보다 많았다. 아합은 솔로몬처럼 많은 건설 사업도 일으켰다. 사마리아에 지은 '상아 궁'(왕상 22:39)은 그 화려함이 후대 사람들의 입에 오랫동안 회자되었고, 므깃도와 하솔도 화려하게 재건하였다.

그러나 성경 저자는 이런 아합의 외교·군사·경제적 업적을 거의 언급하지 않고, 아합의 우상 숭배 정책을 비난하는 데 대부분의 지면을 할애한다. 실제 아합은 바알 숭배의 본산지인 페니키아의 공주 이세벨과 결혼하였고, 850명의 바알, 아세라 선지자를 고용하여 국정 운영의 자문으로 삼은 반면, 엘리야와 같은 참 선지자들을 핍박하였다. 또한 성경 저자는 아합의 활동이 이스라엘에 많은 부를 가져왔지만, 그 부가 사회에 골고루 분배되지 못했음을 지적한다. 아합 자신도 사회적 정의에 그다지 관심이 없었다. 열왕기상 21장 나봇의 포도원 사건은 권력자 아합이 자신의 '유흥'(텃밭을 가꾸는 즐거움)을 위해 한 인간의 양도 불가능한 천부적 권리—조상으로부터 물려받은 땅—를 침해하는 모습을 보여 준다. 아합은 길르앗 라못 전투에서 죽는데(왕하 22장), 이것은 그가 신의 저주 가운데 죽었음을 보여 준다. 고대 근동 문화에서 왕이 전쟁터에서 죽는 것은 신의 저주를 상징하기 때문이다. 아합의 뒤를 이은 아하시야와 요람도 아합의 종교 정책을 이어간다.

오므리 왕조와 공존한 유다의 왕들은 여호사밧, 여호람 그리고 아하시야이다. 이 중 여호사밧을 제외한 나머지 두 명의 왕은 바알 숭배자였는데, 이것은 여호람의 아내이자 아하시야의 어머니가 이세벨의 딸인 아달랴였다는 사실과 관련 있다. 한편 여호사밧은 비교적 경건한 왕으로 그려진다. 이 때문인지, 여호사밧의 통치 아래서 유다는 경제적 번영을 누렸다. 이것을 단적으로 보여 주는 것은 솔로몬 때처럼 시내반도 최남단의 항구 에시온게벨이 다시 해상 무역의 거점으로 운영되기 시작했다는 사실이다(대하 20:36). 그러나 여호사밧이 하나님 앞에 완벽했던 것은 아니었다. 그는 우상 숭배자 북이스라엘의 왕들과 매우 친밀한 관계를 유지했다. 여호사밧은 아합의 요청에 따라 아람과의 전투에 군대를 지원해 주었을 뿐 아니라, 아합의 딸을 며느리로 삼았다. 선견자 예후는 여호사밧이 아합을 도와 아람과의 전쟁에 참여한 것을 꾸짖었고(대하 19:2), 여호사밧이 며느리로 들인 아합의 딸 아달랴는 이후 자기 손자들을 죽이고 스스로 왕위에 오름으로 유다에 재앙을 가져온다.

유다(연대 BC)	이스라엘(연대 BC)	왕조	주요 사건
여호사밧 (874-850) 여호람(850-843) 아하시야(843)	오므리(885-873) 아합(873-851) 아하시야 (851-849) 요람(849-843)	오므리 왕조 (885-843)	오므리 왕조 아래서 이스라엘은 강대국이 되었다. 국제적인 명성과 함께 국내적 안정과 번영도 누렸다. 솔로몬 시대에 비견할 만하였다. 여호사밧의 통치 아래서 유다는 이스라엘과 절친한 동맹국이 되었다.

예후 왕조와 유다

오므리 왕조에 대한 심판이 예후를 통하여 임한다. 오므리 왕조의 마지막 왕 요람이 아람과의 전투에서 입은 부상으로 이스르엘의 별장에서 요양하고 있을 때 예후는 선지자 엘리사의 명령에 따라 요람과 이세벨을 암살한다. 그때 문안차 요람 왕을 방문했던 유다 왕 아하시야도 함께 암살된다. 오므리 왕조가 우상 숭배 때문에 멸망했다면 유다 왕 아하시야는 이스라엘과 협력한 대가로 목숨을 잃은 듯하다. 여호사밧처럼 그도 이스라엘 왕에게 군대를 내주었다. 이 사건으로 이스라엘과 유다는 정권이 동시에 바뀐다. 북왕국에서는 예후가 약 100년간 지속될 새로운 왕조를 열었고, 유다에서는 이세벨의 딸 아달랴가 정권을 잡아, 처음이자 마지막인 유다의 여왕이 되었다. 하지만 그녀의 통치는 7년 만에 비극으로 끝난다(왕하 11장 참조).

예후 왕조가 이스라엘을 다스리던 약 100년은 남북 모두에게 시련의 시기였다. 내부 문제로 힘이 약해진 아시리아 제국을 대신해 아람이 이스라엘과 유다를 괴롭히기 시작했다. 이때 이스라엘은 요단 동편 땅을 대부분 상실했다. 이스라엘이 완충 역할을 하지 못하자 유다도 아람의 공격에 직접 노출되었다. 유다 왕 요아스는 예루살렘까지 침공해 들어온 아람 왕 하사엘에게 왕궁과 성전의 보물들을 바쳐

야 했다(왕하 12:17-18). 하지만 여로보암 2세 때부터 선지자 요나의 예
언대로 이스라엘과 유다의 국운이 다시 회복된다.

예후의 업적에 대해서는 알려진 바가 거의 없다. 그는 바알 숭
배자들을 모두 죽이는 등 여호와에 대한 열심이 특별하였지만, 왕으
로서 업적은 그다지 신통치 않았던 것으로 보인다. 예후가 왕이 되자
마자 이스라엘은 아시리아의 공격을 받지만 제대로 싸우지 못하고 항
복한다. 영국박물관에 소장된 블랙오벨리스크에는 예후가 살만에셀
3세에게 절하며 조공을 바치는 장면이 기록되어 있다. 예후는 요단 동
편 길르앗 지역도 아람 왕 하사엘에게 빼앗긴다(왕하 10:31-33). 하지만
예후가 죽은 후 이스라엘의 국운은 점진적으로 회복된다. 이것은 이
스라엘을 괴롭힌 아람과 아시리아의 세력이 약화된 국제 정세와 맞물
려 있다. 특히 여로보암 2세는 아람 왕 하사엘이 예후에게서 빼앗아
간 요단 동편의 땅을 되찾았을 뿐 아니라 이스라엘의 영토를 솔로몬
시대의 수준까지 회복한다. 하지만 성경은 여로보암의 이런 정치적 업
적을 비중 있게 다루지 않는데, 그 이유는 성경 저자의 관심이 왕의
신앙에 있었기 때문이다. 아모스 선지자는 여로보암의 종교적 경건이
외식에 불과하다고 비판하고, 그의 정책이 사회에 부를 창출했지만 그
부가 사회의 가난한 자들에게 돌아가지 않는다고 지적했다. 아모스는
여호와를 경외하지 않는 여로보암이 칼에 맞아 죽을 것이며 그의 나
라도 멸망할 것이라고 예언한다(암 7:11).

한편 유다에서는 아하시야의 어머니 아달랴가 손자들을 죽이
고 왕위에 오른다. 아달랴가 이세벨의 딸이었음을 고려하면 그녀의 통
치가 하나님 나라와는 거리가 멀 것임을 짐작할 수 있다. 다행히 아달
랴의 통치는 오래가지 못했다. 대제사장 여호야다가 쿠데타를 일으켜
아달랴를 제거하고 숨겨 두었던 왕손 요아스를 왕으로 세우면서 그녀
의 통치는 비극으로 막을 내리게 된다. 일곱 살에 왕이 된 요아스는
한동안 대제사장 여호야다의 섭정 아래 있었던 것으로 보인다. 대제

사장 여호야다가 죽은 후 나라는 혼란에 빠지는데, 그 이유는 정치적 영향력을 유지하려던 제사장들과 독립적 통치를 원했던 요아스가 대립했기 때문이다. 이 대립은 요아스가 여호야다의 아들을 죽이는 데서 절정에 이른다. 하지만 요아스 자신도 신하들에 의해 결국 암살당한다. 그의 아들 아마샤는 왕위에 오르자마자 아버지의 암살자들을 처단하고, 에돔 지역도 성공적으로 정복한다. 이런 초반의 성공에 자만해진 아마샤는 북이스라엘에 반기를 든다. 오므리 왕조 이래 남북 관계는 북왕국의 패권에 남유다가 순복하는 형태였는데, 아마샤는 이런 주종 관계를 청산하려 했던 것 같다. 하지만 요아스 왕과 맞붙은 벧세메스 전투에서 패한 아마샤는 사마리아로 잡혀가 약 15년간 인질로 살게 된다. 그리고 이 기간 동안은 북왕국의 왕이 남유다를 실질적으로 통치한 것으로 보인다.[1] 유다 왕 아마샤는 15년 후 예루살렘으로 돌아오지만 곧 암살당한다. 하지만 그는 이스라엘 왕에게 노골적으로 반역한 얼마 안 되는 유다 왕 중 하나로 기억된다.

아마샤의 아들 아샤랴(=웃시야)는 여로보암의 이스라엘이 제공하는 안보 우산 아래서 유다의 중흥을 이끌었다. 아사랴는 유다 남부 광야에 군사 요새들을 설치하여 에돔에 대한 지배를 확고히 하였고, 시내 반도 끝의 항구 엘라를 회복하기도 했다. 또한 역대기 저자에 따르면 농업과 군사 분야 개혁도 단행했다. 하지만 노년에 문둥병에 걸려 아들 요담에게 통치권을 넘겨주어야 했다. 요담 왕은 암몬과 싸워 승리했다는 것 이외에 알려진 것이 거의 없다. 열왕기하 15장 37절에 따르면, 이스라엘과 아람이 반아시리아 동맹을 맺어 유다의 참여를 강요하기 시작한 시기가 바로 이때인 듯하다.

---

1 —— 아마샤가 사마리아에서 15년간 인질로 잡혀 있었다는 주장의 구체적 근거는 이안 프로반 외, 《이스라엘의 성경적 역사》, 546~547쪽을 참고하라.

유다(연대 BC)	이스라엘(연대 BC)	왕조	주요 사건
아달랴 (843-837) 요아스(837-?) 아마샤(?-?) 웃시야 (아사랴, ?-?) 요담(?-742)	예후(843-816) 여호아하스(816-800) 요아스(800-785) 여로보암 2세 (785-745) 스가랴(745)	예후 왕조 (843-745)	쿠데타로 유다와 이스라엘에 요아스와 예후가 각각 들어섰다. 이때 유다와 이스라엘은 아람의 잦은 침략으로 세력이 크게 위축된다. 아람의 압박이 누그러진 여로보암 2세 때 이스라엘과 유다는 국력을 회복한다.

북이스라엘 멸망(BC 722)

예후 왕조 이후 북이스라엘은 멸망으로 내달리기 시작한다. 연속되는 암살로 인한 정국 불안 이외에 결정적 영향을 미친 것은 아시리아의 새로운 제국 정책이다. 아시리아 왕 디글랏빌레셀 3세에 의한 제국 정책은 8세기 중엽부터 고대 근동의 지도를 바꾸기 시작한다. 그 전까지 아시리아 왕들은 정복한 도시나 나라를 아시리아 영토로 편입하지 않았다. 하지만 디글랏빌레셀은 정복한 도시나 나라를 자국의 영토로 편입하기 시작했다. 그의 신제국 정책은 3단계로 구성되었다. 먼저, 자발적 조공국의 단계이다. 아시리아 군대에 자발적으로 성문을 열고 정기적인 조공을 약속한 나라들은 조공국으로서 자치권을 보장받았다. 둘째, 조공국이 반란한 경우 속국으로 삼는다. 즉 반란을 무력으로 진압한 후 아시리아 관료나 군인을 주둔시켜 내정에 간섭한다. 셋째, 속국이 다시 반란하면 그 나라를 완전히 파괴한 후 아시리아의 직할 행정 구역에 편입시킨다. 이때 지역 주민들은 제국의 타지로 유배 보내고 타지인들을 그 지역에 이주시킨다. 그리고 아시리아 왕실에서 파견한 총독이 그 지역을 직할 통치하게 된다. 이스라엘이 멸망하고 아시리아의 한 지방으로 편입된 것도 바로 이런 과정에 따른 것이다.

이스라엘이 아시리아에 지속적으로 반란한 원인은 르신이 세운 아람 제국이다. 르신은 아람 도시 국가들을 통일하여 제국을 이룬 후 이스라엘의 왕들에게 반아시리아 동맹을 제안한다. 그리고 지

역 패권을 놓고 아시리아와 경쟁하던 이집트는 이들의 동맹을 뒤에서
지원한다. 따라서 멸망 직전 이스라엘 안에서는 친아시리아 세력, 반
아시리아 세력, 혹은 친아람 세력, 반아람 세력 등의 분파들이 서로
다투게 된다.

　　여로보암의 아들 스가랴를 암살하고 왕이 된 샬룸은 얼마 후
므나헴에게 암살당한다. 므나헴은 디글랏빌레셀에 저항하지 않고 항
복하여 조공국이 된다. 므나헴의 아들 브가히야도 아버지의 친아시리
아 정책을 이어받지만, 베가가 그를 암살하고 왕이 되면서 이스라엘
의 외교 정책에 변화가 온다. 베가는 아람 왕 르신과 함께 반아시리아
동맹을 형성한다. 그리고 유다를 이 동맹에 끌어들이려 한다. 유다 왕
아하스가 반아시리아 동맹에 참여하기를 거절하자, 아람-이스라엘 연
합군이 예루살렘을 침공한다. 이것이 이사야 7장 14절 예언('보라 처녀
가 잉태하여 아들을 낳을 것이요 그 이름을 임마누엘이라 하더라')의 배경이 되
는 '시리아-에브라임 전쟁'(Syro-Ephramite War)이다. 이때 유다 왕 아
하스의 요청을 받은 아시리아가 아람의 르신을 죽이고 이스라엘의 왕
베가도 공격한다(BC 734-732). 하지만 호세아가 베가를 암살하고 왕이
되면서 이스라엘은 아시리아의 속국으로 명맥을 유지한다. 강력한 왕
디글랏빌레셀이 죽고 살만에셀 5세가 왕이 되었을 때, 호세아는 다시
아시리아에 반역하고 이집트의 편에 선다. 살만에셀 5세는 반역한 사
마리아를 멸망시키고 이스라엘 백성들을 제국의 여러 곳으로 유배시
킨다. 이것은 BC 722년의 일이다.[2]

　　북이스라엘에서 약 12년 동안 왕이 다섯 번 바뀔 때에 유다를
다스린 왕은 아하스이다. 그가 북이스라엘의 왕 스가랴의 딸과 결혼
해서인지 성경 저자들은 그를 북왕국의 도를 따른 악한 왕으로 평가

---

2 —— 아시리아의 자료에 따르면 사마리아를 멸망시킨 왕이 사르곤 2세이다. 하지만 아시리아
　　　　자료를 보면 사르곤 2세는 선대의 업적을 자신의 것인 양 가로챈 듯하다.

한다. 그는 일찌감치 다마스쿠스까지 원정 나온 디글랏빌레셋을 찾아
가 유다를 아시리아의 조공국으로 만들었다. 그리고 거기서 본 이방
제단(아시리아 제단 혹은 시리아 제단)을 예루살렘 성전 안에 설치하기도
했다(왕하 16:10). 한편 아람 왕 르신과 이스라엘 왕 베가가 유다를 침
공했을 때, 이사야 선지자는 아하스에게 '왕이 여호와를 신뢰하면 유
다는 절대 망하지 않을 것이며 유다를 위협하는 그 두 왕의 위협도
곧 '여자가 잉태해 아들을 낳고 그가 선악을 분별할 나이가 될 때' 사
라질 것'이라고 조언했다.

유다(연대 BC)	이스라엘(연대 BC)	왕조	주요 사건
아하스(742-727) 히스기야 (727-698) 므낫세(697-642) 아몬(642-640) 요시야 (639-609)	살룸(745) 므나헴(745-736) 브가히야 (736-735) 베가(735-732) 호세아(732-723) 사마리아의 멸망 (722)	아시리아 제국의 패권 시대 (745-627)	디글랏빌레셋(744-727)은 시리아- 팔레스타인에 대해 새로운 제국 정책을 시작한다. 이때부터 아시리아는 반란이 심한 지역을 직할 통치한다. 아시리아의 패권을 거부했던 북이스라엘은 아시리아의 영토로 편입된다. 유다는 아시리아의 속국으로 국가의 명맥을 아슈르바니팔 (668-627) 때까지 유지한다. 이때부터 이집트가 점점 시리아-팔레스타인 지역에서 패권을 잡는다.
		이집트의 등극 (627-605)	아슈르바니팔의 죽음 후 이집트는 시리아-팔레스타인 지역에서 패권을 차지한다.

유다의 종교 개혁

북이스라엘의 멸망은 유다에게 큰 충격이었다. 자신들도 언제
든지 같은 운명에 처해질 수 있다는 경각심이 생겼다. 그리고 그런 운
명을 피하려는 노력이 이어졌다. 먼저 민족의 우상 숭배를 회개했다.
히스기야는 지역 산당을 없애고 예루살렘에 설치된 놋뱀을 제거하였
다(왕하 18:4). 심지어 이미 아시리아 영토가 된 북왕국 동족들에게 편

지를 보내 예루살렘에서 유월절을 지킬 것을 촉구했다(대하 30:1). 아시리아의 공격에 대비해 히스기야는 행정적·군사적 개혁도 단행하였다. 예루살렘 성벽을 강화하고 오랜 포위 공격에 대비해 성벽 밖의 기혼 샘물을 성 안으로 끌어들이는 수로도 완성한 것이 그 예이다. 히스기야의 개혁적 조치들이 한창 진행될 때 고대 근동 전역에서는 아시리아 제국에 대한 반란이 일어났는데, 그때 히스기야도 아버지 아하스의 친아시리아 정책을 버리고 아시리아에 반란한다. 이에 대한 보복으로 산헤립 왕이 유다를 침공하여 예루살렘을 포위한 때가 BC 701년이다. 이때 이사야 선지자는 히스기야 왕을 찾아가 위로하고 예루살렘이 절대 무너지지 않을 것이라고 예언했다. 그리고 예언대로 얼마 후 아시리아 왕 산헤립은 자발적으로 포위를 풀고 본국으로 돌아갔다. 예루살렘 불패 신화, 즉 '예루살렘은 절대로 멸망하지 않는다'는 신화가 이때에 생겨난 듯하다.

북왕국의 멸망을 목도한 히스기야가 다양한 개혁 조치를 통해 남유다를 멸망에서 구하려 했던 것과 달리 그의 아들 므낫세는 유다 역사에서 가장 반역적 왕으로 기억된다. 므낫세는 히스기야와 달리 극단적인 친아시리아 정책을 폈다. 자발적으로 아시리아 종교까지 받아들였다. 므낫세의 이런 행위를 전혀 납득할 수 없는 것은 아니다. 그가 통치했던 55년의 기간은 아시리아의 힘이 고대 근동에서 가장 강력했던 시기였다. 아시리아 왕들은 시리아-팔레스타인 전역에 거점 도시를 설치하고 그 주변 지역 왕들의 동향을 세밀히 살폈을 뿐 아니라 속국들에 아시리아의 종교까지 강요했다. 그럼에도 므낫세가 아시리아 종교를 장려한 것은 불신앙의 행위임이 분명하다. 성경 저자는 므낫세의 죄로 인해 예루살렘이 멸망하게 되었다고 말한다.[3]

므낫세가 죽은 후 아몬이 왕위에 오르지만 즉위한 지 얼마 되지 않아 암살당한다. 그의 통치는 알려진 바가 거의 없지만 이집트식 이름을 고려할 때 당시 국제 정세에 변화가 있었음을 시사한다. 즉 BC

7세기 후반에 이집트 제26왕조가 시리아-팔레스타인에 영향력을 확대하기 시작한 것이다. 또한 바빌론은 아시리아를 무찌르고 고대 근동의 새로운 강자로 떠오르고 있었다. 여덟 살 요시야가 왕이 된 때는 이처럼 아시리아가 쇠퇴하고 이집트와 바빌로니아가 시리아-팔레스타인 지역을 놓고 경쟁하던 시대이다. 성경 저자는 요시야의 종교 개혁을 비교적 자세히 다룬다. 요시야는 먼저 예루살렘 성전을 정결케 한다. 므낫세 시대 때 도입된 아시리아 종교의 제사장과 우상(아세라)을 제거하고 성전에서 남창들을 몰아냈음은 물론, 예루살렘 주변의 이방 산당들(밀곰과 그모스를 모신 산당들)도 파괴하였다. 그리고 히스기야처럼 모든 제사를 예루살렘 성전에 집중시켰다. 요시야의 정치적 업적은 잘 알려져 있지 않지만 그는 아시리아에게 빼앗겼던 북방 영토를 회복하려 했던 것 같다. 그리고 이를 위해 고대 근동의 새로운 강자 바빌로니아와 손을 잡았던 것으로 보인다. 하지만 요시야는 바빌론과 전투하기 위해 출정하는 이집트 왕 느고를 므깃도에서 막아서다가 살해당한다(대하 35:21).

유다의 멸망(BC 586)

요아스의 뒤를 이어 그의 둘째 아들 여호아하스가 왕위에 오른다. 하지만 바빌론 원정에서 돌아오는 길에 유다에 들른 이집트 왕 느고는 여호아하스를 인질로 잡아간다. 그리고 그의 형 여호야김(=엘리야김)을 왕위에 앉힌 후 엄청난 양의 조공을 요구하였다. 유다에 대

---

3 —— 고고학자들에 따르면, 므낫세는 산헤립의 침공으로 황폐화된 유다를 재건한 왕이다. 산헤립 침공 이후, 아시리아에게 넘어간 쉐펠라 지역을 제외하고 유다의 나머지 지역에서 인구의 증가가 있었고, 므낫세 시대에 예루살렘 성벽도 건설되었다. 또한 이 시대에 네게브 지역에 요새들을 건설함으로써 아라비아로부터 오는 대상인들의 안전한 통행을 담보해 주고, 그들로부터 많은 부를 축적하였다. 므낫세의 이런 업적에도 불구하고 성경 저자는 므낫세의 우상 숭배 때문에 그를 아합과 이세벨에 버금가는 악인으로 묘사한다. 참고. 레스터 그래비,《고대 이스라엘 역사》, 337~338쪽.

이집트 26왕조

이집트에 대한 아시리아의 지배는 이집트 26왕조의 왕들이 마감했다. 프삼틱 1세(BC 664-610)는 아버지 네코 1세(성경의 '느고')로부터 아시리아의 종속왕 자리를 물려받았지만, 즉위 12년 되던 해 아시리아인들을 이집트에서 몰아내고 독립을 쟁취하였다. 그의 아들 네코 2세는 관심을 해외로 돌려 팔레스타인에 대한 지배권을 확보하였고 그를 이어 왕이 된 프삼틱 2세는 바빌론의 느부갓네살 왕에게 공격받은 유다 왕 시드기야를 돕기 위해 팔레스타인에 원정을 간 것으로 전해진다.

한 이집트의 패권을 보여 주는 대목이다. 하지만 그런 이집트의 패권은 BC 605년 갈그미스 전투와 함께 쇠퇴하기 시작한다. 갈그미스 전투에서 이집트와 아시리아 연합군을 무찌른 바빌론 왕 느부갓네살은 604년 시리아-팔레스타인 지역을 침공해 온다. 이때 여호야김은 자발적으로 이집트를 버리고 바빌론의 편에 서지만, 3년 후 느부갓네살의 이집트 침략이 실패하자 바빌론에 등을 돌리고 이집트 편에 섰다. 이에 대한 보복으로 바빌론 왕 느부갓네살은 BC 599년 예루살렘을 포위 공격한다. 그리고 포위 공격 중 여호야김은 살해되어 그의 시체가 예루살렘 성벽에 걸리게 된다. 그의 아들 여호야긴은 왕위에 오른 후 곧 항복을 선언한다. BC 597년 바빌론은 여호야긴(=여고냐)과 유다의 귀족들을 포로로 잡아가며 그의 삼촌 시드기야를 왕으로 세운다. 그러나 시드기야가 다시 바빌론에 반란하고 이집트 왕 호브라(렘 44:30)와 동맹을 맺자, BC 589년에 느부갓네살 왕은 다시 예루살렘을 포위한다. 시드기야는 3년을 농성했지만 BC 586년 예루살렘 성이 함락되는 것을 막지 못했다. 그는 사해 쪽으로 도망가려다 붙잡혀 눈알이 뽑

힌 채 바빌론으로 끌려갔다.

유다(BC 연대)	이스라엘 (BC 연대)	왕조(BC 연대)	주요 사건
여호아하스(609) 여호야김(608-598) 여호야긴(598-597) 시드기야(597-586) 예루살렘의 멸망(586)		바빌론 제국 (605-586)	605년 갈그미스(카르케미스) 전투 후 바빌로니아인들은 시리아-팔레스타인의 주인이 된다. 유대인들의 반란으로 예루살렘이 파괴되고 유다 왕국은 멸망한다.

정리 질문

1. 유다 왕 아사가 오랜 세월 선정을 했음에도 말년에 발에 병이 들어 죽은 이유를 역대기 저자는 무엇이라 말합니까?
2. 사회적, 경제적, 군사적 발전을 이루었던 아합이 악한 왕으로 그려지는 이유는 무엇입니까?
3. 오므리 왕조의 우상 숭배를 심판하고 선지자 엘리사의 도움으로 새로운 왕조를 연 사람은 누구입니까?
4. 아모스 선지자는 여로보암 2세의 경제적 발전을 어떻게 평가합니까?
5. 디글랏빌레셀의 새 제국정책은 무엇입니까?
6. 히스기야는 이스라엘과 같은 운명을 피하기 위해 어떤 개혁 정책을 폈습니까?
7. 다윗에게 주신 언약이 있었음에도 다윗 왕조가 멸망한 이유를 토의해 봅시다.

13. 포로 생활과 귀환

       이스라엘은 경제력과 군사력에서 주목을 끌지 못한 작은 민족 국가였다. 강대국들의 완충 지역에 있던 이스라엘은 주변국들의 흥망 성쇠에 크게 영향을 받았다. 주변국에서 발생하는 사건들이 이스라엘 백성의 삶에 직접 영향을 준 것이다. 이런 역사적 조건에서 이스라엘 이 하나님의 약속을 믿고 산다는 것은 쉽지 않았다. 한때 약속이 손 에 잡힐 듯 가까이 느껴질 때도 있었다. 주변 강대국들의 쇠퇴와 함께 찾아온 다윗과 솔로몬의 황금시대는 아브라함 언약의 온전한 완성으 로 여겨졌다. 하지만 바빌로니아와 페르시아 제국의 지배하에 살던 때 의 백성들에게는 그 약속이 아주 멀게 느껴졌을 것이다. 이스라엘 역 사의 마지막 장은 고대 근동의 두 제국 바빌로니아와 페르시아에서 유배 생활하던 이스라엘인들이 주인공이다.

바빌로니아 유배

       BC 627년, 아슈르바니팔의 죽음과 함께 신아시리아 제국의 힘 이 약해지자 바빌로니아인들은 함무라비 시대(BC 1792~1750)의 옛 영 광을 되찾기 위해 아시리아 제국에 맹렬한 공격을 감행했다. 바빌로니

아는 나보폴라살(BC 625~605)의 영도 아래 작은 민족 국가에서 제국
적 영토 국가로의 면모를 갖추어 갔다. 그리고 마침내 BC 612년 아시
리아 수도 니느웨를 함락한다. 그뿐만 아니라 BC 605년의 갈그미스
전투에서 느부갓네살이 이끄는 바빌로니아 군대가 이집트-아시리아
연합군에 승리함으로써 시리아-팔레스타인 지역에 대한 패권도 확보
하였다. 이런 혼란한 국제 정세 가운데 유다 왕들은 하나님 대신 외교
정치에 의존하다가 나라를 바빌로니아에 빼앗기게 되었다.

바빌로니아는 아시리아의 유배 정책을 그대로 계승하였다. 사
로잡힌 유대인들은 이 정책에 따라 수도 바빌론으로 유배되었다. 유
배는 세 번에 걸쳐 이루어지는데 첫 번째는 BC 605년에 발생했다(렘
25:1). 유다를 침공한 느부갓네살 왕은 유다를 조공국으로 삼고 갖가
지 선물을 요구했다(왕하 24:1). 이때 네 명의 인재―다니엘과 세 친구―도
바빌론 왕에게 선물로 주어졌다(단 1:1-2). 당시 느부갓네살 왕은 피지
배지 출신을 내각의 각료로 임명함으로써 정복지에 대한 통제와 경영
을 원활히 하려 했다. 그 후 10년이 채 지나지 않은 BC 597년에 유다
왕 여호야김이 바빌로니아에 조공을 보내지 않자 느부갓네살 왕은 다
시 유다를 침공한다. 이때 유다는 바빌로니아 왕에게 더 큰 선물을 제
공해야 했다. 즉 여호야김의 아들 여호야긴은 물론 더 많은 유다의 인
재들이 바빌론으로 유배 가게 되었다(렘 52:28). 이때 간 사람들은 유
다 사회의 상류층을 형성한 귀족들, 서기관들, 제사장들이었으며 에스
겔 선지자도 포함되었다. 또한 성전 보물도 약탈당했다(왕하 24:10-17).
마지막 유배는 BC 586년에 발생했다. 여호야긴을 대신해 유다를 다
스리던 시드기야가 바빌론에 반기를 들자 느부갓네살 왕은 유다를 다
시 침공해 시드기야와 그 왕자들을 죽이고 예루살렘 성과 성전을 파
괴하였다. 그리고 다시는 반란하지 못하도록 최하위층만 남기고 모든
유대인들을 바빌론으로 유배 보냈다(왕하 25:1-7). 이로써 유다는 독립
국으로서 지위를 완전히 상실하고 바빌론의 일부가 되었다.

BC 597년의 유배

BC 597년에 포로로 잡혀간 사람들은 여호야긴 왕과 에스겔 선지자를 비롯한 유다의 상류층이었다. 이들은 두 그룹으로 나뉘어 유배되었다. 여호야긴 왕을 포함한 한 무리는 수도 바빌론 시에, 에스겔 선지자를 포함한 다른 한 무리는 그로부터 남동쪽으로 약 120킬로미터 떨어진 닙푸르 시에 정착했다. 특히 그발 강가에 위치한 닙푸르 시의 유대인 마을은 텔아빕(겔 3:15)으로 불렸는데 현대 이스라엘의 경제 수도 텔아비브의 이름이 그곳에서 유래했다.

바빌론 시에 정착한 유대인들은 대체로 반바빌론 정서를 품었으며, 바빌론 포로 생활이 금방 끝날 것이라고 믿어 적응의 노력 대신 반란을 꿈꾸었다. 하나냐 선지자 같은 이들이 반바빌론 정서를 부추겼다. 이때 예레미야가 바빌론에 유배 간 동포들에게 편지를 썼고, '바빌론 왕을 섬기라 그러면 살리라'고 권면한다(렘 26:16). 닙푸르 시 텔아빕에 정착한 유대인들은 이런 예레미야의 권면을 받아들여 이국 생활에 적극적으로 적응하였다. 그리하여 오랜 포로 생활 동안 민족의 정체성을 잃어버리지 않으면서 번영할 수 있는 이민 사회 체계를 구축하였다. 이들의 노력 때문에 이후 BC 586년 유다가 완전히 멸망한 후 바빌로니아로 넘어온 유다 백성들은 망국의 충격에서 비교적 빨리 빠져 나와 포로 생활에 적응할 수 있었다.

BC 597년에 닙푸르에 정착한 유대인들이 유대 공동체에 기여한 공로는 크게 두 가지다. 첫째, 성전 없는 신앙생활이 가능하도록 성전의 개념을 새롭게 정립했다. 종전에는 하나님이 직접 임재하셔서 제사를 받는 곳이라 여겨졌다면 이제 성전은 하나님이 이름을 두신 '기도의 집'이 되었다. 다시 말해 하나님의 백성들이 꼭 성전에 오지 않더라도 성전을 향해 기도하면 그 기도를 응답하시겠다는 하나님의 약속이 있는 공간이다.[1] 에스겔 선지자는 한 걸음 더 나아가 하나님의 영이 예루살렘 성전을 떠나 그발 강가에 나타났다고 주장한다. 즉 바빌론에서 포로 생활하는 유대인들의 삶의 현장이 곧 성전이라는 뜻이다. 이런 성전 신학의 개혁 덕분에 유대인들은 이방 땅에서 정체성을 유지하며 이민 생활을 이어갈 수 있었다. 둘째, 597년에 유배 온 유대인들에게 문서는 중요한 계시의 수단이 되었다. 선지자들의 설교와 교육 활동에 문서가 적극 활용되었다. 에스겔 선지자에게 하나님의 소명이 구두가 아닌 문서 형태로 전달된 것은 우연이 아니다(겔 3:1; 렘 15:16 참조). 학자들은 이 시대에 구약 성경 편집 활동이 활발히 발생했다고 생각한다. 포로 생활하던 유대인들은 성경을 편집함으로써 당시 그들이 맞닥뜨린 문제의 해결책을 모색한 것으로 보인다. 이들이 편집한 성경에 따르면, 유다의 멸망은 이미 선지자들이 예언한 것이며 하나님은 머지않아 유다를 회복시킬 것이다. 이것은 유대인들에게 구원의 날까지 신앙을 포기하지 않을 희망을 주었다. 에스겔은 유대인들이 정체성을 지키며 바빌론 땅에서 번성하도록 그들이 지켜야 할 율법을 최소한으로 줄였다. 그는 유대인의 정체성에 핵심적인 율법만—우상 숭배 금지, 안식일 성수, 음행 금지 등—을 강조하였다. 이들의 노력으로 구축된 사회 기반은 이후의 디아스포라 유대 공동체에 그대로 수용된다.

BC 586년 이후의 포로 생활

고고학자들에 따르면, BC 586년 이후 페르시아 시대까지 예루살렘은 방치되었고 사람이 거의 살지 않았다. 이 때문에 미스바가 유다국의 행정 수도로 기능했다. 시드기야를 잡아 간 느부갓네살 왕은 그달리야를 유다 지방 총독으로 임명했다. 그달리야는 시드기야 정부의 고위 관료로 예레미야처럼 친바빌론 성향이었다. 그달리야의 초기 국가 재건 노력이 어느 정도 성공했음에도 그를 싫어하는 유대인들이

1 —— 이 때문에 많은 학자들이 성전을 기도하는 장소로 묘사한 솔로몬의 성전 봉헌 기도를 포로기의 작품으로 생각한다.

적지 않았다. 그리고 1년도 안 되어 그달랴는 느다냐의 아들 이스마엘에게 암살당한다. 이스마엘 무리는 바빌론의 보복을 두려워하여 이집트 망명을 결심하고 예레미야를 데려갔다.

한편 느부갓네살 왕은 포로로 잡혀온 유다 왕족들을 인간적으로 대우하였다. 이것은 여호야긴과 그의 아들들에게 제공된 음식과 연금을 기록한 바빌론 문서에서 확인되었다. 여호야긴은 유배 간 지 37년 만에 풀려나와, 바빌론 왕과 밥상에 같이 앉는 사이가 되었다. 유대인들은 다른 나라 포로들과 비교적 동등한 대우를 받았던 것으로 보인다. 이들은 결코 자유를 박탈당한 노예로 산 것이 아니다. 이는 바빌론 땅에서 집도 짓고, 밭도 일구고, 가정도 꾸려 정상적인 삶을 살라는 예레미야의 권면에도 암시되어 있다. 예레미야 선지자와 에스겔 선지자가 유배 유대인들의 '장로들'(렘 29:1; 겔 8:1)을 언급한 것으로 보아 유대인 포로들에게 제한적 자치권도 주어졌음을 알 수 있다. 그러나 성전 제사에는 참여할 수 없었기 때문에 제사보다는 기도, 찬양, 성경 공부가 신앙생활의 더 중요한 요소가 되었다.

이집트로 도망한 사람들

그달리야를 암살한 느다냐의 아들 이스마엘이 이끄는 무리들은 약속의 땅에 남아 있으라는 예레미야의 말을 무시했을 뿐 아니라 그를 납치하여 이집트로 데려갔다. 하지만 이집트에 정착한 유대인들은 바빌론으로 유배 간 동족들과 달리 여호와 유일 신앙을 포기하고 혼합 신앙을 채택했다. 우상을 섬기지 말라는 예레미야의 경고에도 불구하고 그들은 유다가 망한 것은 '하늘의 여왕'으로 불리는 이방 여신을 섬기지 않았기 때문이라 주장했다(렘 44:18). 엘레판틴에서 발견된 유대 문서에 따르면 그들은 이집트인들과 통혼했으며, 이집트 신들도 섬겼다. 이 때문에 예레미야는 이집트의 유대인들에게 하나님의 심판을 선포했다. "보라 내가 깨어 있어 그들에게 재난을 내리고 복을 내리지 아니하리니 애굽 땅에 있는 유다 모든 사람이 칼과 기근에 망하여 멸절되리라"(렘 44:27).

페르시아 시대

BC 538년에 페르시아는 바빌론을 함락함으로 고대 근동의 새로운 강자로 등극하였다. '아케메네스 제국'(The Achaemenid Empire)으로도 불리는 페르시아 제국은 바빌로니아 제국의 영토를 그대로 접수하는 동시에 원정을 통해 그리스와 인도까지 영토를 넓혔다. 페르시아인들은 제국 전역에 행정 수도를 설치하여 바빌로니아인들보다 효과적인 통치 체제를 이룩했으며, 지역 문화와 종교를 존중하는 관용 정책을 펼침으로써 소수 민족들이 페르시아 제국에 자발적으로 충성하도록 유도하였다. 페르시아 제국은 약 200년간 지속되다가 마케도니아의 알렉산더 대왕의 손에 멸망당한다. 페르시아 왕의 계보와 주요 사건들은 다음의 표에 요약되어 있다.

연도(BC)	왕	유대인과 관련한 주요 사건(BC)
559-530	고레스(키루스)	538. 유대인들의 귀환을 명령한 고레스 칙령 발표 / 스룹바벨이 유다 총독으로 임명받고 귀환함 (제1차 귀환)
530-522	캄비세스	
522-486	다리우스 1세	520. 학개/스가랴 516. 성전 완공 490. 전쟁
486-465	크세르크세스 1세	480. 전쟁 474. 부림절 제정
465-424	아르타크세르크세스 1세	458. 에스라, 예루살렘 귀환(제2차 귀환) 445. 느헤미야 귀환(제3차 귀환)
423-405	다리우스 2세	410. 엘레판틴 편지 (이집트 유대인들이 예루살렘에 보낸 편지)
404-359	아르타크세르크세스 2세	372. 느헤미야 페르시아로 돌아감(느 13:6) 370. 말라기의 성전 개혁?

359–338	아르타크세르크세스 3세	
337–336	아르세스	
335–331	다리우스 3세	
331–323	알렉산더	

바빌론의 멸망에 대한 기묘한 이야기가 다니엘 5장 1-31절에 기록되어 있다. 바빌론의 왕 벨사살이 예루살렘에서 가져온 그릇으로 술을 마시고 있을 때 손이 나타나 궁정 벽에 '메네 메네 테켈 우바르신'(헤아려졌고 헤아려졌으며, 계량되었고, 나뉘었다)이라는 글씨를 남겼는데 바빌론의 학자들은 그 의미를 알아낼 수 없었다. 불안해진 왕은 유다의 꿈 해석가 다니엘의 도움을 요청했다. 다니엘은 하나님의 기준에 미치지 못한 바빌론 제국이 멸망하여 메데와 페르시아로 나뉘게 될 것이라고 해석했다. 그리고 그날 밤 바빌론 왕국이 무너졌고 벨사살은 목숨을 잃었다.

바빌론 제국이 페르시아 제국에 무너진 사건은 유대 포로들에게는 해방을 의미했다. 페르시아의 고레스 대왕은 BC 539년에 바빌로니아 제국을 무너뜨린 후, 바빌론에서 유배 생활하던 유대인들이 고향 땅으로 돌아가도록 허락하는 칙령을 BC 538년에 발표하였다. 이때 돌아간 인물 가운데 유다 총독을 지낸 스룹바벨이 있었다(스 2:1-2; 느 7:6-7). 페르시아의 이러한 포로 귀환 정책은 유다 민족에게 하나님의 약속(렘 25:12; 단 9:2; 스 1:1)의 성취로 해석되었다. 이사야 선지자가 고레스를 하나님이 세우신 지도자와 목자로 이해한 것도 무리가 아니다(사 44:28; 45:11). 하지만 고레스 원통 문서에 따르면, 이 칙령은 유대인에게 국한된 것은 아니었고 당시 바빌론으로 유배 온 모든 소수 민족에게 적용되었다. 페르시아 제국은 소수 민족 유화 정책을 통해 제국에 대한 충성심을 고취하려 했던 것이다.

유다로 귀환한 유대인들은 무너진 예루살렘 성벽과 성전 재건에 집중했다. 학개와 스가랴 선지자의 사역에 힘입어 BC 516년에 예루살렘 성전이 완공되었다. 이로써 더 많은 귀환 유대인들을 받아들일 준비가 되었다. BC 458년에 또 한 무리의 유대인들을 데리고 유다 땅에 귀환한 에스라는 이방인과의 통혼을 금지하는 등 개혁 조치를 단행하였다(스 10:9-17). 에스라의 개혁 활동은 성서학자들이 '에스라 회고록'이라 부르는 성경 본문(스 7-8장; 느 8-9장)에 설명되어 있다. 약 10년 후에는 느헤미야가 또 한 무리를 이끌고 유다로 귀환하여 예루살렘 성벽 수축 사업을 완수한다. 이에 대한 자세한 기록은 학자들이 '느헤미야 회고록'이라 부르는 본문들(느 1:1-7:72; 11:1-2; 12:31-43; 13:4-31)에서 찾을 수 있다.

　　이스라엘 역사의 마지막 사건은 BC 4세기 초에 발생한다. 이때 페르시아를 다스린 왕은 다리우스 2세(느 12:22)와 아르타크세르크세스 2세(스 7:7)였고 유다 땅은 대제사장 얏두아와 여호하난의 지도 아래 있었다. 페르시아 시대의 유다 민족은 왕을 둘 수 없었으므로 대제사장이 왕의 역할을 감당하였다. 여기서 나온 표현이 '왕 같은 제사장'이다. 느헤미야 13장 4-9절에 따르면 BC 370년경에 느헤미야가 페르시아로 갔다가 잠시 돌아와 성전 예배를 다시 회복한다. 성전에 불법적인 '큰 방'을 차린 도비야를 몰아내고(느 13:5) 십일조를 받지 못해 성전을 떠난 레위인들을 다시 성전에 복귀시켰다(느 13:10-11). 말라기 선지자는 이때 느헤미야와 동역했을 가능성이 있다.

정리 질문

1. 예루살렘 멸망 후 유대 지방의 정치적 상황은 어떠했습니까?

2. 이집트로 피신한 유대인들에게 예레미야 선지자가 심판을 선고한 이유는 무엇입니까?

3. BC 597년 바빌론으로 잡혀간 사람들 중 닙푸르에 정착한 사람들이 후대 유대 공동체에 기여한 점은 무엇입니까?

4. 에스라가 귀환 후 단행한 개혁 조치는 무엇이었습니까?

14. 귀환 공동체의 질문—역대기 신학

역대기는 사무엘서와 열왕기가 이미 다룬 이스라엘 역사를 귀환 공동체의 관점에서 새롭게 쓴 역사서다. 여기서 귀환 공동체는 바빌론 포로 생활을 끝내고 유다 땅으로 돌아온 유다 백성들을 지칭한다. 이들은 국가 재건의 사명을 가진 자들이지만 처한 상황은 녹록지 않았다. 성전은 파괴된 상태였고, 다윗 왕조도 끊어진 지 오래되었으며, 유다 고토는 여전히 페르시아의 통치하에 있었다. 이들은 '우리는 누구인가?' 하며 민족 정체성에 근본적 질문을 던진다. 또한 언약의 외적 표지들—성전, 다윗 왕조, 약속의 땅—을 모두 잃어버린 상태에서 '하나님의 언약이 아직도 유효한가?'라는 질문도 던진다. 이런 질문들에 답하기 위해 역대기를 쓴 것이다.

역대기의 족보

역대기의 처음 아홉 장은 족보로 채워진다. 이는 귀환 공동체에게 족보가 특별한 의미를 가졌음을 의미한다. 바빌로니아의 포로 생활에서 돌아온 유대인들에게 족보는 그들의 정체성에 답을 주었다. 언약의 외적인 표지들이 모두 사라진 상황에서 귀환 공동체는 족보를 통해 자신들이 하나님의 언약적 계보 안에 있음을 확인하였다. 이스라엘 역사 가운데 족보 연구가 가장 활발했던 시대가 바로 이때였다 (스 2:62 참조).

역대기의 족보를 면밀히 관찰하면 당시의 화두를 읽을 수 있다. 첫째, 족보는 '야곱' 대신 '이스라엘'이라는 이름을 사용한다. 이는 개인이 아니라 민족의 정체성에 관심이 있음을 암시한다. 즉 역대기 저자는 족보를 통해 '참 이스라엘'이 누구인지 말하는 것이다! 둘째, 야곱의 열두 아들의 족보를 소개할 때 장남인 르우벤 대신 넷째 아들 유다가 먼저 소개되며 또한 유다의 족보가 가장 길다. 이처럼 유다의 족보에 관심을 둔 이유는 당시 사람들이 다윗 왕조의 종말적 재건(=메시아 왕국)을 꿈꾸었기 때문이다. 하나님 나라를 재건할 메시아가 유다 지파에서 나올 것이라는 믿음을 반영한 것이다. 세 번째 화두는 성전이다. 역대기 저자는 레위 후손을 족보 한가운데 위치시킨다. 종말적 다윗 왕조 재건에 빠질 수 없는 요소가 성전이기 때문이다. 역대기 저자는 성전과 그 제의의 회복에 관심을 가졌다.

말씀의 신학

귀환 시대의 세 가지 화두, 즉 민족 정체성 확립, 종말적 다윗 왕조 재건, 성전 제의의 회복을 역대기 저자는 어떤 방법으로 성취하려 했을까? 그것은 '말씀 연구'이다. 역대기 저자는 당시 민족이 처한 위기를 극복하고 하나님이 주신 본래적 사명을 성취하려면 말씀 연구가 가장 중요하다고 생각했다. 그는 민족의 정체성을 확립하기 위해 말씀을 뒤진다. 다윗 왕조의 왕들을 평가할 때도 그들의 말씀 준수 여부를 절대적 기준으로 삼는다. 성전 제의를 회복할 때도 말씀에 기록된 규정을 따른다.

이 때문에 역대기 저자의 신학을 '말씀의 신학'이라고 부를 수 있다. 그는 하나님의 뜻을 알 수 있는 가장 확실하고 안전한 방법은 말씀 연구라고 믿었다. 당시 선지자가 있었음에도 유대 공동체의 영적 권위는 말씀을 연구하는 서기관에게 있었다. 대표적인 인물이 서기관 에스라이다. 포로기에서 돌아온 유대인들은 소위 '유다 민족이 나아 갈 길'에 대한 답을 말씀 연구에서 찾으려 했다. 이런 말씀 신학이 역 대기 저자의 역사 서술 곳곳에서 드러난다. 예를 들어 솔로몬의 성전 봉헌 기도에서 역대기 저자는 열왕기서에 없는 구절 '내 율법대로 행 하기만 하면'을 추가한다.

열왕기상 8:25	역대하 6:16
이스라엘의 하나님 여호와여 주께서 주의 종 내 아버지 다윗에게 말씀하시기를 네 자손이 자기 길을 삼가서 네가 내 앞에서 행한 것 같이 내 앞에서 행하기만 하면 네게로부터 나서 이스라엘의 왕위에 앉을 사람이 내 앞에서 끊어지지 아니하리라 하셨사오니 이제 다윗을 위하여 그 하신 말씀을 지키시옵소서	이스라엘의 하나님 여호와여 주께서 주의 종 내 아버지 다윗에게 말씀하시기를 네 자손이 그들의 행위를 삼가서 네가 내 앞에서 행한 것 같이 **내 율법대로 행하기만 하면** 네게로부터 나서 이스라엘 왕위에 앉을 사람이 내 앞에서 끊어지지 아니하리라 하셨사오니 이제 다윗을 위하여 그 허락하신 말씀을 지키시옵소서

　　역대기 저자에게 좋은 왕은 말씀에 순종한 왕이다. 역대기 저 자는 열왕기서가 증거하는 왕의 선행들에 '말씀 순종'이라는 측면을 첨가한다. 아사 왕에 대한 열왕기서와 역대기 저자의 평가를 비교해 보라.

열왕기상 15:11-13	역대하 14:2-5
아사가 그의 조상 다윗 같이 여호와 보시기에 정직하게 행하여 남색하는 자를 그 땅에서 쫓아내고 그의 조상들이 지은 모든 우상을 없애고 또 그의 어머니 마아가가 혐오스러운 아세라 상을 만들었으므로 태후의 위를 폐하고 그 우상을 찍어 기드론 시냇가에서 불살랐으나	아사가 그의 하나님 여호와 보시기에 선과 정의를 행하여 이방 제단과 산당을 없애고 주상을 깨뜨리며 아세라 상을 찍고 **유다 사람에게 명하여** 그 조상들의 하나님 여호와를 찾게 하며 **그의 율법과 명령을 행하게 하고** 또 유다 모든 성읍에서 산당과 태양상을 없애매 나라가 그 앞에서 평안함을 누리니라

　　열왕기서 저자는 아사의 선행을 설명할 때 그의 종교 개혁적 조치에 초점을 둔다. 즉 남창을 몰아내고, 우상을 없애고, 우상을 만

든 어머니를 왕후의 자리에서 물러나게 한 행위에 집중한다. 한편 역대기 저자는 아사의 이런 선행들에 '유다 사람들을 명하여…… 그 율법과 명령을 행하게 하고'라는 구절을 새롭게 첨가하여 아사 왕이 말씀 순종에 들인 노력을 강조한다. 비슷한 패턴이 요시야에 대한 평가에서도 반복된다. 아래의 비교표에서 명백히 볼 수 있듯이 역대기 저자는 요시야의 선행을 '여호와의 말씀'에 대한 준행을 기준으로 평가한다.

열왕기하 23:28	역대하 35:26
요시야의 남은 사적과 행한 모든 일은 유다 왕 역대지략에 기록되지 아니하였느냐	요시야의 남은 사적과 **여호와의 율법에 기록된 대로 행한 모든 선한 일**과 그의 처음부터 끝까지의 행적은 이스라엘과 유다 열왕기에 기록되니라

이처럼 역대기에서 좋은 왕들을 말씀에 순종했던 왕들로 표현하는 것은 포로기 이후 이스라엘 공동체 안에 형성된 새로운 분위기를 반영한다. 포로기 이후 성전 제사 중심의 종교가 약해지고 말씀 연구 중심의 종교가 강해진다. 귀환 공동체에서 경건의 표상은 말씀 연구과 실천이다. 말씀을 묵상하고 그대로 살려고 노력하는 사람들이 경건한 자들로 인정되었다. 물론 이때에도 성전 제사가 지속되었지만 말씀 연구는 성전 제사 못지않은 경건의 표준으로 자리 잡기 시작하였다. 시간이 흐르면서 이런 경향은 더욱 강화되어 유대교는 완전히 말씀 중심의 종교가 된다.

성경 해석의 시대

귀환 공동체의 삶을 소재 삼아 쓰인 에스라와 느헤미야서에서도 귀환 공동체의 말씀에 대한 관심, 특히 말씀 해석에 대한 관심이 강조된다. 느헤미야 8장 2-8절에 따르면, 백성들의 요청으로 동틀 때에 시작된 성경 낭독이 정오까지 지속되는 것을 확인할 수 있다. 즉 남녀노소 할 것 없이 모든 유대인들이 약 6시간 동안 앉아서 에스라 가 낭독하는 말씀을 들었다는 것은 말씀이 그 당시 사람들의 신앙과 삶 가운데 얼마나 중요한 위치를 차지했는지 보여 준다. 또한 주목되 는 것은 청중들이 말씀을 듣는 것에 만족하지 않고 그 의미를 궁금 히 여겼다는 것이다. 레위인들은 에스라가 낭독한 말씀을 사람들에게 풀어 설명하였다.

> 하나님의 율법책을 낭독하고 그 뜻을 해석하여 백성에게 그 낭
> 독하는 것을 다 깨닫게 하니(느 8:8).

'그 뜻을 해석하여'라는 구절이 의미하는 바는 모세오경에 기 록된 역사나 율법이 귀환한 백성들에게 어떤 교훈을 주는지 설명했다 는 의미이다. 오늘날 말로 바꾸면 '말씀 적용'에 가깝다.

귀환 공동체가 말씀 해석에 보이는 관심은 에스라의 회중 기도 (느 9:6-23)에도 잘 드러난다. 에스라의 회중 기도는 성경이 과거에 대 한 사실적 보고가 아니라 오늘 우리에게 주신 하나님의 교훈임을 보 여 준다. 에스라는 회중 기도에서 구속사의 개요를 말한 후 그것이 당 시 귀환 공동체에 어떤 교훈을 가지는지 설명한다. 예를 들어 창조 이 야기는 여호와가 예배받기에 합당한 분임을 보여 준다. 여호와께서 홀 로 천지를 창조하셨고 다른 종교에서 신들로 인식되는 하늘의 별들도 엎드려 여호와를 예배하기 때문이다.

> 오직 주는 여호와시라 하늘과 하늘들의 하늘과 일월 성신과 땅
> 과 땅 위의 만물과 바다와 그 가운데 모든 것을 지으시고 다 보존
> 하시오니 모든 천군이 주께 경배하나이다(느 9:6).

　　또한 에스라는 아브라함의 삶을 간단히 요약한 후 하나님은 약속의 말씀을 꼭 이루시는 의로우신 분이라고 주장한다(느 9:8). 이처럼 에스라는 구약 성경을 단순히 이스라엘의 역사서로 본 것이 아니라 여호와가 어떤 분임을 보여 주는 신학 교과서로 인식했던 것이다.
　　구약 성경에서 신학적 메시지를 이끌어 낼 때에는 본문에 대한 해석이 필수적이다. 즉 본문을 공부하지 않으면 신학적 교훈을 얻을 수 없다는 것이다. 에스라도 아브라함에 대해 설교할 때 구약 성경을 그대로 인용한 것이 아니라 그 본문을 자기 나름대로 해석하였다.

　　주는 하나님 여호와시라 옛적에 아브람을 택하시고 갈대아 우르에서 인도하여 내시고 아브라함이라는 이름을 주시고 그의 마음이 주 앞에서 충성됨을 보시고 그와 더불어 언약을 세우사 가나안 족속과 헷 족속과 아모리 족속과 브리스 족속과 여부스 족속과 기르가스 족속의 땅을 그의 씨에게 주리라 하시더니 그 말씀대로 이루셨사오매 주는 의로우심이로소이다(느 9:7-8).

　　창세기 11장 31절에 따르면, 아브라함이 갈대아 우르에서 나오게 된 것은 자기 아들과 조카 롯을 데리고 가나안 땅으로 이주하려 했던 아버지 데라의 결정 때문이었다. 그러나 아브라함의 아버지 데라는 가나안까지 가지 못하고 중간 지점인 하란에 정착했다. 창세기 12장에서 하나님이 아브라함에게 나타나사 소명을 주신 시점은 바로 하란에 머물 때였다. 즉 하나님은 하란에 머물러 있는 아브라함에게 나타나 소명을 주신 것이다. 따라서 아브라함이 갈대아 우르에서 나온 사건을 하나님의 선택 사건으로 보는 것은 그 사건에 대한 에스라의 신학적 해석이다. 에스라는 바빌로니아에서 돌아온 귀환 공동체에게 그들의 조상 아브라함이 바빌로니아에서 나온 것은 하나님의 뜻이었다면서 그들의 귀환도 같은 관점에서 보게 한다. 이처럼 귀환 시대에는 역사적 사건 혹은 그 사건을 기록한 본문이 당시 이스라엘 백성들에게 교훈으로 읽히도록 활발히 해석되었다. 학자들이 이 시대를 성경 해석의 시대라고 말하는 것은 당연하다. 역대기 기자와 귀환 유대인들은 성경 해석의 시대를 연 사람들이다.

메시아에 대한 기대

역대기는 기존의 역사 서술, 즉 사무엘-열왕기를 당시의 시대정신에 맞게 보정한 역사서이다. 혈통적 다윗의 후손이 끊어진 시대를 산 역대기 저자는 다윗 왕조에 대한 하나님의 언약을 새롭게 해석하려 했다. 예를 들어 역대기 저자는 나단 선지자를 통한 다윗 언약을 다음과 같이 재해석한다.

사무엘하 7:16	역대상 17:14
네 집과 네 나라가 내 앞에서 영원히 보전되고 **네 왕위가** 영원히 견고하리라	내가 영원히 그를 **내 집과 내 나라에** 세우리니 **그의 왕위가** 영원히 견고하리라

본래 다윗 언약의 내용은 다윗의 '집'과 '나라' 그리고 그의 '왕위'가 영원하리라는 내용이었다. 하지만 다윗 왕조가 무너진 현실을 살아가는 귀환 공동체에게 이 예언은 그 의미를 잃었다. 또한 그와 함께 귀환 공동체의 희망도 사라질 위기에 처했다. 역대기 저자는 나단의 예언을 새롭게 해석함으로써 하나님 나라에 대한 희망을 되살리려 한다. 역대기 저자는 나단의 예언에서 언급된 다윗의 집('네 집')과 다윗의 나라('네 나라')를 하나님의 집('내 집')과 하나님의 나라('내 나라')로 바꾼다. 이렇게 바뀐 예언에 따르면 다윗 언약은 혈통적 다윗('네')이 아니라 종말적 다윗('그')을 통해 성취될 것이다. 종말적 다윗('그')이 하나님의 집과 나라('내 집과 내 나라')를 다스릴 것이고 그곳에서 영원히 왕 노릇 할 것('그의 왕위')이다. 혈통적 다윗 왕조가 무너진 것을 본 역대기 저자는 나단이 다윗에게 한 언약을 이처럼 새롭게 해석한다.

역대기 저자가 다윗 왕의 실정들을 기록하지 않은 것도 이런 문맥에서 이해할 수 있다. 즉 역대기 저자는 혈통적 다윗 대신 이상적·종말적 다윗에 관심이 있다. 이 때문에 다윗과 사울의 왕위 다툼 이야기, 다윗이 블레셋 용병이 된 사실, 밧세바와 간음한 사건, 압살롬과 세바의 반란, 아도니야와 솔로몬의 왕위 다툼은 역대기에 빠져 있다. 역대기의 독자들이 기다리던 종말적 다윗은 전 세계로 뿔뿔이 흩어진 이스라엘을 끌어모아 예루살렘 성전에서 다시 함께 예배하게 만들 것이다. 즉 흩어진 이스라엘을 모아 성전 중심의 예배 공동체를 만들 것이다.

절망한 자들을 위한 희망의 신학

율법에 순종한 사람에게 하나님이 복을 주고 불순종한 사람에게 저주를 내린다는 생각은 모세 때부터 전해 내려오는 것이었다. 다음은 이런 인과응보 신앙에 대한 가장 고전적인 표현이다.

> 나 네 하나님 여호와는 질투하는 하나님인즉 나를 미워하는 자의 죄를 갚되 아버지로부터 아들에게로 삼사 대까지 이르게 하거니와 나를 사랑하고 내 계명을 지키는 자에게는 천 대까지 은혜를 베푸느니라(출 20:5-6).

하지만 포로 생활에서 귀환한 유대인들에게 이 유서 깊은 말씀은 절망의 원인이 되었다. 왜냐하면 그 말씀에 따르면 조상의 죄가 삼사 대까지 미칠 수 있기 때문이다. 아무리 귀환한 유대인들이 말씀에 순종하는 삶을 살아도 앞으로 상당한 기간 동안 조상들의 죗값을 치러야 하기 때문이다. 이렇게 염려하는 귀환 공동체에게 역대기 저자는 즉각적인 인과응보의 신학을 설파한다. 다시 말해 하나님은 의인을 즉시 축복하시고 악인의 죄도 즉각 보응하신다는 것이다.

이런 즉각적 인과응보 신학은 이스라엘과 유다 왕들에 대한 역대기 저자의 평가에 고스란히 반영된다. 르호보암 시대에 유다와 예루살렘을 침공한 이집트 왕 시삭(세숑크 1세)에 대한 열왕기서 본문과 역대기 본문을 비교해 보자. 열왕기서 저자는 유다 백성들의 죄와 시삭의 침입을 명시적으로 연결시키지 않지만(왕상 14:22-28), 역대기 저자는 시삭의 침입이 온 이스라엘의 죄 때문이라고 말한다.

> 르호보암의 나라가 견고하고 세력이 강해지매 그가 여호와의 율법을 버리니 온 이스라엘이 본받은지라 그들이 여호와께 범죄하였으므로 르호보암 왕 제오년에 애굽 왕 시삭이 예루살렘을 치러 올라오니(대하 12:1-2).

이 구절에 따르면 시삭의 침입은 언약을 배반한 유다의 왕과 백성들에 대한 하나님의 형벌인 것이다. 유다 왕 여호사밧의 배가 파선한 사건에 대해서도 열왕기서 저자는 여호사밧의 죄와 배의 파선을 연결시키지 않지만, 역대기 저자는 여호사밧의 배가 파선한 것이 유다 왕 여호사밧이 이스라엘의 왕 아하시야와 교제한 탓이라고 말한다.

> 마레사 사람 도다와후의 아들 엘리에셀이 여호사밧을 향하여 예언하여 이르되 왕이 아하시야와 교제하므로 여호와께서 왕이 지은 것들을 파하시리라 하더니 이에 그 배들이 부서져서 다시스로 가지 못하였더라(대하 20:37).

이처럼 역대기 저자는 유다에 임한 재앙들을 당대의 왕과 백성들의 잘못과 직접 연결시킴으로써 즉각적인 인과응보 사상을 설파한다. 이는 귀환 유대 공동체에게 희망을 주기 위한 것이다. 아무리 지금 잘해도 조상들의 죄 때문에 계속 저주 가운데 있을 것이라고 생각한 사람들에게 '지금 말씀에 순종하면 당대에 축복을 받고, 말씀에 순종하지 않으면 당대에 저주를 받는다'고 가르치는 것이다.

　　이런 즉각적 인과응보 사상은 에스겔 선지자의 예언에서 먼저 천명된 것이다. 에스겔은 바빌론에서 포로 생활하던 사람들에게 희망을 주기 위해 '아버지가 신 포도를 먹었으므로 그의 아들의 이가 시다'라는 속담을 더 이상 인용하지 못하게 하고, 범죄하는 그 영혼이 죽을 것이며, 사람이 정의와 공의를 행하면 반드시 살리라고 예언한 바 있다(겔 18장).

정리 질문 ─────────────

1. 역대기 저자는 누구를 위해 이스라엘 역사를 저작했습니까?

2. 역대기 족보를 통해 알 수 있는 당시 시대적 화두들은 무엇입니까?

3. 귀환 공동체가 말씀에 가진 관심은 어떤 방식으로 표현되었습니까?

4. 역대기에서는 다윗을 어떻게 묘사합니까?

5. 역대기에서 즉각적인 인과응보 사상이 강조되는 이유가 무엇입니까?

책 속의 책

고고학으로 본 구약 성경

성경 고고학은 성경 사건이 발생한 지역을 발굴하고 그를 통해 얻어진 유물을 과학적으로 분석·해석하는 학문을 지칭한다. 성경 고고학의 목적은 성경에 기록된 사건의 역사성 증명이 아니라 그 사건들이 발생한 문화적 배경 재구성에 있다. 즉 고대 이스라엘의 일상 생활의 전반적 측면을 보다 잘 이해하는 것이 성경 고고학의 목적이다. 예를 들어 '히스기야 시대 예루살렘 사람들은 어떤 집에 살았을까', '어떤 옷을 입고 어떤 음식을 먹었을까', '성벽은 어떤 구조로 되어 있었을까', '당시 예루살렘에는 얼마나 많은 사람들이 살고 있었을까' 등의 질문에 고고학은 답해 준다. 즉 성경 고고학은 성경 사건이 발생한 역사적 현장을 간접 체험하도록 돕는 학문이다.

고고학에서 가장 중요한 것은 발굴이다. 문서의 고증, 표면 조사, 침투 레이더 등으로 발굴 지역과 범위가 확정되면 고고학 성층에 따른 발굴이 시작된다. 도자기나 신상과 같은 유물 증거, 동식물의 화석 증거, 글자가 새겨진 문서 증거 등은 그것이 나온 성층에 따라 분류되고 다양한 방식으로 채증된다. 고고학자들은 이렇게 채증된 증거를 기존 자료를 바탕으로 분석하고 해석한다. 역사학자들은 이렇게 해석된 유물이나 문서를 역사 재구성 재료로 사용한다.

　　성경 고고학이 한때는 성경에 기록된 사건들의 역사성을 증명하는 도구로만 이용된 적이 있다. 이런 시도들은 성공하는 듯했지만 시간이 갈수록 여러 문제에 직면했다. 성경을 증명하려는 열심이 지나친 나머지 특정 유물과 성경의 관계를 과장하고, 심지어 유물 자체를 조작하기까지 했다. 대표적 조작 사건이 '요아스의 비문'이다. 요아스는 제사장 여호야다의 지시로 성전 보수 작업을 벌인 유다의 왕으로 알려져 있다(왕하 12장). 요아스 비문의 발견으로 이런 성경 기록의 사실성이 증명되는 듯했지만 얼마 지나지 않아 그 비문이 위조되었다는 사실이 이스라엘 문화재 관리청에 의해 밝혀졌다.

　　한편 성경 고고학을 변증학이 아니라 보다 객관적인 과학으로 수행하려는 학자들을 중심으로 '시리아-팔레스타인 고고학'이라는 용어가 선호된다. 하지만 이들 학자 중 일부는 이른바 객관적 과학이라는 미명하에 성경의 역사성을 부정하는 데 고고학을 이용하는 경향이 있다. 예를 들어 성경 사건을 뒷받침할 고고학적 증거가 없거나 성경의 내용을 뒤집는 듯한 증거가 나올 때 성경의 역사성을 쉽게 부정해 버린다. 코펜하겐 학파의 고고학자들은 가나안 정복은 물론 다윗과 솔로몬 시대까지의 이스라엘 역사를 완전히 부정하고 있다.

　　고고학으로 성경의 역사성을 부정하는 사람들은 고고학적 증거가 가진 한계를 인식하지 못하는 우를 범한다. 고고학적 증거는 객관적이지 않다. 왜냐하면 고고학적 유물이 역사 재구성의 증거가 되려면 반드시 학자들에 의해 해석되어

텔 단 석비의 비문(이스라엘 박물관)

야 하기 때문이다. 의미있는 분량의 글이 새겨진 유물을 제외
하면 모든 고고학 유물은 과거 역사에 대해 아무것도 말해
주지 않는다. 그것에 해석이 가해질 때 비로소 말하기 시작
한다. 고고학자들에 의해 해석된 유물은 절대로 객관적일 수
없다. 이 때문에 똑같은 유물이 학자마다 다르게 해석될 수
있는 것이다. 예를 들어 텔 단 비문이 처음 발견되었을 때 히
브리어 'DWD'가 다양하게 해석되었다. 이것을 다윗의 역사
성을 증명하는 자료로 이해한 학자들은 'DWD'를 '다윗'으로
해석했지만, 다윗의 역사성을 부정하는 학자들은 '도자기 그
릇'으로 해석했다. 이처럼 고고학 유물 해석은 언제나 연구자
의 선입견(선이해)에 영향을 받는다.

　　　또한 고고학적 유물은 대개 우연히 발견되므로 특정
사건에 대한 고고학적 증거가 없다는 이유로 역사적으로 발
생하지 않았다고 단정할 수는 없다. 왜냐하면 유물이 완전히
유실되었을 가능성도 있고 미래의 어느 시점에 발견될 수도
있기 때문이다. 방금 언급한 텔 단 비문이 좋은 예이다. 텔
단 비문이 발견된 1993년 이전에는 다윗에 대한 고고학적 증

거가 전무하였다. 이를 근거로 성경의 역사성을 부정하는 학
자들은 다윗을 신화적 인물이라 주장했다. 하지만 텔 단 비
문이 발견된 이후 다윗의 역사성을 부정하는 학자들은 거의
사라졌다.

　　한편 성경을 변증할 목적으로 고고학을 사용하는 사
람들은 다음 사항에 주의해야 한다. 첫째, 성경의 진리는 고
고학적 증거에 달리지 않았다. 사물을 통한 증명 집착은 경
험 감각을 진리의 척도로 삼은 근대적 진리관에 근거하며 성
경의 진리관과는 거리가 멀다. 둘째, 고고학적 증거를 찾기 전
에 자신의 성경 본문 이해를 점검해야 한다. 예를 들어 가나
안 정복을 여호수아 군대가 비교적 단기간에 가나안 도시들
을 모두 파괴한 사건('전광석화전')으로 이해하면, 가나안 정복
에 대한 고고학적 증거는 찾을 수 없다. 오히려 그와 반대되
는 수많은 고고학적 증거와 만나게 될 것이다. 왜냐하면 이것
은 여호수아기를 잘못 독해했기 때문이다. 여호수아기를 자세
히 보면 여호수아 군대가 오랜 시간에 걸쳐 정복 작전을 벌였
으며 그중 불로 완전히 파괴한 도시는 일부에 불과함을 알 수
있다. 성경을 고고학적으로 증명하려는 사람은 성경 본문을
먼저 그 문학적 장르대로 해석해야 한다.

성경 사건과 연관된 고고학적 유물과 문서 증거들

　　성경에 기록된 이스라엘 역사가 고고학적 증거로 얼마
나 확인될까? 결론부터 말하면, 분열 왕국 이전(=솔로몬까지의
역사)의 고고학적 증거는 많지 않고 분열 왕국 시대(=르호보암
이후)의 유물과 문서들은 풍성하다. 고대 이스라엘의 역사와
관련된 고고학적 증거들을 일부 소개한다.

　　'이스라엘'에 관한 가장 오래된 고고학적 증거는 메르

메르넵타 석비(이집트 박물관)

넵타 석비이다. BC 13세기 말에 만들어진 것으로 추정되는 이 석비는 람세스 대왕의 아들 메르넵타 왕이 제작한 것이다. 비문의 내용은 대부분 리비아인들 정복에 관한 것인데 마지막 세 줄에서 가나안을 언급한다. 비문에서 '이스라엘'은 아직 국가를 이루지 못한 민족으로 취급된다. 아마도 출애굽하여 광야에서 생활하던 히브리인들이나 가나안에 입성해 고원 지대에서 흩어져 살던 이스라엘인들을 지칭하는 듯하다.

출애굽은 고고학적 증거가 없다. 적어도 주류 이집트 연구가들이 동의하는 고고학적 증거는 없다. 하지만 앞서 설명한 것처럼 고고학적 증거가 없다고 해서 출애굽 이야기를 꾸며 낸 신화라고 주장하는 것은 잘못이다. 어떤 민족이 자신의 조상들이 노예였다는 이야기를 지어 내겠는가? 이집트 역사가 마네토의 증언은 출애굽에 대한 간접적인 증거가 된다. 그는 출애굽을 두 가지 버전으로 전한다. 첫 번째 버전에 따르면, 이스라엘인들은 BC 16세기에 이집트를 다스리다 쫓겨난 힉소스인이다. 두 번째 버전에 따르면, 이스라엘인들은

BC 13세기 비돈과 람세스를 건설하다가 문둥병에 걸려 이집 트에서 쫓겨난 건설 노동자들이다. 이 두 버전의 공통점은 히 브리인의 탈출 이야기가 아닌 이집트인에게 쫓겨난 이야기라 는 것이다. 이는 출애굽에 대한 이집트인들의 관점을 반영하 는 듯하다.

여호수아의 가나안 정복 활동과 느슨하게 연결되는 문 서 자료로 아마르나 편지들(The Amarna Letters)이 있다. 아마 르나 편지는 BC 14세기경 이집트 왕들과 가나안의 도시 수장 들이 주고받은 외교 편지를 포함한다. 이 편지들에 언급된 하 비루들은 탈이집트한 히브리 노예들과 여러 면에서 유사하다. 아마르나 편지에 언급된 하비루들은 도망한 노예나 범죄자 등 으로 구성된 무리이다. 이들은 용병이 되거나 도적 떼가 되 어 가나안 지역에 적지 않은 소요를 일으켰다. 아마르나 편지 에는 이들에게 침략당한 가나안 도시의 수장들이 이집트 왕 에게 도움을 요청하는 내용이 포함되어 있다. '하비루'와 '히 브리'가 발음이 비슷하여 과거 일부 학자들이 아마르나 편지 에 언급된 하비루들을 출애굽한 히브리인들로 보았지만 오늘 날 이 견해에 동의하는 학자는 거의 없다. 왜냐하면 하비루의 활동은 14세기 가나안 땅만이 아니라 약 천 년에 걸쳐 고대 근동 전역에서 발견되기 때문이다. 그럼에도 고대 가나안인들 이 그들의 도시를 침략해 오는 이스라엘 사람들을 하비루로 인식했을 가능성은 충분하다.

분열 왕국 시대의 성경 인물이나 사건과 직접 관련된 고고학적 증거들은 풍성하다. 앞서 언급했듯 9세기 중엽 아 람 왕이 이스라엘 최북단 도시에 세운 텔 단 석비를 예로 들 수 있다. 이 석비에 새겨진 비문은 아람 왕이 북이스라엘과 '다윗의 집'(=유다)에 대해 거둔 승리를 언급하는데, 다윗의 역사성 논쟁을 종식시켰을 뿐 아니라 이스라엘의 요람과 유다의 아하시야가 길르앗 라못에서 아람인들과 맞서 싸운 성경 기록(대하 22:5)을 간접적으로 증명해 준다.

텔 단 석비와 비슷한 시기에 세워진 메사 석비도 분열 왕국 역사에 대한 직접적 증거를 제공한다. 이 석비는 모압 왕 메사가 이스라엘의 지배에서 벗어난 자신의 업적을 기린 것으로, 그 안에 이스라엘 왕 '오므리'와 '아합'의 이름뿐 아니라 '여호와'와 '다윗'의 이름도 등장한다. 이 비문에서 메사는 모압이 과거에 이스라엘에 복속된 것이 그모스 신의 진노 때문이라고 말한다. 그리고 그모스가 은혜를 베풀어 자신을 이스라엘의 억압에서 해방시켰을 뿐 아니라 이스라엘의 도시들을 정복할 수 있도록 도와주었다고 주장한다. 특히 흥미로운 것은 모압 왕 메사가 이스라엘 도시 '느보'에 대해 진멸 전쟁을 수행했다는 것이다. 이것은 이스라엘 백성들이 수행한 진멸 전쟁이 그들의 야만성을 보여 주는 일탈적 행위가 아니라 당시 국가들 사이에 널리 행해진 전쟁 방식임을 보여 준다.

아시리아 비문도 분열 왕국 시대에 대한 직접적 증거를 제공한다. 먼저 살만에셀 3세의 쿠르크 비문은 카르카르 전투(BC 853)에서의 아합의 역할을 증언한다. 이 비문에 따르면 아합은 다마스쿠스의 왕 하닷에셀과 함께 반아시리아 연합군을 지휘하였다. 특히 주목할 만한 내용은 앞서 언급했듯 아합이 연합군에 제공한 전차가 2,000승에 달했다는 것으로, 이는 연합군에 속한 나머지 나라들이 제공한 전차를 모두 합친 것보다 많다. 당시 이스라엘의 국력의 정도를 짐작하게 하는 기록이다. 살만에셀 3세의 또 다른 비문인 블랙오벨리스크는 '오므리의 집의 예후' 왕을 언급하며 그가 아시리아 왕에게 절하는 장면을 부조 형태로 묘사한다.

메사 석비(루브르 박물관)

　이스라엘과 유다에서 발견된 다양한 인장도 분열 왕
국 시대에 대한 증거를 제공한다. 성경 인물의 이름이 여러
인장에서 언급된다. 예를 들어 예후 왕조의 여로보암 2세의
이름이 새겨진 인장과 예레미야의 서기관 바룩의 이름이 새
겨진 인장, 유다의 왕 웃시야의 이름이 새겨진 인장 등이다.
　그러나 성경 본문과 고고학적 증거의 조화가 가장 두
드러진 사건은 BC 701년 산헤립의 유다 침공이다. 산헤립 침
공 당시 예루살렘을 제외한 유다의 모든 도시들이 아시리아
군에 넘어간 사실이 열왕기(왕하 18장), 역대기(대하 32장), 이사
야서(사 36장)에 기록되어 있고, 이는 산헤립 궁의 벽 부조와
산헤립의 프리즘 문서에 의해 확인된다. 특히 산헤립의 프리
즘 문서에 따르면 산헤립이 유다의 46개 요새들을 점령했을
때 히스기야는 예루살렘에서 '새 장 속의 새처럼' 갇힌 신세
가 되었다고 증언한다. 하지만 산헤립은 끝내 예루살렘 정복
에 실패하는데 이것은 성경 본문뿐 아니라 산헤립 궁의 벽 부
조를 통해서도 확인된다. 그 벽 부조에 예루살렘 함락 장면

은 생략되어 있다. 하지만 부조는 산헤립이 예루살렘을 정복하지 못한 이유를 조금 다르게 제시한다. 성경 저자는 이것을 하나님의 구원과 연결시키지만 아시리아는 산헤립이 회군한 이유를 아시리아에서 발생한 반란 때문이라고 한다.

산헤립의 침공을 대비해 유다 왕 히스기야가 예루살렘 성 밖의 기혼 샘물을 성 안으로 끌어들이는 수로를 건설하였는데(왕상 20:20), 그때 수로 공사에 참여한 인부들이 작성한 비문이 발견되었다. 학자들은 이를 '실로암 명문'으로 부른다.

> (터널)이 뚫리던 〔때……〕. 이것이 그것이 관통되던 때의 상황이다. 〔……〕들이 각자가 서로에게 도끼를 여전히 〔……〕하고 있었다. 관통 전까지 아직 3규빗이 남았을 때, 한 사람이 다른 사람을 부르는 소리가 〔들렸다〕. 벽에 오른쪽과 〔왼쪽에〕 틈이 있었다. 터널이 뚫리는 순간 광부들이 서로를 향해 (도끼를 휘둘러) 바위를 깨고 있었고, 도끼와 도끼가 (부딪혔을 때), 물이 샘으로부터 저수지까지 흘러, 1,200규빗이나 되었다. 광부들의 머리 위 바위의 높이는 100규빗이었다('실로암 명문' 중에서, 《고대 근동 문학 선집》, 562쪽).

한편 예루살렘의 멸망을 증거하는 유물과 문서 증거도 많이 있다. 이 중 '라기스 도편 문서'가 가장 유명하다. 이는 라기스와 가까운 도시에서 근무한 군인이 라기스에 있는 상관에게 쓴 편지로 라기스가 바빌론에 함락되기 직전의 상황을 담고 있다. 다음의 편지는 아세가가 함락된 상황에서 마지막 남은 요새 도시 라기스의 상황을 예의주시하고 있음을 전한다.

블랙 오벨리스크의 한 장면. 예후가 아시리아 왕에게 절하고 있다.

(내 주)여, 내 주께서 주신 모든 지시를 따라서 우리가
라기스의 신호를 주의하여 보고 있음을 아십시요. 우리
가 아세가를 지금 볼 수 없기 때문입니다("라기스 편지
IV",《고대 근동 문학 선집》, 565쪽).

이것은 바빌론 군대가 침공했을 때 예루살렘을 제외
하고 마지막까지 남은 두 도시가 아세가와 라기스라는 예레
미야 34장 7절의 말씀과 잘 조화된다. 한편 바빌로니아의 실
록도 예루살렘의 멸망에 대해 증거한다. 다음은 느부갓네살
2세 즉위 7년의 기록이다.

제7년: 키슬레브 월에 아카드 왕이 자기 군대를 소집
하였고, 하투 땅(= 시리아-팔레스타인)으로 행진해 갔다.
그가 유다의 도시 앞에 진을 치고, 아달 월 2일에 그 성
을 포위하였다. 그가 그 왕을 사로잡았다. 그는 자기가
선택한 왕을 대신 임명했다. 그가 거기서 많은 전리품
을 빼앗았고 이를 바빌론으로 보냈다(《고대 근동 문학 선
집》, 537쪽).

라기스 부조(이스라엘 박물관)

마지막으로 살펴볼 이스라엘 역사에 관한 고고학 증거는 페르시아 왕 고레스의 '원통 문서'이다. 고레스는 바빌로니아 제국을 무너뜨린 페르시아 제국의 왕이다. 바빌로니아 왕들과 달리 그는 지역 문화에 유화 정책을 폈다. 이 유화 정책의 일환으로 그는 바빌론 신전에 안치되었던 지역 신들의 우상들을 본래 처소로 되돌려 보내는 일을 했다. 비록 이 원통 문서가 유대인을 직접 언급하지는 않지만 유대인들도 이 정책 덕분에 고향으로 돌아가 예루살렘 성전을 재건할 수 있었던 것으로 보인다. 즉 고레스의 원통 문서는 '하나님이 고레스의 마음을 감동하여 예루살렘 성전을 재건하라는 조서를 내렸다'는 역대하 36장 22-23절 말씀의 배경을 제공한다.

윗바다로부터 아래 바다까지 동서남북 온 땅의 왕좌에 앉은 모든 왕들과 아무루 땅의 왕들, 천막에 거주하는 자들이 풍성한 조공을 바빌론으로 가져왔고, 내 발에 입을 맞추었다. [바빌론]으로부터 앗수르, 슈시, 아카드, 에시눈나 땅과, 잠반, 메투르누, 데르, 쿠티 땅 국경에 이르기까지, (그리고) 티그리스강 [저편] 강둑에 있는 오랫동안 버려졌던 신전들로 내가 신(상)들을 각각 자신이 기뻐하는 장소로 돌려보냈고, (그곳에) 영원히 거주하도록 허락했다. 그 모든 백성들을 내가 소집하

였고, 그 거주자들과 나보니두스가 신들의 주님이 품
으신 분노에도 불구하고 바빌론으로 모셔왔던 수메르
와 아카드 땅의 신들을 돌려보냈다. 위대한 주, 마르둑
신의 명령을 따라 내가 그들을 평화롭게 자기들이 기뻐
하는 거주지인 신전에 정착시켰다(《고대 근동 문학 선집》.
550쪽).

지금까지 이스라엘 역사의 주요 사건들(특히 분열 왕국
시대)이 고고학에 의해 고증될 수 있음을 확인하였다. 하지만
성경 고고학의 주된 목적은 특정 성경 인물이나 사건의 역사
성 증명에 있지 않음을 기억해야 한다. 성경 고고학의 목적은
고대 이스라엘의 물질문화를 재구성하는 것이다.

3

선지자들

15. 선지자는 누구인가?

      많은 사람들이 예언자 혹은 선지자를 미래를 점치는 사람으로 오해한다. 영어 동사 'prophesize'를 사전에서 찾아보면 '예고하다'(foretell) 혹은 '예언하다'(predict)로 설명한다. 그러나 성경의 선지자는 단순히 미래를 점치는 사람이 아닌 '하나님의 대변인'이다. 즉 하나님을 대리해 말하는 사람이다. 그가 말하는 것은 하나님의 말씀으로 간주된다.

하나님의 메신저

      하나님은 이스라엘 왕과 백성들에게 자신의 뜻을 직접 말씀하지 않고 선지자들을 메신저 혹은 대변인으로 선택해 말씀하셨다. 그들은 흔히 자신의 의지와 관계없이 선지자로 부름받는데, 하나님의 말씀을 들을 수 있는 혹은 하나님의 뜻을 정확히 분별하는 은사가 주어진다. 이것은 '선지자'로 번역되는 히브리어 '나비'의 어원적 의미와 일치한다. '나비'의 어원적 의미는 '(신이) 말을 걸다' 혹은 '말씀을 받다'이다.

      성경의 선지자가 하나님의 메신저('전령')라는 사실은 그들이

자주 사용하는 말투에서도 드러난다. 그들은 말씀을 전하기 전에 '코
아마르 아도나이', 즉 '여호와께서 말씀하신다'라는 어구를 사용한다.
이것은 고대 근동에서 전령들이 사용하던 상투어였다. 전령들은 누
군가의 메시지를 전달할 때 '~가 말씀하신다'라는 말로 시작한다. 예
를 들어 아시리아 왕 산헤립의 전령 랍사게는 예루살렘에 도착해 '아
시리아의 왕 위대한 왕이 말씀하신다'라고 말하고 산헤립의 메시지
를 1인칭으로 전하기 시작했다. 랍사게가 전한 다음의 메시지에서 1인
칭 '나'는 랍사게 자신을 지칭하는 것이 아니라 아시리아 왕 산헤립
을 지칭한다.

> 너의 자신감은 무엇에 근거하느냐? 전쟁에서 허풍이 전략과 군
> 대를 대신할 것 같으냐? 누구를 믿고 나에게 반란하느냐? 이집
> 트를 의지하려느냐? 하지만 이집트는 부러진 갈대다. 여호와를
> 의지한다고? 그런데 히스기야가 여호와의 산당을 다 없애지 않
> 았느냐? 나랑 내기하자. 내가 너희에게 2천 필의 말을 주더라도
> 너희들은 그 말을 몰 기병을 댈 수 없을 것이다. 더구나 내가 여
> 기까지 온 것이 하나님과 관계없는 줄 아느냐? 여호와께서 나에
> 게 '이 땅을 파괴하라'고 명령하셨다(왕하 18:19-25, 저자 사역)

'여호와께서 말씀하신다'가 고대 근동 전령들의 상투 어법이
라는 사실은 선지자들이 스스로를 하나님의 메신저로 인식했음을 보
여 준다. 따라서 선지자의 말씀은 일차적으로 예언이 아니다. 당대 사
람들에게 주어진 하나님의 메시지이다. 오늘날의 설교자처럼 선지자
들은 자신이 사는 시대를 언약의 관점에서 분석한다. 특히 왕이 율법
을 위반했을 때 그에게 찾아가 회개를 촉구하는 동시에 심판을 경고
한다. 이 때문에 선지자들은 늘 감금과 살해의 위협에 노출되었지만
그들은 불편한 진리를 전하는 사명을 담대히 감당해야 했다. 이사야

하나님의 사람

선지자들의 가장 중요한 사명은 하나님 말씀의 대언이었다. 그러나 그들이 예언을 하거나 기적을 행할 능력이 없었던 것은 아니다. 특히 왕정 이후 북왕국에서 활동했던 선지자들은 주로 이적 사역을 하였다. 아합 왕 때에 북왕국에서 활동한 엘리야와 엘리사는 비를 내리고, 죽은 사람을 살리고, 요단강을 가르고, 적은 빵으로 많은 사람을 먹이고, 문둥병자를 고쳤으며, 미래를 예언하는 등 수많은 이적들을 행했다. 이 때문에 학자들은 메신저 사역을 남유다 선지자들의 특징으로, 기적을 행하는 사역을 북이스라엘 선지자들의 특징으로 이해한다. 이적 사역을 하는 선지자는 자주 '하나님의 사람'(왕하 4:40 참조)으로 불린다.

56장 10절은 이런 사명에 실패한 선지자들을 '힘이 빠져 짖지 못하는 개'에 비유한다.

선지자의 모습에 근접한 현대 미국 설교자는 마틴 루터 킹 목사라 할 수 있다. 그는 그가 속했던 사회를 말씀으로 해석하고 말씀에서 벗어난 인종 차별 제도를 비판했다. 킹 목사는 무엇보다도 진리를 전하는 설교자였다. 연설 '나에게는 꿈이 있습니다'(I have a dream)에서처럼 미래의 이상을 말하기도 했지만 미국이 계속 악을 행하고 회개하지 않으면 가까운 장래에 큰 재앙을 만날 것이라고 자주 경고했다. 또한 선지자가 그러했듯 위정자들은 그의 메시지를 불편해했고, 킹 목사는 자주 투옥되었으며 결국 죽임을 당했다.

예레미야의 '성전 설교'

언약을 위반한 왕과 백성들을 고발하고 그들에게 심판을 선고하는 선지자의 대표적인 예가 예레미야 7장 1-15절에 기록되어 있다. 학자들은 보통 이 본문을 예레미야의 '성전 설교'로 부른다. 이것은 예레미야가 성전 앞에서 행한 성전 반대 설교이다. 먼저 이 설교의 내용을 살펴보고 예레미야 26장 8-19절에 기록된 그 설교에 대한 사람들의 반응도 함께 논의해 보자.

　　예레미야의 성전 설교는 두 개의 요점이 있다. 첫 번째 요점은 유다 백성들의 삶과 신앙이 타락했다는 것이다. 예레미야는 그들의 도덕적 죄를 구체적으로 지적한다. 외국인, 과부, 고아 등 사회의 가난하고 소외된 자들에 대한 억압, 도적질, 간음, 무고, 살인, 우상 숭배의 죄이다. 성전 설교의 두 번째 요점은 유대 백성들에게 있는 신전에 대한 잘못된 믿음이다. 예레미야는 그들이 건물을 신성시함을 지적한다. 성전 밖에서 죄를 짓더라도 성전 안에 들어오면 모두 용서된다고 믿었던 것이다(렘 26:8-10). 이것은 당시 경건한 자들 사이에서 유행했던 '이것이 여호와의 성전이다'라는 말에 담겨 있다. 사람들은 마치 신비한 능력이라도 있는 듯 그 말을 주문처럼 외우고 다녔다.

　　예레미야의 성전 설교는 미신적 성전 신앙 타파가 목표였다. 예레미야는 미신적 신앙을 가진 유대인들을 도적 떼로, 그들의 성전을 도적의 소굴로 불렀으며, 하나님을 만나려면 악한 행실을 고치라고 호소한다. 만일 그들이 이 신앙을 고치지 않으면 하나님은 그 성전을 파괴해 버릴 것이다! '설마 성전이 멸망할까?' 하며 의심하는 유다 백성들에게 예레미야는 실로 성소 이야기를 들려준다. 한때 여호와의 언약궤를 모셨던 실로가 제사장들의 악행으로 블레셋에 멸망당한 역사를 상기시키면서 성전이 있는 예루살렘은 절대 멸망하지 않을 것이라는 그들의 믿음이 잘못되었음을 지적한다.

　　예레미야의 성전 설교를 들은 청중들의 반응은 대체로 부정적이었다. 특히 당시 제사장들과 선지자들은 예레미야를 처형하라고 유다 귀족들에게 요구한다. 죄목은 거룩한 도시 예루살렘과 예루살렘 성전 모독이다. 유다 장로 중 일부가 예레미야를 변호해 주지 않았다면 예레미야는 돌에 맞아 죽었을 것이다. 여기서 재미있는 것은 유다 장로들이 예레미야를 변호할 때 사용한 논리이다. 그들은 미가 선지자를 예로 든다. 미가도 예레미야처럼 예루살렘 성전 멸망을 예언했지만 히스기야와 유다 백성들이 그를 죽이지 않았다고 말하며 다음과 같이 덧붙인다.

> 히스기야가 여호와를 두려워하여 여호와께 간구하매 여호와께서 그들에게 선언한 재앙에 대하여 뜻을 돌이키지 아니하셨느냐 우리가 이같이 하면 우리의 생명을 스스로 심히 해롭게 하는 것이니라(렘 26:19).

이를 통해 우리는 당시 유다 장로들이 선지자의 '심판 예언'을 어떻게 이해했는지 알 수 있다. 심판 예언은 언제나 조건이 있다. 즉 회개하지 않으면 심판당한다. 이런 점에서 예언의 말씀은 먼 미래 후손이 아니라 그 예언을 듣는 당대 사람들을 위한 것이다. 다시 말해 예레미야의 심판 예언은 그 예언을 듣는 사람들에게 회개를 촉구한다. 심판 선고를 받은 예루살렘의 운명이 백성의 반응에 따라 바뀔 수 있기 때문이다. 미가가 히스기야 시대에 예루살렘 멸망을 예언했지만 100년이 지날 때까지 예루살렘은 건재했다. 그것은 히스기야의 회개 운동과 종교 개혁 결과였다! 예레미야의 성전 설교에 대한 합당한 반응은, 그 설교를 한 예레미야를 신성모독으로 몰아 죽이는 것이 아니라 스스로 돌아보고 회개하는 일이다.

이제 여기 그리고 그 너머

선지자의 메시지는 다중 초점 렌즈처럼 여러 의미가 있다. 그중 하나는 '이제 여기'이고, 다른 하나는 '그 너머'이다. '이제 여기'는 선지자와 동시대 이스라엘 사회를 향한 메시지이다. 선지자들은 그들이 몸담은 공동체를 말씀에 비추어 보고 율법을 위반한 왕이나 백성들을 하나님의 법정에 고발한다. 언약 소송 검사로서 이 메시지는 대개 현재적 의미가 있다. 심판 예언도 당대 사람들에게 회개를 촉구한다. 한편 선지자의 사명은 말씀으로 이스라엘 사회 해석하기를 넘어 다가올 하나님의 구속 역사, 구체적으로는 오실 메시아 예언도 포함한다. 이러한 메시지가 '그 너머'의 뜻으로, 이 경우 '그 너머'는 다름 아닌 예수 그리스도를 통한 구원의 메시지이다.

　　이런 다중적 의미가 뚜렷이 드러나는 예언으로 이사야 7장 14-15절을 들 수 있다. 이사야 7장은 아람 왕 르신과 이스라엘의 왕 베가가 유다를 협공한 역사가 배경이다. 협공 소식에 바람 앞의 나무처럼 흔들린 유다 왕 아하스에게 '그들의 위협은 곧 없어질 것이라'고 이사야가 예언한 징조가 다음 본문이다.

> 보라 처녀가 잉태하여 아들을 낳을 것이요 그의 이름을 임마누엘이라 하리라 그가 악을 버리며 선을 택할 줄 알 때가 되면 엉긴 젖과 꿀을 먹을 것이라(사 7:14-15).

　　'이제 여기'의 관점에서 이 예언은 이사야가 아하스를 위로하려는 뜻이다. 즉 아람과 이스라엘의 협공 소식에 불안해하는 아하스에게 그 위협이 가까운 미래, 즉 젊은 여인(알마)이 잉태하여 아들을 낳고 그 아들이 좌우를 분별할 때쯤 되면 사라질 것이라고 예언하는 것이다. 그러나 '그 너머'의 차원에서 이 예언은 유다를 궁극적으로 구원할 예수 그리스도가 태어남을 예언한다. 이런 의미에서 칠십인역을 따라 신약 성경 저자가 히브리어 '알마'(가임기의 젊은 여자)를 '파르테노스'(처녀)로 번역한 것은 잘못이 아니다.

이스라엘의 선지자들

유대 전통에서 최고의 선지자는 모세이다. 꿈이나 환상 등 간접적으로 계시받은 선지자들과 달리 모세는 하나님과 친구처럼 대화한 선지자였다. 모세를 통해 전해진 율법은 이후 선지자들의 예언을 분별하는 기준이 된다. 하나님은 모세와 같은 선지자를 세울 것이라고 예언했는데(신 18:18), 구약 시대에는 이 예언이 성취되지 않은 것으로 이해된다(신 34:10; 요 1:25). 신약의 저자들은 이 예언이 예수 그리스도 안에서 성취되었다고 믿는다.

역사적 관점에서 사무엘은 독특한 선지자이다. 그는 마지막 선견자인 동시에 최초의 왕정 선지자이다. 그는 이스라엘의 주요 도시들을 순회하면서 백성을 목양하는 선견자적 역할과 함께, 회개하지 않는 왕에게 하나님의 심판을 선포하는 선지자적 사역도 감당했다. 하지만 사울이 하나님께 버림받았을 때 사무엘의 사역도 실질적으로 끝났다.

이후 성경에 등장하는 선지자들은 모두 왕을 대상으로 사역하는 자들이다. 즉 선지자는 그가 섬긴 왕과 함께 기억된다. 예를 들어 갓과 나단은 다윗 왕을 섬겼고, 아히야는 여로보암에게, 스마야는 르호보암에게 말씀을 전했다. 흥미롭게도 이스라엘 왕정 역사와 이스라엘 선지자들의 역사가 궤를 같이한다. 이스라엘의 왕정이 망하자 더 이상 선지자도 세워지지 않았다.

선지자가 왕정과 함께 출현하여 왕정의 몰락과 함께 사라진 것은 이 둘의 특별한 관계를 예증한다. 이스라엘의 왕은 이방 왕과 달리 신성 왕이 아니다. 하나님의 종이며 백성들의 형제이다. 그의 사명은 하나님의 통치를 하나님 백성에게 대리하는 것이기 때문에 가장 중요한 덕목은 '순종'이었다. 왕의 성패는 하나님의 뜻에 순종하는가에 달려 있었다. 그렇다면 왕들은 어떻게 하나님의 명령을 받을까? 바로 선지자를 통해 하나님의 명령을 받는다! 이스라엘에서 선지자 제도는 처음부터 왕의 절대 권력을 견제하려 고안되었다. 선지자들은 왕에게

이스라엘 선지자와 왕의 역사

선지자		왕	
사무엘		사울	
갓, 나단		다윗	
선지자	**유다 왕**	**선지자**	**이스라엘 왕**
스마야 하나니	르호보암 아사	아히야	여로보암
		엘리야, 미가야	아합
		엘리야	아하시야
		엘리사	요람
			예후
			여호아하스
			요아스
이사야	아사랴(=웃시야)	아모스, 호세아, 요나	여로보암 2세
		아모스, 호세아	스가랴
이사야, 미가	요담 아하스	호세아	샬룸 므나헴 브가히야 베가 호세아
	히스기야	오바댜 – 에돔에 대한 예언 나훔 – 니느웨에 대한 예언 요나 – 니느웨에 대한 예언	
이사야	므낫세		
스바냐, 하박국, 예레미야	요시야		
예레미야	여호아하스		
	여호야김		
예레미야, 에스겔	여호야긴		
	시드기야		
에스겔, 다니엘	포로 공동체		
학개, 스가랴, 말라기	귀환 공동체		

쓴소리할 권리를 헌법으로 보장받았다고 해도 과언이 아니다. 그리고 왕은 선지자들의 소리에 귀를 기울일 책임이 있었다.

　　마지막으로 여선지자들이 있었음을 기억하자. 구약 성경에는 모두 다섯 명의 여선지자가 나온다. 첫째, 미리암(출 15:20)은 광야 방황 시절 모세 및 아론과 더불어 이스라엘 민족의 지도자로 역할을 했으며, 특히 홍해 사건 직후 기념 예배 축제를 주도했다. 둘째, 드보라는 이스라엘을 가나안 왕 야빈의 억압에서 구원하였다(삿 4장). 셋째, 훌다는 요시야 때에 발견된 율법 책을 권위 있게 해석하였다. 놀라운 것은 요시야 왕이 율법 책의 해석을 책을 발견한 힐기야 대제사장이나 그것을 검토한 서기관 사반이 아닌 훌다에게 일임하였다는 것이다. 넷째, 느헤미야를 반대했던 무리 중에 노아댜가 있다. 비록 거짓 선지자로 등장하지만 도비야와 산발랏처럼 백성들의 지도자였던 것 같다. 다섯째, 이사야의 아내도 선지자였던 것으로 보인다(사 8:3). 이사야의 아내는 아람 왕 르신과 이스라엘 왕 베가가 아시리아에 의해 정복당할 것이라는 이사야 예언의 일부로 등장한다. 요약하면 고대 이스라엘에서 여성은 중요한 선지자 사명을 감당했다. 사회적으로 높은 위치에도 오를 수 있었던 것으로 보인다. 이들이 남자 선지자들에 비해 성경에 언급된 빈도가 월등히 낮은 것, 다시 말해 활약이 저평가되는 이유는 당시가 남성 중심 사회였기 때문일 수 있다.

정리 질문

1. 선지자는 어떤 사람들이었습니까?

2. 예레미야의 성전 설교 내용은 무엇입니까?

3. 고대 이스라엘에서 선지자와 왕의 관계를 설명해 봅시다.

16. 예레미야와 에스겔

출애굽을 제외하면 바빌론의 유다 침공과 그로 인한 예루살렘 멸망만큼 유대 종교 형성에 중요한 영향을 미친 사건도 없을 것이다. 다섯 명의 선지자들—하박국, 오바댜, 예레미야, 에스겔, 다니엘—은 이 혼란기에 이집트에서 바빌론까지 하나님 백성에게 말씀을 전했다. 특히 예레미야와 에스겔은 예루살렘 성전이 파괴될 것이며 백성들은 흩어지겠지만 희망이 사라지지는 않았다고 예언했다. 유다는 멸망하지만 곧 언약의 하나님과 새롭게 만날 것이라는 예언이다. 불순종한 이전 세대는 사라지고 하나님께 헌신하는 새 백성이 곧 생겨날 것이다 (렘 33장). 멸망과 파괴, 가난과 소외 가운데서도 여호와를 하나님으로 신뢰하며 조상들의 언약을 지키는 자들에게 새로운 하나님의 나라가 임할 것이다.

예레미야는 누구인가

예레미야는 제사장 가문 출신이다. 그의 고향 아나돗은 솔로몬 시대 좌천된 엘리 계열의 제사장들이 모여 살던 마을이다. 예레미야가 선지자 사역을 시작하던 때(BC 622)는 전통 강국 아시리아가 신생 강국 바빌로니아에 밀려나던 격변기였다. 바빌론의 왕 나보폴라살은 아시리아 수도 니느웨를 무너뜨렸고, 아시리아 왕은 하란을 임시 수도로 삼아 바빌론 왕의 공세에 저항한다. 요시야 왕이 개혁적 종교 정책을 추진할 수 있었던 것도 유다에 대한 아시리아의 영향력이 감소했기 때문이다. 예레미야가 요시야 왕의 종교 개혁 조치를 분명 지지했을 것임에도 예레미야서에는 그 둘의 관계가 거의 나오지 않는다. 예레미야 사역의 핵심은 마지막 두 유다 왕(여호야김과 시드기야)에게 심판과 멸망의 메시지를 전하는 데 있었기 때문이다. 예레미야는 이 두 왕에게 바빌론에 저항하지 말라는 메시지를 보냈다. 하지만 강대국들 사이에서 줄을 타며 독립을 유지하려 했던 왕들이 그 메시지를 받아들이기는 힘들었다. 바빌론의 속국이 되라는 메시지는 반역이나 다름없었다. 그들이 예레미야를 싫어한 것은 당연하다. BC 597년 바빌론이 예루살렘을 점령하여 유다 상류층 인사들을 사로잡아 간 후에 시드기야는 예레미야를 더욱 핍박하였다. 한편 예레미야 본인도 나라가 망하는 것이 하나님 뜻이라는 메시지를 전하기가 쉽지 않았을 것이다. 그의 심판 메시지는 결코 냉소적이지 않았으며 나라를 사랑하는 마음과 안타까움, 눈물로 가득 찬 것이었다. 예루살렘이 멸망했을 때 예레미야가 지은 애가는 이를 잘 드러낸다. 예레미야를 '눈물의 선지자'로 부르는 이유도 이 때문이다. BC 586년 바빌론 군대가 예루살렘에 진입했을 때 느부갓네살 왕은 저항하던 왕과 관료들을 모두 죽였지만 예레미야만은 살려 주었다. 그 후 예레미야는 그 땅에 남아 미스바에서 유다 총독 그달리야를 도왔다. 하지만 그달리야의 암살 이후 바빌론의 보복을 두려워한 유대인들이 이집트로 도망가면서 예레미야를 강제로 데려가는 바람에 그는 말년을 이집트에서 보내고 거기서 죽는다.

성전은 망하지 않는다?

예레미야의 메시지는 그의 이름을 딴 예언서, 예레미야서에 담

겨 있다. 그는 주로 심판과 멸망을 선포했지만 이스라엘의 회복도 잊
지 않았다. 회복의 메시지가 예레미야서 한가운데(30-33장) 위치한다
는 사실은 그 중요성을 상징적으로 드러낸다.

　　예레미야의 메시지 중 이른바 '성전 설교'(7-9장)가 가장 유명하
다. 이 설교는 예루살렘 주민들의 종교적 자기기만에 근본적 도전을
가한다. 그들이 기만적으로 믿었던 바는 유구한 역사를 가진 성전을
어떤 외세도 절대 파괴할 수 없다는 것이다. '하나님의 성전은 절대 망
하지 않는다!' 그러나 그들은 그렇게 말하며 언약을 공공연히 위반함
으로 여호와 종교의 근본을 무너뜨렸으며 외국 신들을 섬김으로 하나
님에 대한 사랑을 버렸다.

　　그들은 여호와를 신뢰하지 않았고 하나님과 바른 관계에 있지
않으면서도 예루살렘 성전이 절대 망하지 않을 것이라 했다. 이것은 종
교적 자기기만이다(7:1-7). '이것이 여호와의 성전이다'를 세 번이나 외
치면서 사람들은 성전 건물을 마술적인 물건이나 부적처럼 생각하였
다. 그들은 죄를 지어도 성전 건물이 그들을 안전하게 지킬 것이라 믿
었다. 이런 잘못된 믿음은 앞서 언급했듯 100여 년 전에 발생했던 한
기적 때문에 더욱 강화되었다. BC 701년 산헤립이 군대를 이끌고 예
루살렘을 포위했을 때 예루살렘이 기적적으로 함락되지 않은 일이 있
었다. 사람들은 그 기적이 성전 건물의 마술적 힘 때문이라고 착각했
다. 예루살렘 주민들의 잘못된 믿음을 지적하던 예레미야는 참된 믿
음은 종교 의식이 아니라 회개하는 능력이라고 선포했다. 유대인들이
약속의 땅에서 계속 축복을 누리려면 의롭게 살아야 했다. 하나님의
성전에 출석한다고 되는 것이 아니다. 그 땅에 계속 머물려면 회개하
고 언약의 말씀대로 살아야 한다.

　　당시 예루살렘 주민들의 가장 큰 문제는 종교적 위선 혹은 자
기기만이었다(7:8-20). 언약의 기본 원리를 저버렸음에도 그들은 여전
히 하나님을 믿는다고 주장했다(7:9; 출 20장 비교). '우리는 구원받았다'

고 하면서 '네 이웃을 돌아보라'는 하나님의 계명은 소홀히했다. 그들
의 삶은 죄악으로 가득했고 신앙 고백은 공허했다. 외국 군대가 성전
을 무너뜨리기 전 이런 위선이 이미 예루살렘 성전을 무너뜨리기 시작
했다. 놀랍게도 당시 예루살렘 성전 안에는 이방 우상들이 세워져 있
었다. 언약이 파기되고 백성들이 약속의 땅에서 쫓겨나는 것은 시간
문제로 보인다. 예레미야는 성전이 있는 예루살렘이 절대 망하지 않을
것이라 믿었던 백성들에게 역사적 교훈을 들려준다. 그것은 하나님의
성소가 있었던 실로가 블레셋 군대의 손에 멸망당한 것이다. 실로가
멸망한 이유는 이스라엘 백성들이 하나님과의 언약을 저버렸기 때문
이다(삼상 2장 참조). 그러나 예루살렘 백성들은 실로의 멸망에서 역사
적 교훈을 얻지 못한다.

　　　예레미야는 하나님의 말씀을 연구하고 그 말씀대로 살 것을 촉
구한다(7:21-34). 제사와 의식에 열심히 참여한다고 구원받을 수는 없
다. 예레미야는 형식적 제사를 집어치우고 정의를 행하라고 가르쳤다.
그러나 백성들은 예레미야의 예언을 받아들이지 않았다. 예루살렘 성
전에 외국 신 모양을 본뜬 우상을 설치했을 뿐 아니라 자신들의 자녀
들까지 제물로 드렸다. 그들의 제사와 예배도 타락했다. 그렇게 하면
하나님의 복을 다시 얻을 것이라 착각했다. 하지만 이것은 죄가 인간
을 얼마나 어리석게 만드는지 단적으로 보여 준다. 이런 우상 숭배의
결과는 죽음과 비참함이었다(8:1-4).

　　　예레미야 시대의 예루살렘 주민들은 하나님 말씀을 버렸고 악
행에서 돌이키지 않았다. 그들은 회개를 몰랐다. 말씀을 안다고 주장
했지만 말씀을 실천하지는 않았다. 당시 종교 지도자들은 진리를 거
짓으로, 거짓을 진리로 주장하는 뻔뻔함도 보였다. 그들은 예루살렘
이 결코 평화롭지 않음에도 안정과 평화를 선포했다(8:4-12). 이에 예
레미야는 백성이 회개하여 하나님께 돌아갈 희망이 없음을 알고 백
성의 죄와 그로 인한 멸망을 애곡하기 시작한다. 당시 예루살렘 종교

지도자들은 자신들의 진리가 심오하다고 주장했지만 진리이신 그분의 말씀은 무시했다(9:1-26). 진리를 주장하려면 정의와 공평을 행해야 했건만 그들에게 진리는 죽은 전통이었고 개인 성공의 수단에 불과했다(9:23-24).

에스겔은 누구인가

에스겔 선지자도 제사장 집안 출신이었다. 여호야긴과 함께 BC 597년 바빌론으로 유배 간 것으로 보아 에스겔은 교육받은 유대 엘리트였을 것이다(겔 15장 참조). 그는 그발 강가에 위치한 델아빕에서 유배 생활을 할 때 하나님의 소명을 받았다. 그가 남긴 예언 이외에 에스겔의 개인사는 알려진 것이 거의 없다. 예레미야처럼 그가 전한 메시지도 대부분 하나님의 심판에 관한 것이었지만, 이스라엘의 회복을 예언하는 일도 잊지 않았다(특히 36, 40-48장 참조). 한 가지 흥미로운 것은 에스겔이 구두 메시지와 더불어 다양한 상징 행위를 통해 말씀을 전했다는 사실이다. 하나님의 명령을 따라 에스겔은 토판 위에 예루살렘의 모형을 그리고 그것을 포위하는 장면을 연출한다. 그는 오늘날 행위 예술가처럼 모형 예루살렘 성벽에 모형 토성을 쌓고 모형 공성퇴를 두름으로써 예루살렘에 대한 하나님의 심판을 전했다. 그가 예언할 때를 제외하고 일체 침묵했을 가능성도 흥미롭다. "내가 네 혀를 네 입천장에 붙게 하여 네가 말 못하게 하는 자가 되어…… 그러나 내가 너와 말할 때에 네 입을 열리니 너는 그들에게 이르기를……"(3:26-27).

에스겔의 메시지—신앙의 위기(8-11장)

예레미야가 그러했듯 에스겔도 유다 백성들의 완고함으로 예루살렘이 멸망한다고 예언했다. 바빌론 땅의 집에서 장로들과 함께 있을 때 그는 환상 가운데 예루살렘 성전을 보게 된다. 환상 속 성전의 모습은 충격적이다. 하나님의 영광이 거하는 장소에 우상이 설치되었

고 이방 제의도 행해졌다. 성전의 내부로 들어갈수록 혐오스러운 행위
들은 더욱 심해졌다. 그때 하나님이 그렇게 더럽혀진 성전을 떠날 것이
라는 경고가 들려 왔다. 그럼에도 혐오스러운 행위들은 더욱 심해졌
다. 마침내 에스겔은 여호와가 성전과 예루살렘을 빠져나가는 것을 목
격한다. 하나님이 떠나 버린 성전과 도시는 곧 멸망할 것이다.

여호와는 성전에서 행해진 가증한 의식들과 우상 숭배를 환상
으로 보여 준다. 에스겔은 입구에서 우상과 우상의 보좌를 목격한다
(8:3, 5). 안뜰을 둘러싼 벽은 피조물의 형상으로 조각되어 있고 이스라
엘의 장로들은 어둠 가운데 예배하며 여호와가 그들을 버렸다고 선포
한다(8:10-12). 그곳에서 여인들도 우상에게 절하며 가증한 의식을 수
행한다(8:14). 이 가증한 의식은 제사장들이 여호와를 등지고 태양을
향하여 절하는 대목에서 절정에 이른다(8:16).

하나님은 성전이 망하지 않는다는 사람들의 착각에 성전을 버
리심으로써 응답하셨다. 그리고 심판의 천사들을 보내어 성전을 더럽
힌 자들을 제거하셨다(9:1-11; 11:1-12). 이스라엘의 불의와 우상 숭배
를 슬퍼한 자들만이 이마에 표를 받고(9:4) 구원을 받았다(참조. 계 7:3;
출 12장). 한편 여호와의 영광은 지성소의 그룹 위로부터 멀리 달아났
다(10:1-15). 여호와의 병거(1장)는 성전 문지방으로 이동해(10:16-19) 시
온 산을 넘어 동쪽으로 빠져나갔다(11:22-24). 이때 여호와도 성전에서
나가 올리브 산 쪽으로 가셨고, 예루살렘 도시는 이제 하나님의 보호
밖에 놓인다. 심지어 예루살렘에 남은 신실한 자들도 위험에 처한 듯
보인다(11:13). 그러나 하나님은 그의 백성을 그렇게 멸망하게 놔두지
않을 것이라고 말씀하신다. 그분은 백성들의 성전이 되실 것이며(11:14-
16), 백성의 완악한 마음을 새로운 마음으로 바꾸실 것이며(11:17-19),
그들에게 새 언약을 주실 것이다(11:20-21).

에스겔의 메시지—예루살렘 멸망(33:21-29; 애 1-2장)

예루살렘이 멸망했다는 소식이 바빌론의 유대인들과 에스겔에게 전해졌다. 모든 희망이 사라진 것이다. 유다 땅에 남은 자들도 주권을 되찾을 힘이 없다. 그들의 이웃들이 유다를 배반했기 때문이다. 유다 땅을 떠난 자들은 떠도는 신세가 되었으며 그 땅에 남은 자들은 침략군의 칼이나 야생 짐승 혹은 역병에 죽어 갔다(33:23-29). 결국 그렇게 크고 활기찼던 도시가 완전히 버려지게 된다(애 1장). 부서진 잔해만이 옛 성터에 남았다. 성벽이 무너졌고, 성문이 부서졌고, 도시는 파괴되었고, 성전도 훼파되었다. 백성들과 왕의 죄악으로 여호와가 그들을 버린 것이다. 살아남은 자들은 다른 나라로 팔려 갔다. 유다 왕국은 초라하게 무너졌다. 이제 누구도 그 도시로 예배하러 올라가지 않는다. 그들의 죄가 그들을 심판했다.

예루살렘의 멸망에 유다 사람들은 절망했다. 어디에서도 위로를 찾을 수 없었다. 그들은 자신들의 죄와 예루살렘의 멸망을 슬퍼했다(애 2장). 머리에 먼지를 뒤집어쓰고, 하나님의 심판에 죽은 사람들의 운명을 재연했다. 아무 말 없이 맨땅에 앉아 심판을 인정하며 수치 가운데 머리를 조아렸다. 선지자를 믿지 않고 하나님의 말씀을 무시하여 받은 심판을 베옷을 입고 슬퍼했다. 멸망한 예루살렘의 모습에 온 백성이 머리를 흔들며 이를 갈았다. 그들의 적들도 엄청난 재앙에 놀랄 정도였다. 누구도 하나님의 진노를 피하거나 진노의 날에 살아남을 자는 없다.

에스겔의 메시지—회복의 희망(36장; 렘 31장)

심판의 날이 임했고 유다의 산지가 황폐하게 되었지만 여호와의 언약에 대한 희망은 사라지지 않았다. 에스겔과 예레미야 선지자 모두 여호와가 이스라엘을 다시 축복하실 날을 예언한다. 그날에 언약이 새롭게 체결될 것이다. 백성들은 여호와를 전심으로 따르며 그분의 말씀에 순종할 것이다. 그리고 그 나라가 회복될 것이다.

　　에스겔은 이스라엘의 산들에 각종 열매가 다시 열릴 것을 예언한다(36장). 성읍들에 사람이 다시 모이고 황폐한 곳에 집이 다시 들어설 것이다. 백성들의 유업이 회복될 것이며 이스라엘이 전보다 더 복될 것이다. 이런 주권적 은혜는 백성들의 회개로 받는 것이 아니다. 오히려 그들은 이방 나라에 살면서도 하나님의 이름을 욕되게 했다. 하나님의 은혜 없이는 심판이 끝나지 않았을 것이다. 하나님이 은혜를 베푸셔서 그들을 회복시키시는 이유는 그들이 하나님의 이름을 지닌 백성이기 때문이다. 하나님의 회복은 단순히 이전으로 돌아가는 것이 아니다. 백성들은 우상을 섬기던 삶을 청산하고 하나님을 전심으로 따르는 새 마음을 받아야 한다(36:25-38). 돌같이 굳었던 불순종의 마음이 제거될 것이다. 새 마음과 하나님의 성령이 언약에 참된 삶을 살도록 도울 것이다.

정리 질문

1. 예레미야가 '눈물의 선지자'로 불리는 이유는 무엇입니까?

2. 예레미야가 지적한 성전에 대한 미신은 무엇입니까?

3. 에스겔이 본 성전 환상의 내용을 정리해 봅시다.

17. 열두 선지자의 예언—소선지서

소선지서는 열두 선지자의 예언으로 구성되어 있다. 이 예언서들이 소선지서로 불리는 이유는 이사야, 예레미야, 에스겔에 비해 예언의 분량이 적기 때문일 뿐 예언의 비중은 작지 않다. 이 예언자들은 300년 동안 이스라엘과 유다 왕국에 속한 지역은 물론 다른 나라에서도 말씀을 대언했다. 그리고 그들이 선포한 말씀은 하나의 두루마리에 보존되어 오늘날까지 전해진다. 이 장에서는 열두 선지자의 메시지를 그들의 역사적 상황 속에서 재구성하고, 소선지서의 배열과 순서, 구성을 살핀 후 소선지서 전체가 전하는 통일된 메시지를 논할 것이다.

열두 명의 선지자, 열두 개의 예언

소선지서의 예언들은 그 예언을 받은 선지자의 이름을 언급하며 시작한다. 그중 여섯—아모스, 호세아, 미가, 스바냐, 학개, 스가랴—은 기록된 예언의 역사적 배경도 전달한다. 즉 선지자들의 활동 시대와 장소에 대한 정보가 제공된다(도표 참조).

성경 구절	제목	선지자	활동 시기	활동 장소
아모스 1:1	유다 왕 웃시야의 시대 곧 이스라엘 왕 요아스의 아들 여로보암의 시대 지진 전 이년에 드고아 목자 중 아모스가 이스라엘에 대하여 이상으로 받은 말씀이라	아모스	BC 786-746	이스라엘
호세아 1:1	웃시야와 요담과 아하스와 히스기야가 이어 유다 왕이 된 시대 곧 요아스의 아들 여로보암이 이스라엘 왕이 된 시대에 브에리의 아들 호세아에게 임한 여호와의 말씀이라	호세아	BC 786-746	이스라엘
요나 1:1	여호와의 말씀이 아밋대의 아들 요나에게 임하니라 이르시되	요나	BC 790-753	니느웨
미가 1:1	유다의 왕들 요담과 아하스와 히스기야 시대에 모레셋 사람 미가에게 임한 여호와의 말씀 곧 사마리아와 예루살렘에 관한 묵시라	미가	BC 750-687	사마리아; 유다
나훔 1:1	니느웨에 대한 경고 곧 엘고스 사람 나훔의 묵시의 글이라	나훔	BC 660-612	니느웨
하박국 1:1	선지자 하박국이 묵시로 받은 경고라	하박국	BC 640-615	유다
스바냐 1:1	아몬의 아들 유다 왕 요시야의 시대에 스바냐에게 임한 여호와의 말씀이라 스바냐는 히스기야의 현손이요 아마랴의 증손이요 그다랴의 손자요 구시의 아들이었더라	스바냐	BC 640-609	유다
오바댜 1:1	오바댜의 묵시라 주 여호와께서 에돔에 대하여 이와 같이 말씀하시니라	오바댜	BC 587-586	에돔
요엘 1:1	브두엘의 아들 요엘에게 임한 여호와의 말씀이라	요엘	불확실함(BC 586년 이전)	유다
학개 1:1	다리오 왕 제이년 여섯째 달 곧 그 달 초하루에 여호와의 말씀이 선지자 학개로 말미암아 스알디엘의 아들 유다 총독 스룹바벨과 여호사닥의 아들 대제사장 여호수아에게 임하니라 이르시되	학개	BC 520	유다
스가랴 1:1	다리오 왕 제이년 여덟째 달에 여호와의 말씀이 잇도의 손자 베레갸의 아들 선지자 스가랴에게 임하니라 이르시되	스가랴	BC 520	유다
말라기 1:1	여호와께서 말라기를 통하여 이스라엘에게 말씀하신 경고라	말라기	BC 520년 이후	유다

아모스 BC 8세기 중반 북이스라엘에서 활동한 남유다 출신의 선지자이다. 대부분의 학자들은 그가 열두 선지자 중 가장 먼저 활동했다는 사실에 동의한다. 아모스는 당시 기득권을 가진 종교 지도자들의 핍박을 받았지만 여호와의 진리를 담대히 전했다. 그가 싸웠던 사람들 가운데는 제사장 아마샤와 여로보암 왕 같은 권세가들도 있었다(7:10-17). 그는 주변국은 물론, 이스라엘의 부자와 권세자들의 타락과 불의를 질타하였으며 그들의 종교적·도덕적 악행들은 하나님과 관계가 단절되었기 때문이라고 설파했다. 아모스에 따르면, 하나님은 그들이 기생하던 종교·정치 체제를 무너뜨림으로 그들의 불의를 심판하실 것이다(9:1-10). 하지만 하나님 백성 가운데 신실한 자는 살아남아 구원을 얻을 것이다(9:11-15).

호세아 BC 8세기 후반 북왕국 멸망 직전 활동하였다. 호세아는 여로보암 시대의 번영이 끝나고 찾아온 도덕적·종교적 타락상을 나열한다. 호세아의 인생은 하나님과 이스라엘 백성의 관계를 은유적으로 나타낸다. 그가 결혼한 창녀 고멜은 남편을 버리고 이전의 삶으로 돌아간다. 호세아의 음란한 아내와 그녀가 낳은 음란한 자녀들은 당시 이스라엘 백성들의 불충과 타락을 상징한다. 호세아는 이스라엘 백성이 회개하고 하나님의 말씀으로 돌아오지 않을 때 그들에게 임할 심판에 대해서도 경고했다. 하나님의 배타적인 사랑에 대해 이스라엘 백성들도 배타적인 사랑으로 응답해야 한다.

요나 열왕기하 14장 25절에 언급된 요나 선지자가 요나서의 저자와 동일하다면, 그는 여로보암 2세 때의 인물이다. 요나서는 고집불통 선지자, 큰 물고기, 성난 바다, 죽음과 부활, 빨리 자라는 식물, 먹성 좋은 벌레 등 특이한 소재로 가득하다. 요나서에서 요나가 선포한 메시지는 다음 한마디가 전부이다. '사십일이 지나면 니느웨가 무너지리라'(3:4). 호세아처럼 요나도 그 삶을 통해 요나서의 메시지를 은유적으로 보여 준다. 이스라엘(=요나, '비둘기')은 끊임없이 하나님을 거부하나 그들을 제외한 모든 피조 세계(=선원들, 성난 바다, 큰 물고기, 니느웨 사람과 동물들, 식물과 벌레 등)는 하나님의 말씀에 순종한다! 다시 말해 요나서는 잘못된 배타적 선민의식을 비판하는 책이다.

미가　미가는 BC 8세기 후반 남유다에서 활동했다. 이사야 선지자와 같은 시대, 같은 지역이다. 미가는 권세자들이 가난한 자들을 억압하고 부를 축적하느라 혈안이 된 것을 고발하였다. 참된 신앙은 정의를 행하며 언약에 충실하고 하나님의 도에 따라 겸손히 행하는 것이다(6:8). 미가서에는 경고와 희망의 메시지가 교차적으로 등장한다. 미가에 따르면 종말에 베들레헴 출신의 왕(=다윗의 후손)이 등장하여 하나님의 백성에게 평화를 선사하고 적들로부터 시온을 구원하실 것이다(5:2).

나훔　요나가 니느웨에서 사역한 지 100년 후, 아시리아 수도 니느웨는 다시 한 번 하나님의 선지자로부터 심판을 경고받는다. 하지만 이번에는 선지자 나훔의 메시지를 무시하여 멸망의 메시지가 확정된다. 나훔의 예언은 회개하지 않는 사람들에게는 두려움을, 신실한 자들에게는 희망을 주기 위한 것이다(1:15). 나훔에 따르면, 하나님은 이방 왕국도 다스리는 분이다. 그분은 주변 강대국들의 흥망성쇠를 주관하신다.

하박국　'의인은 믿음으로 말미암아 살리라'(2:4). 이것은 유독 질문이 많았던 선지자 하박국이 불확실성과 폭력이 난무하던 시대에 얻은 답이다. 믿음으로 산다는 말의 뜻은 고난을 참고 하나님을 신뢰한 성도들에게 생명이 주어진다는 뜻이다. 하박국서는 하나님의 구원을 기뻐하는 노래로 마무리된다.

스바냐　스바냐는 유다에서 활동한 선지자로, 활동 시기는 요시야 때부터 므낫세 시대까지 이어진다. 그는 임박한 '여호와의 날'에 악인이 심판받고 이스라엘이 회복될 것이라고 설파한다. 스바냐는 하나님을 찾는 '남은 자'들을 격려하고 신앙을 배반한 자들에게 멸망을 선포한다.

오바댜 이 예언서의 배경은 예루살렘이 바빌론에 의해 멸망당한 직후이다. 오바댜 선지자는 이웃이자 친족인 이스라엘을 배반한 에돔이 그의 행위대로 하나님께 심판받을 것이라고 예언한다. 오바댜에 따르면, 흩어진 유다 백성은 다시 자기 땅에 돌아오게 될 것이지만 에돔은 독립과 주권을 상실하게 될 것이다.

요엘 요엘의 예언은 유다와 예루살렘의 심판에 초점이 있지만 격려(3:1, 6, 8, 20-21)의 메시지도 포함한다. 스바냐 선지자처럼 요엘도 임박한 '여호와의 날'에 대해 설파한다. 그날에 이방 백성들은 심판받고, 신앙을 지킨 하나님의 백성들은 영화롭게 될 것이다. 심판 때 초자연적 재앙들이 회개하지 않는 백성들에게 임할 것이다. 다른 선지자들과 달리 요엘이 사역한 시대는 분명하지 않다. 하지만 메뚜기 재앙에 대한 언급은 특정 시대에 대한 실마리가 될 수 있다. 현대 독자들과 달리 고대의 독자들은 그때가 언제였는지 쉽게 알았을 것이다.

학개 학개는 바빌론에서 귀환한 유다 백성을 섬긴 최초의 선지자이다. BC 538년 성전을 재건하려다 실패한 학개는 자신들의 집은 화려하게 지으면서 하나님의 성전 건축에 소홀한 이스라엘 백성들을 꾸짖는다(1:4). 학개는 백성들과 그 지도자들에게 회개하고 성전 건축을 재개할 것을 촉구한다. 그렇지 않으면 하나님과 그들의 언약이 끊어질 것이라고 경고한다.

스가랴 스가랴는 학개와 동시대에 활동한 선지자로, 백성들에게 성전을 완성하여 하나님과의 관계를 회복하라고 촉구한다. 또한 그는 과부와 고아, 외국인 노동자들을 저버린 이전 세대의 죄를 답습하지 말라고 경고한다. 스가랴의 마지막 장들은 종말적 '메시아'에 대한 계시를 포함한다. 그는 예루살렘에서 온 땅을 다스릴 것이며 모든 민족은 그를 보기 위해 예루살렘으로 나아올 것이다.

말라기 성전이 재건된 이후가 배경이다. 말라기 선지자는 성전이 건축되었지만 사람들의 마음은 아직 여호와께 돌아오지 않았음을 지적한다. 그는 부정직한 예물, 부도덕한 관계들, 자기 이익을 위해 사회적 정의를 소홀히 여긴 죄들을 회개하라고 촉구한다.

소선지서의 순서

열두 선지서의 배열은 거의 모든 전통에서 동일하다. 유일한 예외는 칠십인역이다. 칠십인역의 열두 선지서는 처음 여섯 권이 히브리 사본 전통과 다르게 배열되어 있다. 칠십인역에서 처음 여섯 권의 순서는 호세아, 아모스, 미가, 요엘, 오바댜, 요나의 순이다(아래 표를 보라). 마지막 여섯 권의 순서는 칠십인역, 히브리 사본 할 것이 모든 전통에서 동일하다. 히브리 사본에서 소선지서의 배열은 시간 순이지만 호세아가 아모스 앞에, 오바댜가 미가 앞에 배치된 것은 예외이다.

일반적 순서 (히브리 사본의 순서)	책 번호	칠십인역
호세아	1	호세아
요엘	2	아모스
아모스	3	미가
오바댜	4	요엘
요나	5	오바댜
미가	6	요나
나훔	7	나훔
하박국	8	하박국
스바냐	9	스바냐
학개	10	학개
스가랴	11	스가랴
말라기	12	말라기

소선지서의 순서 이외에도 칠십인역 전통이 히브리 사본 전통

과 다른 부분이 여럿 있다. 그중 가장 중요한 차이는 말라기의 마지막 구절들이다. 히브리 전통에서는 모세 율법에 대한 새로운 깨달음이 종말적 엘리야의 출현에 선행하지만, 칠십인역에서는 엘리야의 출현이 먼저 언급되고 모세 율법에 대한 갱신이 이어진다. 어느 순서를 채택하느냐에 따라 말라기 예언의 성취에 대한 기대와 입장이 달라질 수 있다. 즉 종말에 엘리야가 먼저 오고 모세 율법(=말씀)에 대한 새로운 깨달음이 발생할 것인가(칠십인역의 순서), 아니면 모세 율법에 대한 새로운 깨달음이 엘리야 시대를 열게 될 것인가(히브리 사본의 순서). 예수님은 이 중 전자의 견해를 따르는 듯하다(마 17:1-12; 막 9:2-13; 눅 1:5-25).

■ 말라기의 마지막 구절

히브리 사본 순서(=우리말 성경 순서)		칠십인역 사본 순서	
1. 율법을 깨달음	MT(마소라 본문) 3:22(4:4)	1. 엘리야의 출현	LXX(칠십인역) 3:22-23
2. 엘리야의 출현	MT 3:23-24(4:5-6)	2. 율법을 깨달음	LXX 3:24

소선지서를 한 권의 책으로 이해하기

열두 선지자들의 예언은 아주 오래전부터 하나의 두루마리에 편집되었다. BC 2세기의 히브리 문학인 집회서는 주요 성경 인물들을 나열하는 문맥에서 열두 선지자를 하나의 집단 인격체로 제시한다.

그리고 열두 예언자들이 있었으니 그들의 뼈가 그 무덤에서 다시 피어나기를! 정녕 그들은 야곱을 위로하고 굳센 희망으로 그들을 구원하였다(집회서 49:10).

쿰란 제4동굴에서 발견된 사해 문서도 열두 선지서가 기독교 이전 시대(BC 150)에 이미 하나의 두루마리에 보존되었음을 증거한다.

특히 와디 무라바앗에서 발견된 히브리어 사본에는 열두 선지서가 하나의 책처럼 편집되어 있었다. 즉 하나의 선지서가 끝난 후 새로운 단(column)에서 다음 선지서가 시작되는 것이 아니라, 하나의 선지서가 끝난 그 단에서 3줄 정도의 공백만을 두고 다음 선지서가 시작된다. 이것은 그 사본을 필사한 서기관이 소선지서를 하나의 저작으로 간주했음을 암시한다. 소선지서가 단일 저작으로 간주되었다는 또 하나의 증거는 사도행전 7장에 기록된 스데반의 연설이다. 스데반은 아모스 5장 25-27절을 인용하면서 '선지자들의 책에 기록된 것처럼'이라고 말한다. 여기서 '책'이 단수임에 유의하라. 적어도 스데반은 아모스의 예언을 한 권으로 된 소선지서의 일부로 간주했다.

　　그렇다면 질문은 이것이다. 이 열두 선지서를 한 두루마리에 포함시킨 신학적 의도가 있는가? 다시 말해 편집자가 특정한 신학적 메시지를 전달하기 위해 지금의 순서로 한 두루마리 안에 보존한 것인가? 아니면 분량이 너무 짧기 때문에 편의상 하나에 기록한 것인가? 학자들의 견해는 갈린다. 하지만 소선지서가 편의상 한 문서로 편집되었다고 보는 학자들도 열두 선지서의 배열에 관심을 둔다. 즉 배열 원리를 찾으려 한다. 최근 일부 학자들은 그 배열 원리로 '연결어 사용'(Catchword Ordering)을 제안했다. 즉 하나의 예언이 끝나면 그 예언에 사용된 특정 소재가 다음 예언을 도입하는 연결어가 된다는 것이다. 마치 한 주제에서 다음 주제로 대화가 건너뛸 때 논리적 연결이 없어도 대화에 사용된 특정 단어나 소재가 계기가 되는 것처럼 말이다. 다음의 표는 소선지서 배열에 연결어들이 어떻게 기여했는지 보여 준다.

앞 예언	뒷 예언	연결어
호세아 14:10	요엘 1:2	들으라는 명령

요엘 4:16	아모스 1:2	여호와께서 시온에서 부르짖으매
아모스 9:12	오바댜 8, 19	에돔의 심판
요나 2:3	미가 7:19	바다에 던짐
미가 7:8-20	나훔 1:2-8	그 땅의 멸망
나훔 3:15-17	하박국 3:17	논밭을 망침
하박국 2:20	스바냐 1:7	여호와 앞에 침묵
스바냐 3:18-20	학개 1:1	'그 때에'
스가랴 8:9-23	말라기 1:2-14	종교적 행위들

이에 비해 소선지서를 유기적인 단일 저작으로 보려는 학자들은 소선지서에 포함된 예언들이 공유하는 신학적 주제를 찾는 데 집중한다. 폴 하우스는 '언약'을 주제로 소선지서의 예언을 세 단계로 구분한다.[1]

1. 호세아~미가: 언약과 우주적 죄
2. 나훔~스바냐: 언약과 우주적 형벌
3. 학개~말라기: 언약과 우주적 회복

다른 학자들은 소선지서의 공통 주제가 '여호와의 날'이라고 주장한다. 이 개념은 소선지서에 포함된 대부분의 예언에서 명시적으로 언급된다(호 9:5; 욜 3:14-21; 암 5:18-20; 옵 15; 미 2:4; 합 3:16; 습 1:7-16; 학 2:23; 슥 14:1; 말 4:1). 요나와 나훔은 '여호와의 날'이라는 표현을 사용하지 않지만, 그들의 예언에도 그 개념이 들어 있다. 또한 어떤 학자는 소선지서 전체의 핵심 주장이 첫 번째 선지서인 호세아의 마지막

1 —— House, Paul R. *The Unity of the Twelve.* Edited by D. J. A. Clines, Journal for the Study of the Old Testament Supplement Series 97. (Sheffield: Almond Press., 1990).

절(호 14:9)에 요약되어 있다고 주장한다.[2]

> 누가 지혜가 있어 이런 일을 깨달으며 누가 총명이 있어 이런 일
> 을 알겠느냐 여호와의 도는 정직하니 의인은 그 길로 다니거니
> 와 그러나 죄인은 그 길에 걸려 넘어지리라

　　소선지서에서 단일한 신학적 주제를 찾으려는 노력은 고무적
이지만 보다 균형 잡힌 접근이 필요하다. 즉 소선지서를 다양한 예언
선집으로 보는 견해와 한 권의 단일 저작으로 보는 견해 사이의 균형
이다. 그럴 때 소선지서에 담긴 예언들의 연속성과 불연속성을 제대로
이해할 수 있다. 먼저, 이 예언들이 각각 다른 시대와 장소에서 선포되
었음을 기억하자. 그 역사적 문맥을 무시하고 그들을 단일 예언으로
보는 것은 바람직하지 않다. 그렇지만 소선지서의 예언들을 연결시키
는 구조적 원리와 예언들의 내용적 유사성을 무시하는 것도 옳지 못
하다. 소선지서에 대한 바람직한 해석 원리는 그 안에 포함된 예언들
의 독립적 성격을 인정하면서 그 예언들을 아우르는 구조적·신학적
연결점에 주목하는 것이다. 이런 점에서 소선지서를 '구속 역사적 선
집'이라는 관점에서 이해하는 것이 좋을 것 같다. 즉 소선지서의 예언
들은 특정한 때에 특정 백성들에게 선포된 구원 약속인 동시에(선집적
성격), 언약 백성의 출범과 멸망 그리고 회복이라는 구속 역사적 틀로
도 해석될 수 있다(단일 저작적 성격).

---

2 —— Christopher R. Seitz, *Prophecy and Hermeneutics: Toward a New Introduction to the Prophets*(Grand Rapids, MI: Baker, 2007).

정리 질문 ─────────────────────────────────

1. 열두 선지서를 단일한 저작으로 볼 수 있는 증거들은 무엇입니까?

2. 소선지서의 배열 원리로 제안된 '연결어 사용'이 의미하는 바를 설명해 봅시다.

3. 말라기 마지막 부분에 대한 히브리어 사본과 그리스어 사본의 차이를 설명하고, 그 차이가 이후의 구속 역사 해석에 어떤 영향을 줄지 이야기해 봅시다.

책 속의 책

사해 문서 이야기

 1946년 여리고에서 남쪽으로 24킬로미터 떨어진 쿰란 근처의 동굴에서 어느 베두인이 고대 두루마리 문서들을 우연히 발견하였다. 그 후 10년 동안 사해의 북동 해안 동굴들과 그 외 지역에서 약 1,000여 점의 문서가 추가로 발견되었다. 이 문서들이 사해 문서이다.[1] 특히 사해 문서에 포함된 성경 사본은 기존의 성경 사본인 AD 9세기의 알레포 사본보다 1,000년 이상 앞선 것이었다. 사해 문서의 발견은 구약 성경의 전승 역사에 새로운 관점을 제공했을 뿐 아니라 성경을 읽는 방식도 크게 바꾸어 놓았다.

사해 문서 확보 작전

 사람들은 사해 문서의 역사적·상업적 가치를 단번에 알아보았다. 문서들을 판매해 돈을 벌려는 욕심과 이스라엘의 건국, 제2차 세계대전 후의 혼란상이 겹쳐 사해 문서가 연

---

1 —— 쿰란은 사해 북서 해안에서 약 1.5킬로미터 떨어진 곳에 위치한 고대 마을로, 에세네파 유대인들의 거점으로 알려져 있다. 사해 문서가 쿰란 문서로도 불리는 이유는 쿰란 사람들이 사해 문서를 저작했다는 학설 때문이다. 하지만 이 학설은 최근 많은 도전에 직면했다.

구·출판되기까지는 긴 시간이 걸렸다. 사해 문서에 기독교에 결정적으로 불리한 내용이 있기 때문에 로마 교황청이 일부러 출판을 막는다는 음모론도 생겨났다. 하지만 출판이 늦어진 것은 순전히 인간의 탐욕과 시대적 혼란 때문이었다. 이스라엘 정부는 히브리 대학과 록펠러 박물관을 통해 사해 문서를 확보하고 연구·출판하는 데 기여하였고 1967년 이후에는 이스라엘 정부 산하 유물 관리청이 사해 문서의 연구와 출판을 모두 담당하게 된다.

사해 문서가 처음 발견되어 학자들이 그것을 입수한 과정은 후대로 갈수록 극적으로 각색되어 정확한 이야기는 아무도 모른다. 그러나 다음 줄거리는 거의 모든 이야기에 공통적이다. 무하메드 앗디브(Muhammed Adh-Dhib)를 비롯한 몇몇 베두인이 쿰란 제1동굴에서 두루마리 문서 8개를 손에 넣은 것은 1946년 겨울 혹은 1947년 봄이었다. 1947년 여름, 시리아 정교회 주교 아타나시우스 예수아 사무엘은 중간 상인 칸도로부터 8개 중 네 개의 문서(《이사야 대두루마리》, 〈하박국 주석〉 등)를 구입하여 재판매를 계획한다. 같은 해 가을, 히브리 대학의 엘리아제 수케니크는 〈이사야 소두루마리〉와 〈전쟁 문서〉가 포함된 나머지 네 개의 문서를 구입한 후 사해 문서 발견에 관한 공식 문서를 발간하였다. 한편 시리아 정교회 주교 사무엘은 자신이 소장한 문서를 예루살렘의 아메리카 동양학 연구소장인 존 트레버에게 팔기 원했지만 존 트레버는 문서들의 진품 여부만을 확인하고 실제 거래에는 응하지 않았다. 그러자 히브리 대학의 수케니크가 사무엘이 소장한 네 개의 사해 문서를 구입하려 협상을 시도했지만 1948년 벌어진 '아랍-이스라엘 전쟁'으로 이스라엘 정부의 지원이 제한되어 최종 거래는 성사되지 않았다.

전쟁이 끝나자 예루살렘 록펠러 박물관 소장이었던 요셉 사아드는 광범위한 유대 사막 수색을 통해 문서를 추가로 발견하였고, 1951년에는 예루살렘에 설치된 프랑스의 성경연구소 소장이었던 롤랑 드보 신부도 쿰란 유적지에 대한 고고학 발굴을 시작한다. 이 발굴들을 통해 발견된 문서들은 예루살렘의 록펠러 박물관에서 연구되었다. 하지만 사람들의 관심이 집중되었던 제1동굴 문서들은 여전히 개인이 소장하여 제대로 연구되지 못했다. 그리고 1954년, 다음 광고가 〈월스트리트저널〉에 실린다.

네 개의 사해 문서. BC 200년경의 성경 사본을 팝니다. 이것은 개인이나 단체가 운영하는 교육 기관 혹은 종교 기관에 이상적인 선물이 될 것입니다. 사서함 번호 206. 〈월스트리트저널〉

이 광고를 실은 사람은 아타나시우스 예수아 사무엘 주교였다. 그는 자신이 소장한 사해 문서들을 히브리 대학에서 구입해 주지 않자 미국에서 팔려 한 것이다. 사무엘은 히브리 대학이 자신의 문서들을 구입하지 않은 배경에 이스라엘 정부가 있음을 인지하고 이스라엘 정부에는 절대 팔지 않기로 작정하였다. 이를 알게 된 이스라엘의 군인이자 고고학자인 이가엘 야딘이 소위 '그린(Green) 작전'을 세운다. 유태계 미국인 해리 올린스키에 연락하여 '그린'이라는 가명으로 그 사해 문서들을 구입하도록 지시한 것이다. 이렇게 제1동굴에서 발견된 여덟 개의 사해 문서들이 모두 이스라엘 정부 손에 들어오게 되었고, 드디어 1955년에 사람들은 〈유대 사막 발견 시리즈〉 제1권을 통해 제1동굴 사해 사본 번역과 해설을 처음

접하게 되었다. 문서들이 발견된 지 약 8년 만의 일이다. 그 후 이스라엘 유물 관리청은 〈유대 사막 발견 시리즈〉를 통해 다른 동굴들에서 발견된 사해 사본도 계속 출판했고 마지막 책이 2010년 임마누엘 토브의 편집 감독 아래 출판되었다. 현재 거의 대부분의 사해 문서가 예루살렘의 이스라엘 박물관과 요르단 암만의 요르단 박물관에 보관되어 있다.

사해 문서는 누가 썼나?

사해 문서와 특정 종파 사이에 분명한 연관 관계가 발견되지 않았기 때문에 누가 작성하고 동굴에 보관했는지 논의가 뜨거웠다. 사해 문서의 기원에 대해 두 가지 학설이 존재한다.

첫째는 에세네파 기원설이다. 1948년 히브리 대학의 수케니크가 제안한 이 학설은 그 후 사해 문서 출판 위원회에 속한 핵심 학자들에 의해 받아들여져 주류 이론이 되었다. 이 이론에 따르면, 사해 문서는 문서가 발견된 동굴들과 가까운 곳에 위치한 쿰란에서 공동 생활하던 에세네파 사람들이 작성했다. AD 67년경 로마군이 침입해 오자 그 문서를 주변 동굴에 숨겨 둔 것이다. 에세네파는 몇몇 유대인 문서에서 바리새파, 사두개파와 함께 언급된 유대인 종파로, 요세푸스에 따르면 다양한 형태의 금욕주의를 실천했다. 장로 플리니(Pliny the elder)는 그들이 사해 서쪽 해안 엔게디 근처에서 생활했다고 증언한다. 쿰란 유적지에서 발굴된 두 개의 잉크병, 큰 욕조(미크바), 사해 문서가 담긴 항아리와 비슷한 항아리 등은 에세네파와 사해 문서를 연결하는 증거로 제시되었다. 또한 〈공동체 규칙〉(Community Rule)으로 불리는 문서는 에세네파만의 관습을 연상시키는 내용도 담고 있다.

　　그러나 일부 학자들은 쿰란과 사해 문서의 연관을 인정하기는 하지만 쿰란이 에세네파에 속한 마을이라는 주장에는 동의하지 않는다. 쿰란에 살았던 사람들이 사두개파에서 갈려나온 사독 계열 제사장 그룹이었다고 제안하는 학자도 있고, 쿰란 공동체를 초기 기독교 공동체와 연결시키는 학자들도 있다.

　　사해 문서의 기원에 관한 두 번째 학설은 예루살렘 기원설이다. 사해 문서를 유대인 분파 운동의 결과물로 이해한 학설들과 반대되는 이론으로, 사해 문서는 쿰란에 살던 사람들과 전혀 관계없다고 본다. 그 문서들은 본래 예루살렘에 보관되었는데 유대인의 대로마 전쟁 때 파괴될 것을 염려해 사해 연안 동굴에 숨겼다는 것이다. 이 이론을 처음 주장한 사람은 카를 하인리히 렝스토르프(Karl Heinrich Rengstorf)이나 이 이론을 널리 유포한 사람은 시카고 대학의 노먼 골브(Nor-man Golb)와 그 제자들이다. 노먼 골브에 따르면, 본래 예루살렘 곳곳의 도서관에 보관되었던 문서들이 로마 침입에 대비해 동굴에 분산 보관되었고, AD 70년 예루살렘 성전 파괴 이후 다시 돌아오지 못했다는 것이다. 예루살렘 기원설은 에세네파 이론에 있는 몇 가지 문제를 해결해 준다. 첫째, 사해 문서들은 약 200년에 걸친 문서들인데 그 기간에 에세네파가 쿰란에 줄곧 거주한 것이 아니었다. 둘째, 사해 문서의 다양한 문체와 신학은 한 유대 분파가 아니라 예루살렘 내의 다양한 유대 분파를 가정할 때 더 잘 이해된다. 셋째, 일부 사해 문서의 문체는 마사다에서 발견된 문서의 문체와 비슷하다. 이것은 사해 문서가 쿰란 지역 밖에서 저작되었을 가능성을 높인다. 넷째, 쿰란 유적지에서 군사 시설이 발견되었는데 이것은 그곳의 주인이었던 에세네파의 금욕주의적 성향과 부합되지 않는다. 쿰란에 금욕적 에세네파가 거주했다면 군사 시설을 설치할 이유가 없다.

이런 비판 때문에 에세네파 이론에 대한 학자들의 지지는 점점 약해지고 있다. 하지만 예루살렘 기원설도 에세네파 이론을 대체할 만큼 충분한 지지는 얻지 못하고 있다. 그렇지만 많은 학자들은 사해 사본 중 성경 본문 사본들은 예루살렘에서 작성되었다는 사실을 인정한다.

사해 문서의 구성

사해 연안 동굴에서 발견된 거의 1,000점에 이르는 사본 가운데 약 25퍼센트가 성경 본문을 담은 사본이다. 에스더서를 제외한 구약 성경 전체가 담겼다. 이 중 가장 많이 발견된 책은 시편, 이사야, 창세기, 신명기이다. 대부분의 성경 사본은 쿰란 제4동굴에서 발견되었다. 나머지 75퍼센트는 유대 분파들의 문서이다. 이들 가운데는 〈에녹〉, 〈토빗〉, 〈집회서〉, 〈희년서〉 등 외경과 위경뿐 아니라 쿰란 공동체의 조직에 관한 〈공동체 규칙〉, 성경 사건을 재진술한 〈창세기 외경〉, 빛의 아들들과 어둠의 아들들의 전쟁을 다룬 〈전쟁 문서〉, 예루살렘 보물들이 숨겨진 곳을 적시한 〈구리 문서〉 등이 포함되어 있다.

사해 문서와 구약 성경

사해 문서는 지금까지 확인된 가장 오래된 성경 사본이다. 제작 연대를 BC 250년에서 AD 68년까지로 본다면, 사해 성경 사본은 현대 번역 성경이 원문으로 삼고 있는 중세 히브리어 사본보다 약 1천 년 정도 앞선 것이다. 이것은 칠십인역 사본 중 가장 오래된 것보다 500년을 앞선 것이기도 한다. 이 때문에 사해 사본이 처음 발견되자 학자들이 큰 관심을 가지고 성경 사본을 들여다보았는데 놀랍게도 사해 사본과 중세 사본의 내용이 거의 동일했다. 약간의 철자법 차이는 있었지만 두 사본 사이에 1,000년이라는 시간차가 있음을 감안할 때 일치 수준은 놀라울 정도였다. 이것은 성경을 필사한 서기관들이 얼마나 철저하게 필사 작업을 수행했는지 보여 준다. 아울러 우리가 읽는 성경이 비록 원문이 아닌 중세 사본을 번역한 것이지만 원문을 비교적 정확히 전달한다고 믿을 수 있게 되었다.

이처럼 사해 성경 사본의 발견은 현 성경 본문의 신뢰성을 높여 주었지만 동시에 원본의 정의(定義)에 도전을 주었다. 사해 문서에 포함된 성경 사본들은 하나의 성경책에 대한 다양한 '버전'을 포함한다. 예를 들어 예레미야 사본 중 일부는 우리가 알고 있는 예레미야 본문(마소라 본문)이지만, 다른 일부는 칠십인역 본문과 더 가깝다. 또한 출애굽기 사본 중 일부는 사마리아 본문과 매우 유사하다. 이것은 사해 문서가 작성될 당시 유대인 공동체 안에서 다양한 버전의 구약 성경이 사용되고 있었음을 보여 준다. 예를 들어 마소라 본문은 바빌로니아 유대 공동체에서, 칠십인역 본문은 알렉산드리아 유대 공동체에서, 사마리아 본문은 팔레스타인 유대 공동체에서 편집되고 사용된 것이다. 이 버전들 사이의 차이는 개역개정, 새번역, 공동번역 사이의 차이보다 훨씬 크다. 언급한 이한글 성경들은 하나의 성경 사본, 즉 마소라 본문의 다른 번역이지만 사해 성경 사본들 사이의 차이를 이렇게 설명할 수는 없다. 마소라 본문, 칠십인역 본문, 사마리아 본문은 서로 다른 '원문'들을 반영한다.

이것에 근거해 학자들은 성경 본문의 형성과 전승을

새로운 패러다임으로 설명하기 시작했다. 이제는 '저자 → 하나의 원본 → 여러 사본'의 도식이 아니라 '공동체들 → 복수의 원본 → 여러 사본'의 도식으로 보는 경향이 강하다. 이 변화된 도식에 따르면 유일한 원본은 없다. 인간 저자도 개인보다 공동체가 중심이 된다. 과거에 '원본'이라고 부른 마소라 본문은 하나님이 바빌론 유대 공동체들과 소통하며 영감해 주신 원문이다. 이집트의 유대 공동체에게는 하나님이 칠십인역을 영감하여 주셨으며, 팔레스타인 유대 공동체에게는 사마리아 본문을 영감하여 주셨다. 오늘날 우리에게 마소라 사본이 실질적 '원본'이 된 것은 그것이 랍비 유대교에 의해 경전으로 받아들여졌기 때문이다. 우리는 마소라 본문을 유일한 원본처럼 생각하지만 신약 시대 기독교인은 우리와 다른 구약 성경, 즉 칠십인역을 사용했음을 기억하자. 이 모든 것은 하나님 말씀의 본질이 성육신성에 있음을 보여 준다. 성경 원본이 하나가 아니라 여럿인 이유는 하나님이 다양한 공동체의 신앙적 필요에 따라 주셨기 때문이다. 즉 하나님은 공동체의 필요에 따라 그들에게 조금씩 다른 '성경'을 주셨다는 것이다. 이것은 하나님의 말씀이 우리에게 권위를 가지는 방식에 근본적 질문을 안긴다. 즉 문자에 대한 집착보다는 문맥의 의미에 유의하여 그 안에 담긴 하나님의 메시지에 집중해야 한다는 것이다.

　　사해 문서와 관련된 흥미로운 사실들을 소개해 본다. 첫째, 쿰란 유적지 근처의 11개 사해 연안 동굴에서 고대 문서가 발견되었다. 대부분의 문서는 두루마리에 쓰였지만 일부는 파피루스와 구리판에 쓰였다. 두루마리의 재료는 대부분 소가죽이었고 당시 서기관은 기름 램프에서 나오는 검은 숯을 먹으로 사용하였다.

둘째, 두루마리 문서가 온전한 형태로 발견된 경우도 있지만 많은 경우 부서진 편문서 형태로 발견되었다. 학자들은 소가죽 DNA 검사를 통해 갈기갈기 찢어진 채로 발견된 두루마리들을 하나의 온전한 형태로 복원할 수 있었다.

셋째, 사해 문서가 2,000년 동안이나 보존될 수 있었던 것은 사막의 건조한 기후 덕분이다. 하지만 사해 사본 발견 후 현대인들의 손에 들어가면서 급격히 상태가 나빠지기 시작했다. 따라서 초기 연구가들이 찍은 사진이 지금의 실물 사본보다 훨씬 중요한 연구 자료가 되기도 한다.[2]

넷째, 쿰란 근처 사해 연안에서 발견된 두루마리들은 모두 AD 68년 이전에 작성된 것이다. 참고로 학자들은 사본의 연대를 알아내기 위해 두 가지 방법에 의존한다. 하나는 탄소 연대 측정이고 다른 하나는 고문서학이다. 후자는 철자와 서체의 역사적 변화에 해박한 전문가가 문서에 사용된 서체와 철자법을 보고 그 문서의 저작 연대를 추정하는 것이다.

다섯째, 대부분의 사해 문서는 히브리어로 쓰였지만, 아람어와 그리스어로 된 문서도 일부 있다.

여섯째, 쿰란 제3동굴에서 발견된 문서 중 구리판에 새겨진 문서, 이른바 구리 문서가 있다. 그 안에는 예루살렘 성전 보물들이 숨겨진 장소가 자세히 기술되어 있다. 학자들은 로마의 침입이 임박했을 때 성전 보물을 곳곳에 숨긴 후 작성된 문서라고 주장한다. 이 문서가 처음 발견된 후 문서에 적힌 장소에 가서 보물을 찾으려던 사람은 많았지만 발견한 사람은 없다고 한다.

---

2 ——— 다음 웹사이트에서 많은 사해 사본을 고해상도 이미지로 볼 수 있다. http://dss.collections.imj.org.il

4

시편과

지혜문학

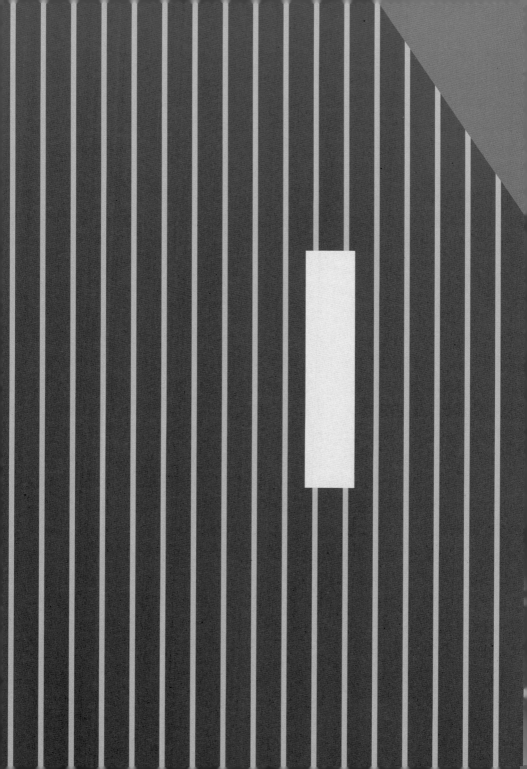

18. 하나님이 통치하신다—시편

일부 학자들은 시편이 오늘날 찬송가가 그렇듯 하나의 통일된 메시지를 담고 있지 않다고 주장하지만 그렇지 않다. 시편 전체를 아우르는 통일된 메시지는 있다. 시편을 오늘날의 모습으로 편집한 사람에게 분명한 신학적 의도가 있었다는 것은 그 구성에서 분명히 드러난다. 우선 시편은 오경처럼 다섯 권으로 구성되었다. 그 까닭은 시편도 율법과 동일한 권위의 하나님 말씀임을 가르치기 위함이다. 시편 편집자는 시편이 단순히 인간의 기도나 찬양이 아닌, 하나님이 주신 계시의 말씀임을 주장한다. 유대 랍비들은 이렇게 말한다. '모세가 다섯 권의 율법 책을 이스라엘에게 주었듯 다윗도 다섯 권의 시편을 이스라엘에게 주었다.' 시편이 율법과 동일한 하나님의 말씀이라는 것은 150편의 시들이 하나의 통일된 메시지를 전달하도록 편집되었음을 의미한다. 개개의 시편을 묵상할 때 전체의 메시지를 염두에 두는 것도 중요하다.

시편의 핵심 메시지

시편 전체가 주는 핵심 메시지는 '하나님의 통치'이다. 시편은 질문하고 답하는 형식으로 이 주제를 전달한다. 즉 시편 1~3'권'이 던지는 하나님 나라 질문을 4~5'권'이 대답한다. 전자는 다음과 같이 요약될 수 있다.

> 하나님, 주님은 다윗 왕조를 통해 우리를 통치한다고 약속하셨는데, 우리의 현실은 어떠합니까? 영원할 것이라던 다윗 왕조는 온데간데없고 우리는 이방 민족 바빌론의 억압 아래 있지 않습니까? 우리 민족에게 하신 주님의 언약은 어떻게 된 것입니까?

이 같은 절규가 시편의 처음 세 편, 즉 제1, 2, 3편에 있다. 완전히 깨진 듯한 하나님의 언약, 사라져 버린 '하나님의 언약적 통치'를 1-3편은 질문한다. 이 질문을 잘 이해하려면 시편이 완성된 시기가 바빌론 포로기였다는 사실을 생각하자. 개개의 시편이 하나의 책으로 편집되어 예배에 사용된 것은 이스라엘 백성이 포로가 되어 강제 이주한 바빌론 그발 강가에 살 때였다(시 137편 참조).

예루살렘 멸망과 그 후 이어진 강제 이주는 이스라엘 백성의 신앙생활에 큰 위기를 가져왔다. 이스라엘 백성은 하나님의 언약 백성이라는 자의식이 있었다. 하나님이 수많은 민족 가운데 자신들을 택하여 언약을 맺으셨다고 생각하였다. 이런 언약의 구체적인 내용과 증거가 '가나안 땅', '다윗 왕조', '성전' 약속이다. 즉 가나안 땅, 다윗 왕조, 성전은 이스라엘이 하나님의 통치를 받는 특별한 민족이라는 가시적 표징이었다. 따라서 유대인들은 어느 민족도 자신들을 가나안 땅에서 몰아낼 수 없다고 믿었고 다윗 왕조가 영원토록 다스릴 것이라고 생각했다. 하나님이 임재하시는 성전과 성전이 있는 예루살렘은 절대 망하지 않는다는 믿음도 있었다. 이런 믿음들은 앗수르 왕 산헤립이 히스기야 시대 예루살렘을 침공했을 때 증명되는 듯했다. 앗수르 군대는 압도적 화력으로 예루살렘을 포위했지만 예루살렘은 극적으로 함락을 면했고 다윗 왕조도 유지될 수 있었다.

　　그러나 이 믿음은 BC 587년 바빌론 왕 느부갓네살이 이스라엘을 침공하면서 산산조각 난다. 예루살렘 성은 함락되었고, 여호와의 성전은 유린되고 모든 성전 집기가 노략당했다. 다윗 왕조도 망했다. 백성들은 약속의 땅이었던 팔레스타인에서 쫓겨나 강제 이주를 당하게 되었다. 이스라엘 백성들은 이 모든 과정을 통해 하나님의 언약 표증들이 하나하나 무너지는 것을 체험했다.

모든 것이 거짓으로 느껴지는 현실에서

　　이스라엘 백성들은 자신들에게 닥친 일들을 그들의 신학으로 도저히 설명할 수 없었다. 이런 신앙과 현실의 엄청난 괴리 가운데 저작되고 고백된 것이 시편이다. 예수 믿고 교회에 잘 다니면 돈도 벌고 자식도 잘되고 인간 관계도 풀리며 존경받을 것이라고 믿는 사람들은 시편이 표현하는 절망의 깊이, 믿음의 깊이를 이해하기 어려울 것이다. 지금까지 믿었던 모든 것이 거짓처럼 느껴지는 경험을 해보지 않은 사람들은 시편의 언어를 불경하다고 말할지 모른다. 시편은 어려움에 처한 백성들을 돕지 않은 하나님, 잘못된 현실에 침묵하시는 듯한 하나님에 대한 원망을 그대로 표현한다.

　　어찌하여 나를 잊으셨나이까 내가 어찌하여 원수의 압제로 말미암아 슬프게 다니나이까(시 42:9).

　　주께서 우리를 대적들에게서 돌아서게 하시니 우리를 미워하는 자가 자기를 위하여 탈취하였나이다…… 주여 깨소서 어찌하여 주무시나이까 일어나시고 우리를 영원히 버리지 마소서(시 44:10, 23).

이처럼 시편은 인생의 밑바닥을 경험하는 사람이 공감하는 정직한 기도를 포함한다. 예를 들어 어려움을 겪으면서도 훌륭하게 자란 아들이 좋은 회사에 취직해 돈도 벌고 효도한다며 간증하고 다녔는데 불의의 사고가 발생해 하루아침에 자식과 사별해야 했던 부모의 심정에서 나올 법한 절규들이 시편에 있다. 예수님도 인생의 가장 깊은 절망 가운데 시편을 노래했다. 이처럼 시편이 특히 고난 중에 있는 성도들에게 기도의 언어를 제공한 것은 하나님의 언약이 모두 무너져 버린 듯한 이스라엘의 포로 경험을 그대로 반영하고 있기 때문이다.

이제 시편의 핵심 메시지를 더 구체적으로 살펴보자. 시편 제1, 2, 3권은 다윗 왕조 시로 시작하여 다윗 왕조 시로 끝난다. 동일한 주제로 시작하고 마치는 수사법을 수미상관이라고 하는데, 이 경우 전후로 반복되는 주제가 그 사이 내용의 주제를 표현하는 경우가 많다. 시편 2편은 하나님과 다윗 왕 사이의 친밀한 관계를 묘사한다.[1] 여기서 다윗 왕조의 왕들은 '하나님의 아들'로 불리며 이방 나라에 대한 주권을 선물로 약속받는다. 제2권의 마지막 시편인 72편도 하나님과 다윗 왕조 사이의 친밀한 관계를 심화시켜 표현한다. 특히 17절은 다윗의 이름이 영원하여 해와 같을 것이라고 축복하며 열방이 그를 인하여 복을 받을 것이라고 선언한다. 그러나 다윗 왕조에 대한 이런 낙관적인 전망이 시편 제3권의 마지막 시편인 89편에서 완전히 무너진다. 시편 89편은 하나님이 다윗 왕과의 언약을 파기하셨다는 고통의 절규로 끝난다. 다음은 89편 39절과 49절이다.

주님은 주님의 종과 맺으신 언약을 파기하시고, 그의 왕관을 땅에 내던져 욕되게 하셨습니다(시 89:39, 새번역).

---

1 —— 시편 1편은 시편 전체의 서론으로 기능하는 시이다. 따라서 제1권의 첫 번째 시편을 시편 2편으로 생각해도 무방하다.

주님, 주님의 성실하심을 두고 다윗과 더불어 맹세하신 그 첫사
랑은 지금 어디에 있습니까?(시 89:49, 새번역).

여기서 '인자하심'은 언약적 약속을 지칭한다. 즉 '그 이전의 인
자하심이 어디 있나이까'라는 질문은 이스라엘 민족에 대한 하나님의
약속이 무너진 듯한 현실에서 던지는 질문이다. 이처럼 1~3권의 시편
들은 다윗 왕조의 실패와 무너진 듯한 하나님의 언약에 대해 질문하
고 있다. 다윗 왕조에 대한 언약이 무너진 현실에서, 하나님이 어떻게
이스라엘을 통치할 것인지 질문을 던지고 있다.

그러면 이제 시편 제4, 5권이 포로기 이스라엘 백성들의 절규
에 어떻게 응답하는지 살펴보자. 앞서 언급한 바처럼 시편 기자는 제
1~3권에서 제기된 하나님의 통치에 관한 문제에 제4, 5권에서 답한다.
하나님이 다윗과의 언약을 지키지 않았다는 시편 기자의 울부짖음에
대해 제4권의 시편들은 '여호와가 왕이다', '여호와가 통치하신다'라고
답한다. 이스라엘의 진정한 왕은 다윗 왕이 아니라 여호와 하나님이라
고 가르치는 것이다. 제4권에 집중된 소위 '제왕시'들은 일관되게 '아
도나이 말라크'(여호와가 통치한다)를 외친다.

여호와께서 다스리시니 스스로 권위를 입으셨도다 여호와께서
능력의 옷을 입으시며 띠를 띠셨으므로 세계도 견고히 서서 흔
들리지 아니하는도다(시 93:1).

여호와께서 다스리시니 세계가 굳게 서고 흔들리지 않으리라 그
가 만민을 공평하게 심판하시리라 할지로다(시 96:10).

여호와께서 다스리시나니 땅은 즐거워하며 허다한 섬은 기뻐할
지어다(시 97:1).

여호와께서 다스리시니 만민이 떨 것이요(시 99:1).

무너진 다윗 왕조 때문에 허탈해하는 이스라엘 백성에게 시편 기자는 다윗 왕조가 아닌, 여호와가 너희를 직접 통치할 것이라고 말하는 것이다. 동시에 시편 기자는 약속의 땅에서 쫓겨난 이스라엘 백성들에게 '여호와가 이스라엘의 거처'라고 선언한다. 제4권을 여는 첫 시편인 90편 1절에서 그는 '주여, 주는 대대에 우리의 거처가 되셨나이다'라고 선포하는데 이것은 가나안 땅이 아니라 여호와가 이스라엘인들이 거처할 땅이라는 뜻이다.

제5권의 시편들은 여호와가 이스라엘을 직접 통치하신다는 사실을 깨달은 백성들이 품어야 할 올바른 신앙과 삶의 태도를 가르친다. 중요한 것은 이스라엘 백성들의 현실이 여전히 바뀌지 않았다는 것이다. 제4권의 시편들이 '여호와께서 통치하신다'라고 외치는 순간에도 여전히 이스라엘 백성은 이방 땅에서 고통당하고 있었고, 다윗 왕조도 복원되지 않았다. 그러나 여호와께서 다스리신다는 사실을 그들이 믿었을 때, 제5권에서 그들은 하나님이 이루실 새 역사를 소망하게 된다. 하나님이 베푸실 공의와 사랑을 미리 바라보고 감사하게 된다.

여호와께 감사하라 그는 선하시며 그 인자하심이 영원함이로다 (시 107:1).

이것은 제3권의 마지막 시편의 절규, 즉 '주님, 주의 성실하심으로 다윗에게 맹세하신 그 이전의 인자하심이 어디 있나이까'라는 외침에 응답한 것이다. 이전에는 하나님의 인자하심이 어디에 있느냐고 외쳤던 시편 기자가 이제는 그 인자하심이 영원하다고 고백하는 것이다. 시편 108편 1-4절도 마찬가지로 하나님의 언약적 인자하심을 소망 가운데 바라보고 찬양한다.

하나님이여 내 마음을 정하였사오니 내가 노래하며 나의 마음을 다하여 찬양하리로다 비파야, 수금아, 깰지어다 내가 새벽을 깨우리로다 여호와여 내가 만민 중에서 주께 감사하고 뭇 나라 중에서 주를 찬양하오리니 주의 인자하심이 하늘보다 높으시며 주의 진실은 궁창에까지 이르나이다

이상에서 밝혀진 것처럼 시편의 메시지를 한마디로 요약하면 '하나님의 통치'이다. 이것은 우리가 믿는 복음의 내용과 정확하게 일치한다. 세례 요한의 설교도 예수님의 설교도, 하나님의 통치를 이야기했다. 이와 같은 고백은 하나님의 통치가 보이지 않는 현실에서 이루어진 것임을 기억해야 한다. 시편은 하나님의 통치가 사라진 현실을 아파하지만 그 통치가 이미 임했음을 찬양한다.

이것은 신앙의 본질을 가리킨다. 신앙생활은 나침반을 가지고 목적지를 찾아가는 여행과 같은 면이 있다. 우리는 모두 길을 가는 존재이다. 이 세상은 우리의 영원한 거처가 아니다. 가나안 땅이 아니라 하나님이 이스라엘 백성의 거처였던 것처럼 하나님은 우리의 본향이요, 돌아갈 땅이요, 영원한 거처이다. 그리고 우리의 여정에는 나침반, 방향을 가리키는 나침반이 있다. 여행의 성패는 이 나침반을 제대로 따라가느냐에 달렸다. 그러나 어려운 때가 있다. 나침반을 제대로 따라갔다고 생각했는데 도달한 곳이 늪이요 함정일 때이다. 이스라엘 백성들은 하나님의 주신 나침반, 율법이라는 나침반을 따라 살았다고 생각했다. 그러나 그들이 도달한 곳은 '하나님의 통치와 축복'이 아니라 '바빌론의 통치와 저주'였다. 이럴 때 쉽게 빠지는 유혹은 나침반을 바꾸는 것이다. 왜냐하면 지금까지 사용했던 나침반이 원하는 결과를 가져다주지 않았기 때문이다. 욥의 아내는 욥이 든 나침반을 저주하고 다른 나침반을 집어 들라고 요구했다. 그러나 문제는 나침반이 아니라 나침반을 읽어 내는 우리에게 있다. 나침반은 처음부터 '예수

그리스도를 통한 하나님의 통치'를 가리키고 있었지만, 이스라엘 백성은 나침반이 가리키는 그리스도는 보지 못하고 나침반의 그림자였던 다윗 왕조와 가나안 땅을 바라보았다.

우리도 이스라엘과 같은 실수를 범한다. 하나님의 통치보다는 그 그림자인 물질과 인간적 행복을 바라본다. 나름대로 열심히 했던 신앙생활이 원하는 결과를 주지 않을 때 우리는 절망한다. 심지어 하나님이 살아 계신가 의심한다. 이때 필요한 것은 시편 기자처럼 자신의 절망과 슬픔을 가지고 하나님 앞에 나아가는 것이다. 그리고 나침반을 다시 보고 방향을 가늠한다. 이것을 구약학자 월터 브루그만은 '방향재설정'(reorientation)이라 부른다. 고통의 현실에서 하나님의 통치를 바라는 것, 선포하는 것이 시편이 우리에게 주는 메시지이다.

정리 질문

1. 시편 73편을 읽고 '방향재설정' 관점에서 그 메시지를 생각해 봅시다.
2. 시편 제4권에 등장하는 제왕시들의 메시지를 1~3권이 제기하는 문제의 관점에서 설명해 봅시다.

19. 일상이 계시가 되다—잠언

지혜는 하나님이 피조 세계에 심어 놓은 생명의 원리이다. 지혜로운 사람이란 그 원리를 이해하고 살아내는 사람이다. 따라서 광대한 우주, 복잡한 인생사를 고려할 때 지혜 추구의 삶은 긴 시간이 필요한 여정일 수밖에 없다. 이 사실을 몰랐던 최초의 인간은 실패했다. 일순간에 지혜를 얻을 수 있다는 뱀의 유혹에 넘어간 아담과 하와는 하나님의 명령을 어기고 '선악과'를 먹었다. 그 결과 생명이 아닌 죽음에 이르게 되었다. 지혜에 이르는 고속도로에 오르려 했던 그들은 스스로 창조주의 위치에 서서 피조 세계 질서를 마음대로 변형하려 했다. 이 최초의 실패 이후에도 인류는 여전히 지혜 추구의 좁은 길과 어리석음의 넓은 길 사이에 서 있다.

그렇다면 우리는 어떻게 지혜를 얻을 수 있을까? 물론 말씀을 어기고 선악과를 다시 먹어서는 안 된다! 지혜에 이르는 길은 여호와를 경외하고 그분의 임재와 기쁨을 추구하는 삶을 사는 것이다. 다시 말해 그분의 말씀(=율법)에 순종하는 것이 지혜이다. 동시에 이것은 인간의 이성을 활용한 최선의 삶을 찾는 노력과 모순되지 않는다. 하나님의 율법은 창조 세계 안에 담긴 생명 원리와 연결되어 있기 때문이다.

구약 성경이 제시하는 지혜는 '말씀 순종' 측면과 '지식 추구' 측면이 있다. 지혜문학 연구의 대가인 마이클 폭스(Michael Fox)에 따르면, 성경의 지혜는 일련의 율법을 단순히 외운다고 생기지 않는다. 지혜는 인간 지성을 적극 활용하여 획득하는 것이다. 지혜문학에서 신적 지혜는 인간의 지성을 통해 구하고, 얻고, 심지어 전수할 수도 있다. 하나님께 순종하는 삶은 하나님이 주신 이성의 빛에 따라 사는 삶과 모순되지 않는다.

고대 지혜문학의 특징

기원전 3000년경부터 수메르어나 이집트어로 된 지혜문학이 만들어졌다. 성경도 이웃 나라에 지혜문학이 존재함을 인정한다. 열왕기 저자는 솔로몬의 지혜가 동방 사람들과 이집트인들의 지혜보다 뛰어나다고 보고한다. 심지어 이방 지혜자들의 이름—에스라 사람 에단, 마홀의 아들 헤만과 갈골—도 언급한다(왕상 4:29-34). 솔로몬의 지혜가 더 뛰어난 이유는 그 내용이 이웃 나라의 그것과 완전히 다르기 때문이 아니라 여호와 신앙 때문이다. 솔로몬의 잠언은 문체와 내용면에서는 주변국의 '교훈' 문학과 매우 유사하다.

잠언을 포함한 고대 '교훈' 장르의 특징 중 하나는 다음 세대 교육에 목적이 있다는 것이다. 즉 부모 세대의 지혜를 자녀 세대에게 전수하려고 한다. 예를 들어 수메르어로 된 〈슈루팍의 교훈〉은 아버지 슈루팍이 아들 지우수드라(홍수에서 살아남은 전설적인 인물)에게 주는 교훈을 담고 있다. 다음은 그 교훈 중 하나이다.

그날에, 그 먼 옛적에, 그 밤에, 그 먼 옛적에, 그 해에, 그 먼 옛적에, 바로 그때에 정교한 언어로 말할 수 있는 지혜자가 그 땅에 살았다: 정교한 언어로 말하는 지혜자 슈루팍이 그 땅에 살았다.

슈루팍은 그의 아들에게 교훈을 주었다. 우바라투투의 아들 슈루팍이 자신의 아들 지우수드라에게 다음과 같이 교훈한다: 내 아들아. 너에게 교훈을 주노라. 너는 들을지어다. 지우수드라여. 너에게 말한다. 너는 귀를 기울일지어다. 내 교훈을 소홀히 여기지 말라. 내 말을 어기지 말라. 노인의 교훈은 귀한 것이니, 너는 그것에 순종하라!

아람어로 된 〈아히카르의 교훈〉도 마찬가지다. 산혜립과 에살핫돈 시대의 아시리아 왕실의 관료였던 아히카르는 그의 아들에게 아버지의 교훈을 경청할 것을 촉구한다.

그는 다음과 같이 말한다: '내 아들아! 내 말을 듣고, 내 교훈을 따르고, 내가 한 말을 기억하라.'

이집트의 잠언도 동일한 내용을 포함한다. 이집트 신왕국 때 만들어진 〈아멘엠오펫의 교훈〉에서 아버지 아멘엠오펫은 그의 아들에게 다음과 같이 말한다.

가족 중 가장 작은 자, 그의 막내아들을 위한 인생 가르침, 행복을 위한 교훈의 시작이다. 장로들과 관계할 때, 권세자들 앞에서 행동할 때의 법도이다. 말씀하시는 분에게 대답하는 법, 메시지를 보내는 분에게 응답하는 법이다. 이는 그로 생명의 길을 걷게 하고, 이 땅에서 그를 번성하게 만들 것이다. 이는 그의 마음이 신당을 향하게 하고, 그로부터 악을 없애고, 이방인들의 비난에서 그를 구하고, 사람들 앞에서 그를 존귀케 할 것이다.

성경의 잠언도 같은 목적으로 저작된 듯하다. 아버지의 교훈을 지키라는 명령이 잠언에 자주 등장한다. 예를 들어 잠언 2장 1-4절에서 아버지는 아들에게 진중히 지혜를 추구하며 살라고 충고한다. 그런 삶은 하나님에 대한 경외뿐 아니라 정의로운 삶으로 이어진다(2:6-10). 잠언 3장도 '나의 법을 잊어버리지 말고, 네 마음으로 나의 명령'을 지키라는 아버지의 권고로 시작한다(3:1). 그리고 아버지의 교훈을 따르는 사람에게 주어질 보상을 언급한다(3:2-10). 이어지는 단락에서 아버지는 아들에게 '여호와의 징계'와 '꾸지람'을 싫어하지 말라고 권면한다(3:11-12). 여호와도 아버지처럼 '그 사랑하는 자'(=하나님의 언약 안에 있는 자)를 꾸짖으시기 때문이다. 이것을 밴 아우켄은 '엄한 사랑'이라고 불렀다. 하나님은 사랑하시므로 징계하신다. 자식을 방치하는 아버지가 참된 아버지이겠는가(히 12:3 이하 참조). 그러므로 지혜를 구하는 자의 책무는 고난을 당할 때 그 고난이 자신을 변화시킴을 깨닫고 감내하는 것이다(고후 4:17-18). 그러나 고난에 대한 이런 가르침을 모든 상황에 쉽게 적용해서도 안 된다(욥 5:17 이하; 요 9:2).

교훈 장르의 또 다른 특징은 실용적인 지식부터 도덕과 경건까지 다양한 내용을 담고 있는 것이다. 아름다운 외모의 헛됨을 경고하는 〈아히카르의 교훈〉을 보라.

내 아들아! 외적 아름다움을 탐내지 마라. 그것은 시들고 사라질 것이다. 너는 영원히 지속되는 명예로운 이름을 탐하라.

〈슈루팍의 교훈〉은 근면의 중요성, 자랑의 부질없음, 적절한 부동산 투자 방법을 이야기한다.

추수 때, 가장 중요한 시절에, 여노비처럼 이삭을 주워서 여왕처럼 먹고살아라. 내 아들아! 너는 여노비처럼 이삭을 주워서 여왕처럼 먹고살아라.

실없는 사람처럼 너의 연회장을 자랑하지 말라.

네 밭에 우물을 만들지 마라. 사람들이 그것을 훼손시킬 것이다.
네 집을 언제나 많은 사람들이 모이는 광장 곁에 세우지 말라.

한편 이집트 고왕국 시대(BC 제3천년기)의 지혜문학인 〈프타호텝의 교훈〉은 지혜와 경건을 연결시킨다.

너의 몸은 신의 집이다. 이 때문에 '사람아! 너 자신을 알라'라는 말이 있는 것이다. 당신이 많은 사람들의 일을 관장하는 책임을 맡은 지도자라면, 모든 일을 마아트에 맞게 하라. 그리하여 네 행위가 흠 없도록 하라. 마아트는 오시리스의 때부터 변함없이 위대하며 그 힘이 영원하다.

이집트의 문학에서 지혜의 핵심 개념은 '마아트'이다. 이집트 여신의 이름이기도 한 마아트는 세상이 창조된 원리로서 진리, 균형, 질서, 조화, 정의, 도덕 등을 상징한다. 이집트 문명에서 지혜의 삶은 마아트를 따라 사는 삶이다.

잠언 22장 17절부터 24장 22절은 이집트 신왕국 시대의 〈아멘엠오펫의 가르침〉과 여러 면에서 유사하다. 다음에 나오는 표는 잠언 22장 17절부터 24장 22절과 〈아멘엠오펫의 교훈〉을 비교한 것이다.

잠언과 이집트의 〈아멘엠오펫의 교훈〉 사이의 유사성이 너무 커서 이집트 서기관이 솔로몬 궁전에서 잠언 편집을 도왔을 것이라고 추정하는 학자들도 많다. 하지만 잠언이 고대 근동의 지혜문학과 유사성을 보인다 해서 놀랄 필요는 없다. 왜냐하면 바빌론 사람들이나 이집트인들 모두 하나님이 창조하신 세계에 살고 있었으며, 지혜는 그 창조 세계에 대한 관찰과 경험에서 얻어지기 때문이다. 따라서 지혜

잠언	〈아멘엠오펫의 가르침〉
너는 귀를 귀울여 지혜 있는 자의 말씀을 들으며 내 지식에 마음을 둘지어다. 이것을 네 속에 보존하며 네 입술 위에 함께 있게 함이 아름다우니라(22:17-18)	귀를 기울여 말하는 것을 들어라. 네 마음이 그것을 이해하도록 하라. 그것들을 네 마음을 두는 것은 가치 있다. 그러나 그것들을 무시하는 자에게는 손해가 있을 것이다. 네 배의 상자에 그것들을 두어 네 마음의 열쇠가 되도록 하라. 말의 회오리바람이 있을 때에 그것들이 네 혀의 계류 말뚝이 될 것이다(I:1-8)
약한 자를 그가 약하다고 탈취하지 말며, 곤고한 자를 성문에서 압제하지 말라(22:22)	억압받는 자를 빼앗지 않도록, 무능한 자를 엿듣지 않도록 네 자신을 지켜라(II:1-2)
노를 품는 자와 사귀지 말며 울분한 자와 동행하지 말지니 그의 행위를 본받아 네 영혼을 올무에 빠뜨릴까 두려움이니라(22:24-25)	성난 네 대적을 폭력으로 맞이하지 말고, 그것으로 네 자신의 마음을 다치게 하지 마라. 두려움이 네 뱃속에 있는데, 그에게 거짓으로 '안녕하세요'하고 인사하지 마라. 사람과 위선적으로 말하지 마라. 신께서 혐오하시는 일이다(X:1-6)
네가 자기의 일에 능숙한 사람을 보았느냐 이러한 사람은 왕 앞에 설 것이요 천한 자 앞에 서지 아니하리라(22:29)	그의 직위에 능숙한 서기관은 조신이 될 자격이 있음을 발견하게 될 것이다(XXX:10-11)
네가 관원과 함께 앉아 음식을 먹게 되거든 삼가 네 앞에 있는 자가 누구인지 생각하며 네가 만일 음식을 탐하는 자이거든 네 목에 칼을 둘 것이니라 그의 맛있는 음식을 탐하지 말라 그것은 속이는 음식이니라(23:1-3)	귀족 앞에서 빵을 먹지 말고, 먼저 네 입에 놓지 마라. 만일 네가 거짓으로 씹는 것에 만족한다면 그것은 네 침을 위한 소일거리일 뿐이다. 네 앞에 놓인 컵을 보라. 그리고 그것이 네 필요를 채우도록 하라(XXIII:1-6)
부자 되기에 애쓰지 말고 네 사사로운 지혜를 버릴 지어다 네가 어찌 허무한 것에 주목하겠느냐 정녕히 재물은 스스로 날개를 내어 하늘을 나는 독수리처럼 날아가리라(23:4-5)	부를 추구하는 데 네 마음을 두지 마라. 네가 도적질을 통해 부자가 되었다면, 그 부는 내일 아침 사라질 것이다. 아침이 되면 부는 네 집에 없을 것이다…거위처럼 날개가 생겨서 하늘로 날라가 버린다(VII: 5-16)
미련한 자의 귀에 말하지 말지는 이는 그가 네 지혜로운 말을 업신여길 것임이니라(23:9)	어리석은 자에게 네 속을 보이지 마라. 그리하여 너에 대한 존경심에 해를 입히지 마라. (XXI: 11-12)
옛 지계석을 옮기지 말며 고아들의 밭을 침범하지 말지어다(23:10)	경작지의 경계에 있는 경계서를 옮기지 말고, 측량줄의 위치를 건드리지 마라. 땅 한 규빗을 위하여 욕심부리지 말고, 과부의 경계를 침범하지 마라(VI: 1-4)

와 지식은 국경을 초월한 보편적 효력이 있다. 성경의 잠언 안에 당대 최고의 지혜와 지식이 포함되어 있음은 어쩌면 당연한 일이다. 하지만 잠언은 보편적 지혜와 지식을 여호와 신앙이라는 렌즈에 통과시켜 새롭게 제시한다. 바로 이런 이유 때문에 '여호와를 경외하는 것이 지식의 근본'이다(잠 1:7; 9:10).

잠언의 구조

잠언은 표제 구절을 기준으로 일곱 단락으로 나뉜다.

단락	본문	표제	기원
1 (서론)	1:1-9:18	다윗의 아들 이스라엘 왕 솔로몬의 잠언이라(1:1)	솔로몬의 잠언
2	10:1-22:16	솔로몬의 잠언이라(10:1)	솔로몬의 잠언
3	22:17-24:22	너는 귀를 기울여 지혜 있는 자(=현인들)의 말씀을 들으며 내 지식에 마음을 둘지어다(22:17)	현인들의 말씀
4	24:23-34	이것도 지혜로운 자들(=현인들)의 말씀이라(24:23)	현인들의 말씀
5	25:1-29:27	이것도 솔로몬의 잠언이요 유다 왕 히스기야의 신하들이 편집한 것이니라(25:1)	히스기야의 신하들이 편집한 솔로몬의 잠언
6	30:1-33	이 말씀은 야게의 아들 아굴의 잠언이니 그가 이디엘 곧 이디엘과 우갈에게 이른 것이니라(30:1)	아굴의 말씀
7	31:1-31	르무엘 왕이 말씀한 바 곧 그의 어머니가 그를 훈계한 잠언이라(31:1)	르무엘 왕의 어머니의 말씀

첫째 단락은 잠언 전체의 서론 격이다. 나머지 단락들이 짧은 경구 형식의 잠언들을 포함하고 있는 데 비해 첫째 단락은 비교적 긴 지혜시들로 구성된다. 아버지가 아들에게 전하는 메시지 형식의 이 지혜시들은[1] 일관되게 지혜의 길과 어리석음의 길을 대조하면서, 죽음에 이르는 어리석음의 길이 아니라 생명으로 통하는 지혜의 길을 택하라

고 촉구한다. 한편, 짧은 경구들로 이루어진 잠언의 나머지 부분은 지혜의 삶이 구체적으로 어떤 모습인지 설명한다. 이런 점에서 이 첫째 단락(잠 1-9장)은 잠언의 나머지 부분을 해석하고 적용할 참조점을 제공한다고 할 수 있다. 또한 첫째 단락의 처음(1:7)과 끝(9:10)에 '여호와를 경외하는 것이 지혜의 근본(=시작)'이라는 주제가 반복되는데, 이 말은 여호와에 대한 경외 없이는 지혜의 삶을 시작할 수도 없음을 시사한다. 즉 잠언 10장부터 수록된 짧은 교훈들은 여호와를 경외하지 않는 사람에게 아무 유익이 없음을 뜻한다. 이런 관점에서 성경의 잠언은 철학자들의 글과 다르다. 철학이 주는 유익은 신앙의 유무에 관계없이 적용될 수 있지만 잠언이 약속하는 참된 축복은 오로지 여호와를 경외하는 자만이 누릴 수 있다.

솔로몬의 짧은 경구들이 포함된 둘째 단락은 의인과 악인을 대조한 격언들(10:1-15:29), 인간, 여호와, 왕의 상호 관계에 관한 경구들(15:30-22:16)로 나뉜다. 셋째 단락(22:17-24:22)과 넷째 단락(24:23-34)은 '지혜 있는 자들의 말씀'을 모은 것이다. 특히 셋째 단락은 이집트의 〈아멘엠오펫의 교훈〉과 내용 면에서 매우 유사하다. 하지만 셋째 단락의 처음과 마지막에 등장하는 '여호와를 신뢰하라'(22:19)와 '여호와를 경외하라'(24:21)는 명령 성경의 잠언이 이집트 지혜를 단순히 모방한 것이 아니라 여호와 신앙을 통해 변형시킨 것임을 보여 준다.

히스기야의 신하들이 수집한 솔로몬의 잠언들을 포함한 다섯째 단락(15:1-29:27)이 지나면 다시 이방 지혜자들의 교훈들과 만난다. 여섯째 단락(30:1-33)은 아굴의 잠언이고 일곱째 단락(31:1-31)은 르무엘 왕의 어머니가 아들에게 준 교훈이다. 르무엘의 어머니의 마지막 교훈은 덕 있는 아내를 얻는 것이 유익함을 설명하는 지혜 시인데, 이

---

1 —— 1:8-19; 2:1-22; 3:1-10; 3:21-35; 4:1-9; 4:10-19; 4:20-27; 5:1-23; 6:1-19; 6:20-35; 7:1-27

것은 지혜를 여인으로 의인화하고 지혜 여인과 결혼할 것을 촉구한 첫째 단락(1:1-9:18)의 주제를 상기시킨다.

잠언의 메시지

　　잠언이 주는 메시지를 네 가지로 정리해 보자. 첫째, 하나님은 우리의 일상을 통해서도 계시하신다. 잠언의 내용에는 속담이나 격언이 많다. 속담이나 격언은 한 사람이 '저작'했다기보다는 오랜 시간 여러 사람의 경험이 만들어 낸 것이다. 다시 말해 잠언의 원래 기원은 솔로몬이나 현인 혹은 아굴이나 르무엘 같은 개인이 아니라 피조 세계 속 일상 생활이다. 인간의 일상에서 유래한 속담이나 격언이 잠언이라는 성경에 담겼다는 사실은 초자연이 아닌 일상이 계시의 원점이 될 수 있음을 보여 준다. 이것은 일상 생활에서 하나님의 음성을 들을 수 있으며 또한 하나님의 뜻이 인간의 경험적 상식과 크게 다르지 않음을 말한다.

　　둘째, 지혜 추구의 삶은 쉽지 않은 선택과 결단이다. 잠언의 첫째 단락(1:1-9:18)은 인생의 상반된 두 길을 제시한다. 하나님의 말씀과 창조 질서를 따르는 지혜의 길이 하나이며, 육체의 소욕을 따르는 길이 다른 하나이다. 전자는 우리에게 생명을, 후자는 죽음을 준다. 잠언은 생명을 주는 지혜의 길을 가라고 촉구한다. 하지만 이 선택은 그렇게 간단하지도 쉽지도 않다. 우리는 지혜보다 어리석은 길에 끌린다. 잠언 저자는 이것을 보여 주기 위해 지혜와 어리석음을 두 여인에 비유한다. 여인들은 겉보기에 비슷하다. 성격도 비슷해 보인다. 두 여인 모두 우리에게 찾아와 친밀한 관계를 요구한다. 문제는 어리석음을 상징하는 여인이 더 매력적으로 보인다는 것이다. 지혜가 오랜 고난을 함께 인내한 조강지처와 같다면 어리석음은 하룻밤의 육체적 관계로 유혹하는 젊은 요부이다. 다음은 어리석은 삶의 유혹이 얼마나 큰지 생생한 언어로 표현한다.

그 여인이 그를 붙잡고 그에게 입맞추며 부끄러움을 모르는 얼굴로 그에게 말하되⋯⋯ 내 침상에는 요와 애굽의 무늬 있는 이불을 폈고 몰약과 침향과 계피를 뿌렸노라 오라 우리가 아침까지 흡족하게 서로 사랑하며 사랑함으로 희락하자 남편은 집을 떠나 먼 길을 갔는데⋯⋯ 보름 날에나 집에 돌아오리라(잠 7:13-20).

지혜의 길을 가는 것이 쉽지 않은 이유는 어리석은 길이 더 매력적으로 보이기 때문이다. 지혜의 길을 가려는 사람은 그 길이 좁고 험하다는 사실을 알아야 한다. 아울러 우리를 탈선시키려 유혹하는 세력의 힘을 절대 과소평가하면 안 된다.

셋째, 잠언은 지혜를 따르는 삶을 언약 안에 있는 삶으로 표현한다. 이를 위해 결혼 비유를 든다.

지혜에게 너는 내 누이라 하며 명철에게 너는 내 친족이라 하라(잠 7:4).

고대 이스라엘에서 '너는 내 누이다' 혹은 '너는 내 친족이다'라는 말은 청혼의 언어이다. 잠언 7장 4절은 우리에게 지혜와 결혼하라고 권면하는 것이다. 결혼 관계는 어떤 어려움이 오더라도 서로를 신뢰하고 떨어지지 않는 언약 관계이다. 지혜를 따르는 삶에 유혹과 고난이 있더라도 끝까지 그것을 붙좇는 것이 언약적 삶이다. 이런 삶을 장려하기 위해 잠언 저자는 지혜가 얼마나 값지고 귀한지 설명한다.

지혜를 얻는 것이 은을 얻는 것보다 낫고 그 이익이 정금보다 나음이니라 지혜는 진주보다 귀하니 네가 사모하는 모든 것으로도 이에 비교할 수 없도다(잠 3:14-15).

　　잠언은 마지막(31:10-31)에서 지혜를 여인에 비유하고 그 여인과 친밀한 부부의 연을 맺는 것이 얼마나 유익한지 설명한다. '누가 현숙한 여인을 찾아 얻겠느냐 그의 값은 진주보다 더 하니라'(31:10). 이런 여인을 거부한다면 참으로 어리석은 사람일 것이다. 지혜와 함께 언약의 길을 걷는 사람에게는 복과 생명이 약속되어 있다.

정리 질문

1. 지혜가 무엇인지 토의해 봅시다.

2. 잠언과 주변 나라 교훈 장르의 공통점은 무엇입니까?

3. 잠언 저자는 지혜의 길이 쉽지 않음을 어떻게 설명합니까?

4. 일상 생활이 계시의 원점이 될 수 있다는 말의 의미를 생각해 봅시다.

20. 의인의 고난—욥기

    욥기와 전도서는 잠언의 관점과 대조된다. 잠언이 낙관적이라면 욥기와 전도서는 다소 비관적이다. 지혜의 길을 가면 생명을 얻는다고 가르치는 잠언과 달리 욥기와 전도서는 지혜의 길을 간다고 반드시 생명을 얻는 것은 아니며 '지혜의 길'이 언제나 명확하지도 않다고 말한다. 욥기는 창조 세계의 원리로서 인과론을 거부하고, 전도서는 창조 세계의 원리 자체가 무엇인지 알 수 없다고 말하는 듯하다. 하지만 이 두 책은 결론에서 절망과 회의를 극복하는 방법을 제시한다.

    먼저 욥기를 살펴보자. 욥기는 의인이 죄 없이 겪는 고난의 의미를 탐구한다. 욥은 의인이었다. 그의 고난은 죄 때문이 아니다. 고난당한 의인 욥이 자신을 무고한 친구들의 중보자가 된 사실에서 알 수 있듯이 의인의 고난은 죄악 세상을 구원하는 하나님의 신비한 수단이다. 이것은 단순히 그리스도의 고난에만 적용되는 것이 아니라 오늘날 죄 없이 고난당하는 사람들에게도 적용된다. 신비하게도 하나님은 의인의 고난을 통해 생명 생태계를 유지하신다. 물론 이런 욥기의 메시지는 '의인에게 축복, 죄인에게 벌'이라는 율법적 정의와 상충되기 때문에 불편하다. 욥과 그의 친구들이 치열하게 토론한 것은 이 때문이다.

욥은 의인이다!

욥기의 메시지를 이해하려면 욥이 의인이었음을 인정해야 한다. 저자는 이야기의 서두에 세 번이나 욥을 '온전하고 정직하여 하나님을 경외하며 악에서 떠난 자'로 소개한다(1:1, 8: 2:3). 이 표현은 욥이 완전한 의인임을 강조하는 것이다. 그중 두 번(1:8; 2:3)은 하나님이 직접 그 표현을 사용한다. 하나님이 친히 욥을 의인이라 선언했다면 그 문제는 더 이상 논의할 필요가 없는 것이다. 그럼에도 어떤 해석가들은 '어떻게 인간이 죄가 없을 수 있는가?'라고 하며 욥도 죄인에 불과하다고 주장한다. 그리고 욥기의 메시지를 다음과 같은 취지로 이해한다. '하나님 앞에 의인은 없다. 욥도 죄를 티끌 가운데 회개했을 때 위로와 회복을 경험했다.' 하지만 이 해석은 욥기를 처음부터 오해한 것이다. 욥기의 메시지를 제대로 이해하려면 욥기 저자가 주장하는 대로 욥을 완전한 의인으로, 그의 고난을 하나님이 사탄의 '충동'에 못 이겨 '까닭 없이' 내린 것으로 이해해야 한다(2:3).

욥과 세 친구의 논쟁

경건과 축복의 인과관계를 믿어 온 욥에게 자신의 고난은 설명이 안 된다. 왜냐하면 그는 그렇게 벌 받을 만한 죄를 짓지 않았기 때문이다. 욥에게 자신의 고난은 아무 이유 없는 고난처럼 보인다. 하지만 욥의 세 친구의 생각은 달랐다. 의인이 축복을, 죄인이 벌을 받는 것은 하나님의 법이다. 그것이 틀렸을 리가 없다. 아무 이유 없이 고난을 받았다는 욥의 주장은 하나님을 불의한 하나님으로 만든다.

욥과 세 친구의 논쟁은 욥의 푸념 섞인 탄식(3장)에서 비롯된다. 그곳에서 욥은 자신이 태어난 날을 저주하며 태어나지 않았으면 하고 바란다(욥 3:3-10). 태어나는 것이 불가피하다면 태어나자마자 죽었으면 좋았겠다고 푸념한다(욥 3:11-16). 그리고 태어나자마자 죽지 못했다면 지금이라도 하루 빨리 죽는 것이 최선이라 생각한다. 그뿐만 아니라 욥은 스올을 천국처럼 묘사하며, 생명보다 죽음이 더 좋다고 주장한다(욥 3:17-21). 욥을 위로하기 위해 찾아온 친구들은 이런 말이 불편하다. 아무리 큰 재앙을 겪은 사람의 넋두리라도 욥의 푸념은 신학적 금도를 넘었다. 위험스러운 죽음의 신학을 내포하기 때문에 반드시 교정되어야 했다. 그래서 엘리바스가 먼저 욥에게 말을 건다. 욥과 세 친구 사이의 논쟁은 이렇게 시작되었다.

이 논쟁은 모두 3회전에 걸쳐 진행된다. 매회 엘리바스, 빌닷, 소발이 같은 순서로 이야기한다. 한 사람의 이야기가 끝날 때마다 그에 대한 욥의 대답이 나온다.

대화 1회전	대화 2회전	대화 3회전
엘리바스 4-5장 욥 6-7장 빌닷 8장 욥 9-10장 소발 11장 욥 12-14장	엘리바스 15장 욥 16-17장 빌닷 18장 욥 19장 소발 20장 욥 21장	엘리바스 22장 욥 23-24장 빌닷 25장 욥 26-27

욥과 그의 세 친구는 당대 최고의 지혜자들이었다. 이것은 그들 모두가 지혜의 산실로 알려진 '동방' 출신이라는 점을 통해 암시된다. 즉 욥과 세 친구의 대화는 현인들 사이의 '지혜 경연' 성격을 가진다. 하지만 이 경연이 1 대 3 구도로 진행된 것은 엘리바스, 빌닷, 소발의 주장이 당시 주류 신학이기 때문일 것이다. 당시 '까닭 없이 고난 당했다'는 욥의 주장에 설득될 사람은 많지 않았다.

엘리바스, 빌닷, 소발의 주장은 대동소이하다. 또한 그들은 발언의 기회를 얻을 때마다 같은 내용을 반복한다. 감정이 격앙됨에 따라 언어가 거칠어질 뿐이다. 여기서는 1회전에 개진된 엘리바스와 욥의 대화를 중심으로 욥과 세 친구 사이의 논쟁을 정리해 보자. 엘리바스의 핵심 주장은 4장 7절과 17절에 요약되어 있다.

생각하여 보라 죄없이 망한 자가 누구인가 의로운 자가 끊어짐
이 어디 있는가…… 사람이 어찌 하나님보다 의롭겠느냐 사람이
어찌 그 창조하신 이보다 깨끗하겠느냐

엘리바스는 의인이 절대로 망하거나 끊어지는 법은 없다고 주
장한다. 상황을 보았을 때 욥이 죄인임에 틀림없다는 뜻이다. 욥이 자
신은 결백하다고 주장하지만 엘리바스에 따르면 사람은 아무리 의로
워도 하나님 앞에 완전할 수 없다! 엘리바스는 자기주장의 근거까지
제시한다. 첫째는 자신의 인생 경험이다.

내〔엘리바스〕가 보건대(4:8).

그가 살아오는 동안 의인 중에 끊어진 사람을 본 적이 없기 때
문에 재앙당한 사람은 모두 죄인이라는 논증이다. 둘째, 엘리바스는
하나님으로부터 직접 계시를 받았다고 주장한다.

어떤 말씀이 내게 가만히 이르고 그 가느다란 소리가 내 귀에 들
렸었나니…… 그 때에 영이 내 앞으로 지나매…… 그 때에 내가
조용한 중에 한 목소리를 들으니(4:12-16).

엘리바스가 영으로부터 전해들은 말씀은 그가 경험으로 이미
알고 있는 내용이다.

사람이 어찌 하나님보다 의롭겠느냐 사람이 어찌 그 창조하신
이보다 깨끗하겠느냐(4:17).

이렇게 욥이 죄인일 수밖에 없음을 주장한 엘리바스는 회개

를 촉구한다.

> 나라면 하나님을 찾겠고 내 일을 하나님께 의탁하리라(5:8).

욥이 회개하면 하나님은 '아프시게 하시다가 싸매시며 상하게 하시다가 그의 손으로 고치시는' 분이기 때문에(5:18) 욥을 회복시켜 주실 것이라고 말한다. 엘리바스는 이어서 이렇게 말한다.

> 네 자손이 많아지며 네 후손이 땅의 풀과 같이 될 줄을 네가 알 것이라(5:25).

엘리바스의 주장은 당시 정통 신학을 정확히 대변한다. 신명기 혹은 잠언에 개진된 내용과 일치하는 내용이다. 엘리바스는 그 신학을 믿고 평생 살아온 사람이다. 그의 확신을 흔들 수 있는 것이라고는 없어 보인다. 그렇다면 욥은 엘리바스의 말에 어떻게 반박할까? 욥은 반박하기 전에 친구로서 섭섭함을 표현한다.

> 내 말〔욥기 3장〕이 심했다고 생각하는 모양인데, 친구인 너희가 이해해 주어야 하지 않느냐? 내가 당한 고통은 바다 모래보다 무겁다. 나는 하나님이 쏘신 독화살을 맞았다. 안 맞아 본 너희들은 그것이 얼마나 아픈지 모를 것이다. 내가 스올을 찬양하고 죽어야겠다고 말했을 때 그만 한 이유가 없었겠느냐? 그런데 그것도 이해 못하고 나에게 설교를 하니, 네가 한 말은 맛없어 쳐다 보기도 싫은 음식 같구나. 도저히 삼킬 수가 없다(6:1-7, 저자 풀어 옮김).

이어서 욥은 친구들의 '거짓 우정'을 책망한다.

하나님을 경외하는 자는 어려운 친구들을 돕는데, 어려움에 처한 나에게 하는 너희 행동을 보니 너희들은 하나님을 경외하는 자가 아닌 듯하다! 너희들은 봄에 눈 녹은 물로 풍성하다가도 여름이면 흔적없이 사라지는 건천처럼 신실하지 못하다(6:14-15, 저자 풀어 옮김).

이렇게 친구들에 대한 섭섭함을 표한한 욥은 엘리바스의 주장에 다음과 같이 반박한다.

내게 가르쳐서 나의 허물된 것을 깨닫게 하라 내가 잠잠하리라(6:24).

죄 때문에 고난을 당한다는 엘리바스의 주장에 대해 욥은 자신의 죄가 무엇인지 구체적으로 지적해 달라고 말한다. 이것이 억울하게 고난당한 욥이 내놓을 수 있는 최선의 반박이다. 물론 엘리바스는 욥이 구체적으로 무슨 죄를 저질렀는지 모른다. 욥의 죄에 대해 엘리바스는 실제 증거가 아니라 신학적 확신에 근거를 두고 있다. 자신의 인과응보적 보응신학에 근거해 욥을 죄인으로 확신한 것이다. 이 신학은 진리이기 때문에 욥은 죄인임에 틀림없다. 엘리바스가 이 신학을 지키려면 욥은 죄가 없더라도 죄인이어야 한다. 이에 대해 욥은 '내가 죄인이라면, 내 죄를 구체적으로 지적해 달라'고 주장하는 것이다. 재미있는 것은 엘리바스가 죄를 구체적으로 지적해 달라는 욥의 요구에 응답해 대화 3회전에서 욥의 죄를 거짓으로 꾸며 낸다는 것이다.

까닭 없이 형제를 볼모로 잡으며, 헐벗은 자의 의복을 벗기며…… 네가 과부를 공수로 돌아가게 하고 고아의 팔을 꺾는구나(22:6-9).

　　욥이 보기에 엘리바스의 주장은 삶의 현실과 동떨어져 있다. 자신의 바른 신학에 함몰된 나머지 고난받는 친구의 말에 귀를 기울이지 못한다. 그는 욥이 큰 충격으로 헛소리를 지껄인다고 단정한다(6:26). 그러면서 하나님의 은혜를 운운하며 회개를 촉구한다. 그러나 욥은 '돌이킴'이 필요한 쪽은 자신이 아니라 엘리바스라고 주장한다(6:28-29). 엘리바스가 진리에 이르려면 '의인도 고난당할 수 있다'는 가능성을 열어 놓고 욥의 상황을 바라보아야 한다.

　　이어지는 대화에서도 욥의 친구들은 보응신학의 관점에서 욥을 이해하려 한다. 다음은 빌닷의 말이다.

> 하나님이 정의를 굽게 하시겠느냐? 전능자가 죄 없는 자를 치시겠느냐? 네 자녀들이 죽은 것도 그들의 죄 때문이며, 네가 고난당하는 것도 네 죄 때문이다. 하지만 네가 만일 하나님께 회개하고 바르게 살면, 너는 다시 형통하게 될 것이다(욥 8:3-6, 저자 풀어 옮김).

　　빌닷의 주장도 엘리바스의 그것과 크게 다르지 않다. 그는 사고로 죽은 욥의 자녀들까지 죄 때문에 심판받은 것이라고 구체적 근거 없이 주장한다. 빌닷이 얼마나 타인의 고통에 무딘지 보여 주는 대목이다. 그의 바른 신학이 그를 이웃의 고통에 무감각한 인간으로 만들었다. '하나님은 정의로운 분이다! 따라서 절대로 의인을 심판하실 리 없다. 누군가가 심판(재앙)을 받았다면 그는 죄인임에 틀림없다.' 이에 대해 욥은 친구들이 말하는 그런 하나님은 정의로운 분이 아니라고 주장한다. 즉 하나님이 욥에게 재앙을 내림으로 그를 '유죄' 선고한 것이라면, 그분의 판결이 잘못된 것이다. 왜냐하면 욥은 그런 재앙을 받을 만한 죄를 짓지 않았기 때문이다.

위로받은 욥

욥의 주장처럼 그가 잘못을 안 했다면 욥이 회개했다고 말하는 42장 6절은 어떻게 설명해야 하는가? 회개했다면 욥도 결국 심판받아 마땅한 죄인이었다는 말이 아닌가? 그러나 반드시 그런 것은 아니다. 욥기 42장 6절을 해석하는 몇 가지 방식이 있다. 마빈 포프(Marvin Pope)에 따르면, 욥이 회개한 것은 자신에게 재앙을 가져온 죄가 아니라 친구들과의 논쟁 중에 하나님을 '정의롭지 못한 분'이라고 말한 점이었다. 즉 회개한다고 했다 해서 보응신학을 받아들였다고 생각해서는 안 된다. 욥은 여전히 아무 이유 없이 고난을 받았다고 믿고 있다.

또 한 가지 해석의 가능성은 42장 6절에서 '회개'로 번역된 히브리어 '니함'을 '위로받다'로 이해하는 것이다. '니함'은 욥기에서 두 번 더 사용되는데(2:11과 42:11), 두 경우 모두 '위로하다'의 의미로 쓰였다. 영어표준역(ESV) 성경도 '회개하다'(repent)의 각주에 '혹은 위로받다'(Or and am comforted)를 표기한다. 만약 욥기 42장 6절의 '니함'을 '회개'가 아닌 '위로받다'로 이해한다면 두 가지 질문이 생겨난다. 첫째, 욥이 무엇에 대해 위로를 받았다는 말인가? 둘째, 무엇이 혹은 누가 욥을 위로했다는 말인가? 첫 번째 질문에 대한 답은 '재와 티끌'이라는 말 속에 숨어 있다. '재와 티끌'은 욥이 당한 끔찍한 고난을 상징하는 단어이다.

> 하나님이 나를 진흙 가운데 던지셨고 나를 티끌과 재 같게 하셨구나 내가 주께 부르짖으나 주께서 대답하지 아니하시오며……(30:19-20).

욥이 위로받은 것은 그에게 닥친 재앙에 대해서다. 그는 더 이상 재앙 때문에 절망하거나 마음 아파하지 않는다. 따라서 42장 6절

후반부를 이렇게 번역할 수 있다. '나는 재와 티끌에 대해 위로받았습니다.'

그렇다면 세 친구도 위로하지 못한 욥을 누가 혹은 무엇이 위로했을까? 그것은 하나님 혹은 하나님과의 대면이다. 욥기 38장과 40장에서 '폭풍 가운데' 나타난 하나님은 욥에게 윽박질러 그의 항복을 받아내는 심판의 하나님이 아니다. 욥에게 나타난 하나님은 스스로를 '샤다이'로 부르는 위로와 은혜의 하나님이다. '샤다이'는 본래 여인의 가슴을 가리키는 말이다. '샤다이의 하나님'(엘샤다이)은 정의와 율법을 상징하는 남성적 신명 '야훼'와 대조적으로, 사랑과 생명을 상징한다. 모세에게 나타난 하나님을 야훼라 한다면, 샤다이는 족장들에게 나타난 하나님이다. '폭풍'도 마찬가지 관점에서 이해될 수 있다. 고대 중동에서 폭풍은 심판이 아니라 풍요와 회복의 의미를 가질 수 있다. 건조한 땅에 폭풍은 축복이다. 욥이 재앙을 만났을 계절이 밭을 가는 봄이었고 그 후 덥고 메마른 여름을 배경으로 친구들과의 대화가 전개되었음을 고려하면 하나님의 출현을 동반한 폭풍은 우기를 알리는 풍요와 생명의 상징이었을 가능성이 높다. 폭풍 가운데 나타난 샤다이 하나님은 다그치는 심판의 하나님이 아니라 어머니같이 위로하시는 생명의 하나님이다.

하나님의 정의? 생명!

그런 샤다이 하나님은 참된 정의에 대한 욥의 무지를 고쳐 주신다. 하나님이 일련의 질문 형태로 욥에게 말씀하신 내용들은 생명 세계의 신비와 역동성을 드러낸다. 예를 들어 모래 위에 알을 낳는 타조는 인간들이 보기에 어리석지만 그럼에도 빠른 발을 가진 타조는 잘 생존해 간다. 하나님이 창조하고 운영하는 이 생명 세계는 인간이 이해하지 못하는 신비한 현상으로 가득하지만 생명 활동은 끊이지 않고 역동적으로 전개된다. 욥의 무지를 꾸짖으시면서 이런 신비와 역동성을 파노라마처럼 펼쳐 주신 의도는 하나님의 정의가 실현되는 곳이 기계적 인과 관계가 적용되는 법정이 아니라 역동적 생명 세계임을 보여 주시는 데 있다. 법정적 정의 개념에서는 하나님이 정의로운 분이라면 고난당한 욥은 죄인이고, 고난당한 욥이 의로운 자라면 하나님은 불의하다고 판명될 수밖에 없다. 하지만 생명 세계를 배경으로 한 하나님의 정의 개념에서는 '의인의 고난'이 하나님의 정의 실현의 도구가 될 수 있다. 욥은 친구들과 논쟁에서 법정적 정의 개념으로 하나님을 불의하다 생각했지만, 하나님의 정의가 우주의 포괄적 생명 활동을 배경으로 하는 것임을 대면한 이후 깨닫는다. 그리고 그분의 정의를 신뢰하기 시작한다. 그리고 그것이 욥을 위로한다.

중보자 욥

재앙이 남긴 상처가 여전히 아물지 않았지만 욥은 새 마음으로 현재와 미래를 살아갈 수 있게 되었다. 이것이 티끌과 재에 대해 욥이 위로받았다는 뜻이다. 고난당한 의인 욥이 위로받은 후 하나님은 새로운 사명을 맡긴다. 욥은 세 친구가 하나님의 용서를 받도록 하는 중간자 역할을 한다. 하나님은 친구들에게 '욥에게 가라' 명하신다. 그리고 '욥이 너희들을 위해 기도할 때, 그를 기쁘게 받고, 너희의 잘못대로 너희에게 갚지 않을 것'이라고 말씀하신다(42:8). 이것은 죄인을 위해 제사를 올리고 용서를 구하는 것은 욥처럼 고난받은 의인이 할 수 있는 일임을 보여 준다.

욥의 자녀와 물질의 회복을 묘사하는 결말은 고난을 잘 인내하면 갑절의 축복이 온다는 인과응보적 교훈이 아니다. 당한 고난에 대해 여전히 질문이 많이 있지만 욥이 과거에 발목 잡힌 피해자가 아니라 더 풍성한 삶을 여는 생존자로서 살아감을 보여 준다.

욥과 같이 아무 까닭 없이 당하는 고난은 우리도 경험할 수 있다. 막을 수도 피할 수도 없는 고난이 파도처럼 밀려올 때가 있다. 그

때는 재앙을 당할 수밖에 없다. 그리고 욥처럼 울며 하나님의 정의를 의심하기도 한다. 이것은 나쁜 것이 아니다. 하지만 언제까지나 재와 티끌 가운데 살 수는 없다. 위로받아야 한다. 물론 그 위로는 하나님의 얼굴을 보는 체험에서 일어난다. 그리고 위로받은 사람은 피해자가 아닌 생존자로 하나님의 생명을 전하면서 살아가야 한다. 그때 성도의 고난은 의미가 있는 것이다.

정리 질문

1. 의인의 고난이 어떻게 하나님의 정의와 모순되지 않을 수 있는지 토의해 봅시다.

2. '욥은 의인'이라는 말과 '욥에게 죄가 하나도 없다'는 말의 차이를 이야기해 봅시다.

3. 의인의 고난이 가지는 의미는 무엇입니까? 하나님이 의인의 고난을 허락하시는 이유를 나누어 봅시다.

21. 허무를 이기는 일상—전도서

전도서의 대부분이 전도자의 1인칭 서술이라는 점에서 이 책의 저자를 전도자라고 해도 크게 틀린 말은 아닐 것이다. 그는 '다윗의 아들'(전 1:1)로서 예루살렘에서 이스라엘을 통치한 '왕'(전 1:12)으로 소개되는데 전통적으로 유대인들은 그를 솔로몬이라 여겼다. 그가 '많은 잠언'(전 12:10)들을 정리했다는 사실도 그런 이해를 지지하는 듯하다. 하지만 최근 학자들은 솔로몬이라 단정하지 않는다. '다윗의 아들'이라는 표현은 유다의 왕을 지칭하는 표현도 되며, '많은 잠언'을 정리한 왕이 반드시 솔로몬을 가리키지 않을 수도 있다. 예를 들어 히스기야도 잠언을 정리했다(잠 25:1). 또한 '보아라. 나보다 먼저 예루살렘에 있었던 모든 사람들보다 나의 지혜가 더 많고 컸다'(전 1:16)는 고백은 솔로몬에게 적용하기 어렵다. 왜냐하면 솔로몬 이전에 예루살렘에서 다스린 왕은 다윗뿐이었기 때문이다. 무엇보다도 솔로몬이라 보는 입장이 불편한 이유는 전도자의 말씀이 포로기 이후 히브리어로 기록되었기 때문이다.[1] 학자들은 전도자의 정체를 알 수 없다고 여기거나 전도서 저자가 창조한 문학적 페르소나(persona)로 이해한다.

샌드위치 구조

전도서는 샌드위치 구조이다. 3인칭 서술 서문(1:1-11)과 결론 (12:8-14)이 1인칭 화법 본문(1:12-12:7)을 두르고 있다. 이 구조 때문에 전도서에는 두 '목소리'가 존재한다. 첫째는 전도자의 목소리이다. 그는 본문에서 1인칭 화법으로 자신의 삶을 회고하며 인생의 의미를 탐구한다. 둘째는 전도자에 관해 설명하는 3인칭 화자의 목소리이다. 분량으로는 전도자의 목소리가 지배적이지만 3인칭 화자가 남긴 결론이 짧지만 강렬하다. 전도서의 메시지 탐구에서 이 두 목소리의 관계 규정이 중요하다. 지금부터는 '모든 것이 헛되고 헛되니 현재를 즐기라'라는 전도자의 목소리와 '앞으로 심판이 있으니 하나님을 경외하고 계명을 지키라'는 화자의 목소리가 어떻게 조화될지 살펴보자. 이를 통해 전도서의 핵심 메시지에 다가가게 될 것이다.

헛되고 헛되다!

먼저 전도자의 목소리부터 들어보자. 유다의 왕이었던 전도자는 하늘 아래서 행해지는 모든 일을 세심히 탐구한 후 모든 일이 '헛되다'라고 결론 내린다. 의롭게 혹은 지혜롭게 산다 하여 반드시 인생에 성공이 있는 것이 아니며 설사 성공한다 하더라도 일시적일 뿐이다. 지혜자나 어리석은 자나, 의인이나 악인이나 모두 죽음을 맞을 것이기 때문이다. 나아가 전도자는 인간이 '지혜'를 얻을 수 있는지 그 자체를 의심한다. 전도자는 해 아래 '지혜'가 있는지를 살폈지만 그것을 발견하지 못했다고 고백한다(8:16-17). 나아가 하나님은 인간에게 지혜

---

1 ——— 언어학적으로 보아 전도서를 솔로몬이 작성했거나 적어도 솔로몬 시대에 쓰여졌을 가능성은 매우 희박하다. 전도서에는 후기 히브리어의 특징인 아람어의 영향이 강하게 나타나며 미슈나 히브리어와 많은 문법적 특징을 공유한다. 나아가 명확하게 페르시아 시대의 두 단어를 포함한다. 정원을 의미하는 '파드레스'(2:5), 대답을 의미하는 '피트감'(8:11)이 그것이다.

를 발견할 수 있는 능력을 주지 않은 것 같다. 인간은 아무리 노력해도 하나님의 뜻을 헤아릴 수 없다(3:11). 그러나 전도자의 메시지가 완전한 비관주의는 아니다. 전도자도 지혜의 현실적 유용성을 인정한다.

> 지혜로운 사람의 책망을 듣는 것이 우매한 자들의 노래를 듣는 것보다 나으니라…… 지혜는 유산 같이 아름답고 햇빛을 보는 자에게 유익이 되도다(7:5, 11).

> 누가 지혜자와 같으며 누가 사물의 이치를 아는 자이냐 사람의 지혜는 그의 얼굴에 광채가 나게 하나니 그의 얼굴의 사나운 것이 변하느니라(8:1).

전도자는 여기서 더 나아가 하나님을 경외하는 것이 유익하다고 말한다.

> 내가 아노니 하나님을 경외하여 그를 경외하는 자들은 잘 될 것이요 악인은 잘 되지 못하며 장수하지 못하고 그 날이 그림자와 같으리니 이는 하나님을 경외하지 아니함이니라(8:12-13).

그러나 전도자가 이후 내린 결론은 해 아래 모든 것은 헛되다는 것이다. '헛되다'로 번역된 히브리어 '헤벨'은 본래 연기를 뜻한다. 특히 갓 지은 밥에서 나오는 김 혹은 추운 겨울 입김처럼 금세 사라져 버리는 연기를 의미한다. 전도자는 해 아래 모든 일이 그런 연기와 같이 일시적이고 영원하지 않다고 한탄한다.

여호와를 경외하라!

하지만 이것이 전도서 전체의 결론은 아니다. 전도자의 1인칭 이야기를 받아 책의 결론 부분에서 3인칭 화자는 독자들에게 다음과 같은 메시지를 들려준다.

> 일의 결국을 다 들었으니 하나님을 경외하고 그의 명령들을 지킬지어다 이것이 모든 사람의 본분이니라(12:13).

많은 학자들이 이 결론에 당황해한다. 왜냐하면 지금까지 전도자는 해 아래 모든 것, 심지어 의롭게 사는 것과 하나님께 드리는 제사까지 헛되다고 주장했기 때문이다. 그것이 현실적으로 유익할 수 있지만 인생의 헛됨을 궁극적으로 치유하는 의미는 주지 않는다는 것이 전도자의 뜻이었다. 그렇다면 화자는 결론에서 지금까지의 메시지를 반박하고 있는 것일까?

그런 것 같지는 않다. 만약 그렇다면 총 열두 장으로 구성된 전도서는 열한 장 분량을 잘못된 사고와 삶의 방식을 설명하려 할애했다는 말이 된다. 나아가 전도자에 대한 화자의 평가도 그런 생각을 전혀 지지하지 않는다. 전도서 저자는 전도자를 '지혜자'로 평가한다.

> 전도자는 지혜자이어서 여전히 백성에게 지식을 가르쳤고 또 깊이 생각하고 연구하여 잠언을 많이 지었으며 전도자는 힘써 아름다운 말들을 구하였나니 진리의 말씀들을 정직하게 기록하였느니라(12:9-10).

화자에 따르면 전도자의 말씀은 '아름다우며', '진리'이며, '정직한 기록'이다. 이것은 '해 아래 모든 것이 헛되다'는 전도자의 목소리도 그러하다는 뜻이다. 또한 화자는 전도자의 주장과 자신의 결론이 '한 목자가 주신 것'(12:11)임을 지적한다. 이것은 하나님을 경외하라는 화자의 결론이 전도자의 주장과 하나로 조화될 수 있음을 보여 준다.

그렇다면 만사가 헛되다는 주장과 하나님을 경외하고 그의 계명을 지키라는 결론을 어떻게 조화시킬 수 있을까? '인생이 헛되니 신앙에 귀의하라'는 것이 전도서의 메시지는 아닐 것이다. 앞서 언급한 것처럼 전도자가 말한 헛된 것에는 의롭고 경건한 삶까지 포함되기 때문이다. 또한 허무한 인생에서는 삶을 즐기는 것이 최선이라는 식의 메시지는 신앙과 거리가 멀어 보인다. 전도자의 말씀과 화자의 결론을 조화시키는 비결은 〈길가메시 이야기〉 속에 숨어 있다.

길가메시는 그의 친구 엔키두가 죽자 인생의 허무함을 느낀다. 즉 죽음의 현실에 절망한 그는 영생을 얻기 위해 우트나피슈팀을 찾아 모험을 떠난다. 우트나피슈팀은 본래 인간이었지만 홍수에서 살아남아 신이 된 사람이다. 길가메시는 영생을 얻는 법을 묻기 위해 그가 사는 곳을 찾아간다. 여정의 끝자락에서 길가메시는 어떤 여관 여주인과 대화하게 된다. 길가메시가 영생을 구하기 위해 여행 중이라는 사실을 알게 된 그 여인은 길가메시에게 다음과 같이 조언한다.

> 영생은 인간의 몫이 아니라, 신들의 몫이다. 인간의 몫은 좋은 음식을 먹고, 좋은 옷도 입고, 머리에 기름도 바르며, 또한 아름다운 아내를 맞이하고, 자녀들을 잘 기르는 데 있다(《고대 근동 문학 선집》, 144, 145쪽 참조).

흥미로운 것은 이와 비슷한 조언이 전도서 9장에 있다는 것이다.

> 너는 가서 기쁨으로 네 음식물을 먹고 즐거운 마음으로 네 포도주를 마실지어다 이는 하나님이 네가 하는 일들을 벌써 기쁘게 받으셨음이니라 네 의복을 항상 희게 하며 네 머리에 향 기름을 그치지 아니하도록 할지니라 네 헛된 평생의 모든 날 곧 하나님

이 해 아래에서 네게 주신 모든 헛된 날에 네가 사랑하는 아내와 함께 즐겁게 살지어다 그것이 네가 평생에 해 아래에서 수고하고 얻은 네 몫이니라(9:7-9).

어떤 의미에서 전도자도 길가메시처럼 죽음을 넘어서는 영생—이것을 인생의 의미라고도 말할 수 있다—을 찾는 사고 실험을 하고 있다. 전도자가 찾은 결론은 인간 세계(=해 아래 세계)에서는 그 의미가 발견되지 않는다는 것이다. 해 아래 모든 것은 헛되다! 하지만 뒤집어 생각하면 '해 위의 세계', 즉 하나님의 나라에서는 그 의미가 발견된다는 뜻도 된다. 이것은 여관 여주인이 영생은 신들에게 속했다고 말한 것을 연상시킨다. 물론 전도자는 '해 위의 세계'에 대해 어떤 언급도 하지 않는다. 하지만 '해 아래 세계'에 대한 반복적 언급은 역설적으로 해 위의 세계를 상기시킨다.

전도자는 해 아래 세계에서 인간이 하는 모든 수고가 헛되다고 말하면서 인생의 헛됨에 대한 치유책으로 하나님이 인간에게 허락하신 몫을 언급한다. 그것은 잘 먹고, 좋은 옷을 입고, 사랑하는 아내와 살며, 자신의 일에서 즐거움을 찾는 것이다(전 5:19; 9:7-9). 이것은 사치가 아니라 일상에서 얻어지는 행복을 의미한다. 하지만 이것도 해 아래의 일이므로 결국 헛된 것이 아닌가? 이것이 어떻게 인생의 헛됨을 극복하는 방법이 될 수 있다는 말인가? 또한 그것이 '여호와를 경외하고 그 계명을 지키는 삶'(12:13)과 무슨 관계가 있는가?

거룩하고 치열한 일상 살아내기

이 질문들에 대한 답은 다음 두 가지 사실을 인정할 때 나온다. 첫째, 일상의 행복이 노력 없이 얻어지지 않는다. 타락 이후 인간은 땀이 나도록 수고해야 가족을 부양하며 살 수 있게 되었다. 즉 일반적인 경우라면 열심히 일해야 이른바 일상의 행복을 누릴 수 있다는 뜻이다. 하지만 죄의 영향이 보다 큰 사회에 살면 성실하게 일한 대가조차 얻지 못하는 경우도 많다. 아무리 열심히 일해도 전도자가 인간의 '몫'이라고 한 것을 얻지 못하는 것이다. 일상의 행복은 그저 얻어지는 것이 아니라 치열하게 사는 사람들에게 하나님이 주시는 '선물'(5:19)이다.

　　둘째, 하나님을 경외하고 계명을 지키라는 명령도 치열한 일상과 연결된다. 고대 이스라엘의 율법은 삶의 전 영역을 아우른다. 종교나 제사만이 아니라 상거래, 이웃과 다툼, 가족 관계 등 삶의 모든 분야를 아우른다. 따라서 여호와를 경외하고 계명을 지키는 삶은 세속적 일상의 전 영역을 하나님의 뜻에 맞추어 사는 노력을 의미한다. 여호와를 경외하고 계명을 지키라는 명령이 세속과 단절하고 종교에 귀의하라는 명령은 아니다. 오히려 세속에서 일상을 거룩하고 치열하게 살라는 뜻이다.

　　이렇듯 해 아래 모든 것이 헛되다는 전도자의 주장은 염세주의나 허무주의로 이어지지 않는다. 오히려 우리의 관심을 해 위의 세계로 향하게 한다. 그곳에는 무의미나 일시성을 넘는 의미와 영원이 있다. 그러면 어떻게 해 아래 세계를 의미 있게 살 수 있을까? 어떻게 하면 이 땅에서 영원을 살아낼 수 있을까? 그것은 하나님을 경외하며 율법을 지킬 때, 즉 허무한 일상을 거룩하고 치열하게 살아낼 때 가능하다. 유대인들은 율법의 고향은 하늘이라 생각했다. 즉 율법은 이 땅에 인간들과 함께 있지만 하늘에 속한 것이다. 따라서 허무함을 극복하고 이 땅에서 하늘의 영원함을 살아내려면 계명에 순종하라고 권면한 것이다. 허무한 이 땅 가운데 하늘의 의미를 찾아 누리는 길은 말씀에 순종함으로 매일매일 거룩한 일상을 살아내는 것이다.

정리 질문 ───────────────────────────────────

1. '헛되다'는 말은 본래 무엇을 가리킵니까? 그 상징적 의미는 무엇입니까?

2. 전도자는 해 아래 모든 것이 헛된 이유를 무엇이라 설명합니까?

3. 전도자가 말한 인생의 '몫'은 무엇입니까?

4. 하나님을 경외하고 계명을 지키라는 명령의 의미는 무엇일지 생각해 봅시다.

22. 하나님과 맺는
신비한 연합—아가서[1]

구약 성경 39권 중 주석서가 가장 많은 책은 무엇일까? 바로 아가서이다. 아가서는 역사적으로 많은 학자들의 연구와 관심 대상이었다. 그럼에도 아가서가 어떤 장르의 책이며 신학적 메시지가 무엇인지에 대해서는 이견이 분분하다. 심지어 학자들은 아가서의 줄거리에 대해서도 의견 일치를 보지 못하고 있다. 아가서를 읽을 때 당혹감이 드는 것은 당연하다. 아가서를 통독한 사람은 많아도, 내용이나 메시지를 요약하라면 선뜻 응할 사람은 많지 않을 것이다. 단단히 마음먹고 정독해도 내용과 메시지가 잘 정리되지 않을 것이다. 이번 장은 이런 사람들을 위해 썼다. 이제 다음 세 가지 주제를 다루려 한다. 첫째, 아가서가 어떤 장르인지를 설명할 것이다. 둘째, 아가서의 내용, 즉 줄거리를 개괄해 본다. 마지막으로는 아가서의 신학적 메시지를 다루겠다.

---

1 ―― 이 글은 2018년 5-6월 〈매일성경〉의 아가서 서문으로 출판되었다.

아가서는 어떤 종류의 책인가?

전통적으로 유대인들은 아가서를 알레고리(은유적으로 의미를 전하는 문학 장르, '풍유'라고도 함)로 이해했다. 즉 하나님과 이스라엘 사이의 언약 관계를 은유적으로 표현했다고 본 것이다. 아가서에서 이 언약 관계는 한 남자와 한 여자의 혼인에 빗대어 표현된다. 이에 따르면 하나님은 신랑(남편)이며 이스라엘은 그분의 신부(아내)인데, 아가서에 대한 유대인의 해석을 집약한 〈아가서 미드라시〉도 시내산 언약의 핵심을 하나님과 이스라엘이 혼인한 사건으로 파악한다.

신과 인간의 친밀한 관계는 이스라엘 종교를 고대 근동 종교와 구분하는 중요한 특징이다. 엄격한 위계의 다신교 체계였던 고대 근동 종교에서 신과 인간의 관계는 주인과 노예에 가깝다. 그러나 성경에서 하나님과 인간은 부부처럼 친밀하다. 이스라엘의 하나님에게는 아내 신(여신)이 없다는 것이 이것을 단적으로 보여 준다. 하나님의 짝이 되는 여신이 없다는 것은 오늘날 당연하지만 다신교 문화에서 여호와에게 여신이 없다는 것은 이상한 일이었다. 왜냐하면 근동의 다른 종교에서는 중요한 남신들이 언제나 아내 신을 두었기 때문이다. 고대 종교에서 여신의 역할은 컸다. 예를 들어 신들이 가나안의 최고신인 엘에게 직접 부탁하기 어려우면 그의 아내인 아세라에게 청탁한다. 그러면 그 여신은 다른 신들을 대신해 자기 남편(접근하기 힘들고 무서운 존재)에게 청탁한다. 이스라엘의 하나님에게 여신이 없다는 사실은 이스라엘 종교에서 여호와의 아내가 이스라엘 백성이라는 메시지를 포함한다. 이 우주에서 여호와와 가장 친밀한 존재가 이스라엘 백성이라는 고백이 이스라엘 언약 신학의 핵심이다. 그리고 전통적 유대 해석에 따르면 아가서는 이 핵심을 은유적 언어로 표현한 알레고리에 해당된다.

아가서가 알레고리로 의도되었다는 주장에 반대하는 현대 성서학자들은 아가서의 장르에 대해 세 갈래로 규정해 왔다. 먼저 무대 공연용 희곡으로 이해하는 학자들이 있다. 이들은 아가서에 줄거리가 존재하고 그것이 등장인물들의 대사를 통해 진행된다고 주장한다. 그러나 고대 이스라엘을 포함한 고대 근동에서는 희곡이라는 장르가 존재하지 않았다. 심지어 등장인물이 몇 명이며, 특정 대사가 어떤 인물의 것인지, 줄거리는 무엇인지 등 기본적인 질문에 합의가 없다는 사실 때문에 이 견해는 설득력을 크게 잃었다. 둘째, 고대 근동의 신성 결혼식을 위해 작곡된 노래라는 주장이 있다. 이 주장은 20세기 초 종교사학자들 사이에서 유행하였다. 하지만 고대 이스라엘에 남신과 여신의 우주적 혼인을 재현한 신성 결혼식이 존재하지 않았다는 사실 때문에 그다지 많은 지지자를 얻지 못했다. 셋째, 최근의 학자들은 아가서를 고대 근동의 연애 시로 이해하고 있다. 즉 사랑을 소재로 한 시들이 느슨하게 모인 선집이라는 것이다. 이 입장은 아가서에서 일관된 줄거리를 찾기보다는 개별시의 심상과 주제에 집중하여 이해한다. 마치 윤동주 시집을 읽을 때 줄거리를 찾기보다 개별 시의 주제와 심상, 메시지에 집중하는 것과 같다. 필자는 아가서가 연애시 모음이라는 데 동의하지만 그것이 일정한 줄거리를 형성한다고 믿는다. 즉 신학적 메시지를 전하기 위해 개별 연애 시들을 일련의 대화로 재구성하여 이야기적 플롯을 부여했다고 생각한다.

　　아가서의 장르를 어떻게 보든 현대 성서학자들이 은유적 해석보다 문자적 해석을 선호한다는 점은 같다. 즉 아가서는 한 남자와 한 여자의 사랑 노래라는 것이다. 그들은 아가서 본문에서 남자와 여자의 알몸 묘사, 남자와 여자가 한 몸 되는 내용 등을 읽어 낸다. 이런 독해는 현대 해석가들의 허탄한 상상만은 아니다. 유대인들도 그 성적 내용 때문에 성년이 되지 않은 사람에게는 아가서 독서를 권장하지 않았다. 그러나 아가서는 고대 근동의 유사 장르와 달리 노골적이지 않다. 성적인 내용은 언제나 우회적으로 표현된다. 현대 성서학자들의 문자적 해석(남녀의 육체적 사랑)은 지난 1,800년 동안의 은유적 해석에 교정적 역할을 한다는 의미가 있으나 해석자의 상상력이 본문이 허락한 바를 뛰어넘는 경우가 생기므로 주의해야 한다.

아가서의 은유적 의미(하나님과 이스라엘의 친밀한 관계)와 문자적 의미(남자와 여자의 친밀한 관계)가 서로 상충하는 것처럼 생각하는 사람들도 있지만 이 둘은 서로 의존적인 관계에 있다. 아가서를 하나님과 이스라엘의 언약적 사랑에 대한 은유로 파악하려면 문자적 차원에서 남자와 여자의 사랑 노래로 읽혀야 한다. 또한 이스라엘의 언약 역사를 암시하는 표현들이 아가서 곳곳에서 발견된다. 예를 들어 아가서 3장 1, 2절에 반복되는 '나는 그를 찾았으나 그를 만날 수 없었다'는 말은 남자가 첫날밤의 침상에서 사라져 버렸다는 진술이지만 보다 넓은 정경적 문맥에서는 이스라엘과 하나님의 관계로 읽힐 수 있다. 왜냐하면 시가서와 선지서에서, 패역한 이스라엘이 여호와를 찾았으나 여호와가 그를 만나 주지 않는다는 모티브를 자주 접하기 때문이다(참고. 잠 1:28; 사 1:15; 렘 11:11; 겔 8:18; 미 3:4). 따라서 아가서를 남녀의 연정 이야기로만 읽는 것은 아가의 정경적 의도에 충실하지 못한 것이다. 아가서를 읽는 독자들은 문자적 의미가 무엇인지를 정확히 인지하고, 그것이 이스라엘과 하나님의 언약 관계에 어떻게 적용될지 생각해야 할 것이다.

아가서의 내용과 구조

아가서에는 일관된 줄거리가 있다. 그 줄거리는 등장인물, 특히 남자와 여자가 주고받는 대화, 그들의 독백과 방백(주인공들과 코러스와의 대화)을 통해 발전한다. 그러나 아가서가 본래 희곡은 아니었기 때문에 희곡 대본에서 기대되는 대사들 사이의 긴밀하고도 역동적인 관계는 없다. 그럼에도 아가서에 수록된 '사랑을 소재로 한 시'(戀愛詩)들을 분석해 보면 하나의 일관된 이야기 플롯(plot)이 드러난다.

아가서는 책 제목(1:1)과 전체의 주제를 요약하는 프롤로그(1:2-4)로 시작한다. 이야기의 본격적 시작은 주인공 여인이 자기를 소개하는 1장 5, 6절부터이다. 이후 플롯은 주인공 남자와 여인이 처음 만나 (1:7-8), 서로 호감을 표현하고(1:9-14), 사랑을 고백하고(1:15-2:3), 도시와 자연에서 데이트를 즐기며(2:4-15), 마침내 청혼하고(2:16-17), 결혼하여(3:6-11), 한 몸 되는 데(4:1-5:1)에서 그 절정에 이른다. 그 후 둘은 관계의 위기를 경험하지만(5:2-7), 관계 회복을 위해 노력하고(5:8-6:1), 다시 첫사랑을 회복할 뿐 아니라(6:2-3), 더욱 깊은 사랑의 관계로 들어가게 된다(6:4-7:14). 마지막 장인 8장은 아가서의 주제를 요약하는 주제 시(8:1-7)와 신랑 오기를 간절히 소망하는 여인의 독백인 에필로그(8:8-14)로 구성된다.

아래의 '아가서 구조 분석'은 아가서의 이야기적 플롯을 한눈에 정리한 것이다. 아가서의 특정 본문이 전체 줄거리의 어디에 위치하는지 이해하면 아가서를 더욱 즐겁게 읽을 수 있을 것이다.

아가서 구조 분석

1. 책 제목(1:1)
2. 프롤로그(1:2-4)
3. 여인의 자기 소개(1:5-6)
4. 남녀의 만남과 사랑 고백(1:7-2:3)
　　4.1 남자와 여자의 첫 만남(1:7-8)
　　4.2 여자의 외모에 대한 남자의 찬양(1:9-11)
　　4.3 남자와 가까이 있고픈 여인의 소망(1:12-14)
　　4.4 서로에 대한 격려와 긍정(1:15-2:3)
5. 두 번의 데이트와 청혼(2:4-17)
　　5.1 남자와 여자의 도시적 데이트(2:4-7)
　　5.2 남자와 여자의 전원적 데이트(2:8-15)
　　5.3 결혼 약속(2:16-17)

아가서의 메시지

아가서에는 하나님과 그의 백성 사이의 언약 관계에 대한 무궁무진한 신학이 들어 있다. 여기서는 그중 도드라지는 네 가지 주제를 소개한다. 첫째, 아가서는 하나님의 주권적 사랑을 가르친다. 아가서는 한 남자와 한 여자 사이의 사랑 이야기이지만 둘은 동등한 신분이 아니다. 아가서에는 남자와 여자의 신분 차이를 암시하는 부분이 쉽게 눈에 띈다. 남자는 일관되게 왕과 귀족의 이미지로 묘사되지만 여인은 서민의 딸로 묘사된다. 나아가 여인의 외모는 그리 뛰어나지 않았던 것 같다. 여인은 검게 그을린 피부에 콤플렉스가 있었고, 자신의 미모가 세련된 도시 처녀들에 비해 두드러지지 않음을 고백하기도 한다(2:1). 그뿐만 아니라 여인은 도덕적으로도 흠이 있어 보인다. 아가서 1장 6절에 오빠들이 여동생에게 분노하는 장면이 나오는데 여인이 아버지가 없는 가정에서 자랐기 때문에 오빠들이 아버지 역할(8:8-9)을 했음을 고려할 때 오빠들의 분노에 정당한 이유가 있었을 가능성이 높다. 여동생의 바르지 못한 행실 때문에 분노했을 가능성이 있는 것이다. 아가서의 여인은 평범한 신분에 두드러지지 않은 외모, 행실도 완벽하지 못한 여인이었다. 그럼에도 남자는 이 여인을 '존귀한 자여', '아름다운 여인이여', '나의 온전한 자여', '나의 완벽한 자여'라고 불러 준다. 또한 여인이 자신을 들에 흐드러지게 핀 백합화에 비유했을 때 남자는 '그대가 들의 백합화라면 그대 주변의 여인들은 백합화를 둘러싼 가시덤불에 불과하오'(2:2)라고 위로해 준다. 이것은 부족한 우리에 대한 하나님의 주권적 사랑을 단적으로 보여 준다. 세상에 많은 사람들이 있지만 하나님은 우리 한 사람에게 주목하시고 사랑해 주신다. 우리에게 어떤 선한 것이 있어서 신부로 택하신 것이 아니다. 우리가 신부로 선택된 것은 그분의 주권적 사랑 때문이다.

둘째, 아가서는 우리의 믿음이 날마다 깊이를 더해야 함을 보여 준다. 아가서에서 여인은 남자에게 사랑을 '세 번' 고백한다. 청혼하는 장면(2:15-16)에 등장하는 첫 번째 고백은 다음과 같다. '내 사랑하는 자는 나의 것이고, 나는 그의 것입니다.' 두 번째 고백은 결혼 후 찾아온 관계의 위기를 극복하는 과정(6:3)에 등장한다. '나는 내 사랑하는 이의 것이며, 내 사랑하는 이는 나의 것입니다.' 이 두 번째 고백이 첫 번째 고백과 다른 점은 '나는 그분의 것입니다'라는 고백이 '그분은 내 것입니다'라는 고백에 선행한다는 점이다. 자기를 먼저 놓았던 사랑이 관계 위기를 통과한 후 상대방을 먼저 생각하는 사랑으로 발전한 것이다. 세 번째 고백은 관계 회복 후 사랑이 깊어지고 깊어진 문맥(7:10)에 등장한다. '나는 나의 사랑하는 이의 것이며, 그의 소원은 내 위에 있습니다.' 이 고백에서도 '나는 그분의 것입니다'라는 고백이 먼저 나온다. 그러나 두 번째 고백 때와는 달리 '그분은 내 것입니다'라는 고백이 아니라 '그의 소원은 내 위에 있습니다'라는 말이 이어진다. 여기서 '소원'으로 번역된 히브리어 '테슈카'는 성경에 단 세 번 등장한다. 하와를 향한 하나님의 저주('네 소원은 남편에게 있으나 그는 너를 다스릴 것이다', 창 3:16)와 가인에 대한 하나님의 경고('죄의 소원은 네게 있으나 너는 그를 다스려야 한다', 창 4:7)에 등장한다. 문맥상 '소원'으로 번역된 '테슈카'는 지배와 다스림의 뉘앙스가 있다. 그렇다면 '그의 소원은 내 위에 있습니다'라는 여인의 고백은 그분의 다스림을 선포하고 요청하는 의미를 가진다. 자기중심적이었던 첫 고백이 그분을 우선하는 두 번째 고백으로 발전했고, 세 번째 고백에서는 탈아적 단계로 진보했다. 즉 오직 그분의 통치에 대한 요청이 두드러진다. 우리와 하나님과의 관계도 비슷한 발전을 거쳐야 한다. 우리의 믿음이 처음에는 '건강과 돈'으로 대표되는 이기적인 동기에서 출발했더라도 그런 경지에 머물러서는 안 된다. 나를 먼저 두는 믿음에서 그분을 위한 믿음으로, 그리고 '나'는 사라지고 그분의 다스림만을 요청하고 사모하는 단계로 나아가야 할 것이다.

셋째, 아가서는 하나님과의 친밀함에 열정을 가지라고 가르친다. 아가서는 사랑에 대한 여성의 적극적인 자기표현을 긍정한다. 아가서의 여인은 사랑 고백에 주저하지 않으며, 육체적 환희를 찬양하고 수줍어하지 않는다. 이 여인은 아름다운 보석들로 치장하며, 진한 화장으로 자신의 매력을 발산한다. 만약 아가서 외의 성경에서 이런 여인을 만난다면 '음녀'일 것이다. 그러나 아가서는 사랑에 대한 여인의 적극적인 자기표현을 긍정한다. 이것은 하나님과 우리의 관계에 중요한 함의를 가진다. 우리도 하나님의 사랑에 열정을 가져야 한다. 적극적으로 그분의 임재를 구하고, 그분 보시기에 흠모할 만하게 신앙으로 장식하고 선한 행실로 꾸며야 한다. 아가서의 여인이 열정의 사람이었던 것처럼 하나님과의 관계에서 우리도 열정을 보여야 한다.

넷째, 아가서는 우리 믿음에 기다림이 있어야 함을 가르친다. 아가서는 남자가 여인에게 찾아오는 모티브들을 반복적으로 사용하는 동시에 여인은 자신이 있는 곳으로 남자가 와주기를 기대하고 요청한다(2:17). 그리고 아가서가 여인의 이런 기대를 담은 요청으로 끝난다는 사실은 매우 의미 깊다. '내 사랑하는 이여…… 향품 산으로 돌아오세요'(8:14). 신랑이 여인에게 지속적으로 찾아와 깊은 사랑을 나누지만 여인은 여전히 신랑의 새로운 방문을 고대한다. 이것은 구약 시대 신앙의 정수를 보여 준다. 하나님은 이스라엘의 역사에 개입하여 그들과 깊은 은혜를 나누었다. 이스라엘은 그런 하나님의 은혜(대표적으로 출애굽)를 추억하는 동시에 자신의 세대에 하나님이 다시 개입하시기를 소망한다. 신약 시대의 성도도 마찬가지이다. 그리스도의 초림을 통해 주어진 하나님의 은혜를 현재 누리지만 동시에 그분의 다시 오심을 기다린다. 그것도 '우리 세대에' 다시 오실 것을 소망한다. 이것이 재림 신앙이다.

그분의 다시 오심을 소망한다는 것은 무슨 의미일까? 그것은 우리가 사는 역사와 사회 가운데, 즉 지금 여기에 하나님 나라의 가치들이 실현되기를 소망하는 것이다. 가난한 자가 배부르게 되고, 소외된 자에게 이웃이 생기고, 사회적 불의가 시정되기를 소망하는 것이다. 그런 일에 자신을 헌신하는 것이 재림 신앙이다. 이런 그리스도의 작은 '재림'을 기대하는 자가 우주적 종말 재림에 준비된 자이다. 아가는 우리의 신앙에 이런 기다림의 요소가 있어야 함을 가르친다.

정리 질문

1. 아가서의 줄거리를 정리해 봅시다.
2. 여인이 고백한 세 번의 사랑 고백 내용을 설명해 보십시오.
3. 여인의 열정을 보여 주는 내용은 무엇입니까?
4. 예수님의 재림을 사모한다는 것은 지금 여러분에게 어떤 의미입니까?

책 속의 책

칠십인역 성경과 마소라 본문

구약 성경 전체를 담은 가장 오래된 두 사본은 각각 히브리어와 그리스어로 쓰였다. 히브리어로 된 구약 사본은 마소라 본문, 그리스어로 된 구약 사본은 칠십인역이라 부른다. 사해 문서와 더불어 이 두 사본은 가장 오래된 구약 성경 본문이다. 하지만 이 세 사본이 종종 다른 본문—학자들은 '이문'(variant reading, 異文)이라 부름—을 제공하기 때문에 성경 원문을 복원하려는 학자들은 이 이문들을 세심히 살핀다. 사본들 사이의 차이를 살펴 원문을 복원하는 학문 분야를 '본문 비평'(textual criticism)이라 부른다. 본문 비평의 간단한 예는 끝에서 들어 보겠다.

칠십인역

칠십인역은 본래 히브리어로 된 구약 성경을 고대 그리스어로 번역한 것이다. 그리스어 구약 성경은 복잡하고 오랜 과정을 통해 완성되었다. 약 200년의 세월 동안 다양한 장소에서 다양한 사람들에 의해 구약 성경의 각 부분들이 번역되었는데, 특정 성경이 언제 어디에서 번역되었는지 밝히는 일은 쉽지 않다.

유대 성경이 그리스어로 번역되기 시작한 것은 BC 3세기로 추정된다. 먼저 번역된 부분은 오경이다. 전해지는 이야기에 따르면, 최초의 오경 번역은 프톨레마이오스 2세 필라델포스의 지원 아래 이집트 알렉산드리아에서 이루어졌다. 72명의 유대인들이 각기 오경을 번역했는데 번역이 모두 동일했다고 전해진다.[1] 그러나 이 이야기는 칠십인역의 권위를 높이기 위해 꾸며진 것일 가능성이 높다. 보다 개연성 있는 이론에 따르면 칠십인역은 알렉산드리아의 디아스포라 유대인들이 점점 히브리어를 잊어버림에 따라 구약 성경을 디아스포라 유대인들의 모국어인 그리스어로 번역할 필요성이 대두되었고, 그 필요에 따라 오랜 시간에 걸쳐 완성되었다.

중요한 사실은 번역 대본이 현대 성경 대본인 마소라 본문이 아니라는 것이다. 예를 들어 사무엘서의 칠십인역은 마소라 사본에 없는 이야기들이 있으며, 예레미야의 칠십인역은 마소라 사본보다 약 12퍼센트 짧다. 칠십인역 욥기는 마소라 사본과 달리 산문이며 문체도 다르다. 이 때문에 유대인들은 칠십인역을 마소라 본문에 맞추어 개정하려고 여러 차례 시도하였다.

유대인들이 칠십인역을 개정하려 했던 또 하나의 이유가 있는데 기독교인들이 복음을 변증할 때 구약의 칠십인역을 인용하였기 때문이다. 예를 들어 예수님의 동정녀 탄생이 이사야의 예언에 따른 것임을 변증할 때 기독교인들은 이사

---

1 —— 다른 전통에 따르면 번역자의 수는 '70명'이다. '칠십인역'의 이름은 이 번역자의 수에서 유래했다는 견해가 있다.

야 7장 14절을 칠십인역으로 인용했다. '처녀가 잉태하여 아
들을 낳으리니…….' 왜냐하면 히브리어 성경은 '처녀'라는 말
대신 '젊은 여자'라는 말을 쓰기 때문이다. 실제로 사도 바울
과 초대 교회 성도들은 구약을 히브리어로 읽지 않고 칠십인
역으로 읽었을 가능성이 높다.

　　　한편 칠십인역 개정을 시도한 것은 유대인뿐만은 아니
었다. 기독교인들도 칠십인역 개정을 시도하였다. 오리게네스
는 아프리카누스에게 보낸 편지에서 '성경 본문에 대한 기독
교인과 유대교인 사이의 분쟁을 해결'하기 위해 칠십인역을
개정한다고 밝혔다. 오리게네스가 개정한 칠십인역은 그 후
동방 정교회의 표준 구약 성경이 된다.

유대인의 개정역	기독교인의 개정역
아퀼라 개정역 테오도티온 개정역 심마쿠스 개정역	오리게네스 개정역 루키아노스 개정역

　　　가장 오래된 칠십인역 사본은 BC 2세기의 것이다. 와
디 무라바앗 근처의 동굴에서 발견된 소선지서 사본이며, 그
리스어로 쓰였다. 구약 성경 전체가 있는 칠십인역 사본들은
모두 AD 4, 5세기 것으로 코덱스 형태로 되어 있다. 시내 코
덱스, 바티칸 코덱스, 알렉산드리아 코덱스 등이다.

마소라 본문

　　　마소라 본문은 유대교의 공식 성경이다. 우리말을 포
함하여 대부분의 현대 성경은 마소라 본문을 번역한 것이다.
'마소라'는 전승(transmission)을 의미하는 히브리어(겔 20:37)
로 마소라 본문은 7~11세기에 갈릴리 티베리우스에서 활동

한 마소라 학자들이 편집한 구약 성경 본문을 가리킨다. '마소라'라는 말이 암시하듯이 그 학자들은 스스로를 전통의 충실한 전달자로 이해했다. 실제로 그들은 물려받은 성경 본문을 완벽히 계승하기 위해 자음에 모음을 붙이고 본문에 관한 다양한 정보를 부기(附記)하였다.

이 마소라 본문은 수많은 사본이 전해지는데 그중 가장 오래되고 정확한 두 사본은 알레포 사본(AD 10세기)과 레닌그라드 사본(AD 11세기)이다. 우리말 구약 성경은 레닌그라드 사본을 기초로 인쇄된 히브리어 성경('BHS' 비블리카 헤브라이카 제3판)에 근거한 것이다. 알레포 사본은 레닌그라드 사본보다 더 정확하고 오래된 것으로 여겨지나 오경의 일부가 불에 타 소실되었다.

마소라 본문 이전의 성경 사본—예를 들어 사해 문서—은 자음으로만 된 본문이다. 고대 히브리어는 모음을 표기하지 않았기 때문이다. 히브리어를 모국어로 구사하는 이스라엘 사람들은 그런 사본을 쉽게 읽을 수 있었지만, 디아스포라 유대인들이 모국어인 히브리어를 잊어버리게 되자 자음만으로는 그 의미를 잘 알 수 없게 된다. 이에 마소라 학자들은 히브리 자음의 아래나 가운데에 모음을 표기하여 정확한 성경 독해를 보존하려 하였다.[2] 이처럼 마소라 본문은 자음 본문에 모음이 첨가된 성경 본문을 의미한다.

마소라 본문에 있는 자음 본문은 마소라 학자들이 편집한 것이 아니라 오랫동안 유대인 공동체에 전승되어 온 것이다. 자음 본문의 전통은 사해 문서 이전에 이미 확립된 것

2 —— 바빌론의 유대인들에 의해 전수된 모음 표기 방식은 모음을 자음 위에 찍는 것이다.

같다. 이것은 사해 문서 가운데 마소라 본문과 거의 동일한 성경 사본이 발견되었다는 사실을 통해 확인된다. 약 1천 년 정도 간격이 있는 사해 문서와 중세 마소라 사본이 거의 동일하다는 것은 그동안 얼마나 주의 깊게 성경 사본이 필사되어 왔는지를 보여 준다. 예를 들어 마사다에서 발견된 AD 2세기의 시편 사본은 중세의 마소라 본문과 자음뿐 아니라 시행 배열에서도 동일하다. 이처럼 마소라 학자들이 이어받은 본문은 정확하게 보존되고 전승된 히브리 본문이었다.

원문을 복원하는 학문 작업

구약학 분야 중에 본문 비평학이 있다. 이것은 원문에 최대한 가깝게 성경 본문을 복원하는 것이 목적이다. 본문 비평의 첫 단계는 가능한 한 모든 사본을 모아 비교하는 것이다. 그다음 사본들 사이의 차이, 즉 이문들을 몇 가지 기준들에 근거해 평가한다. 그리고 사본의 필사 과정에서 생긴 오류와 변형 등을 가려낸다. 물론 어떤 이문은 오류임을 쉽게 알 수 있다. 예를 들어 어떤 사본이 십계명 제7계명을 '간음할지니라'로 기록했다고 가정하자.[3] 이것이 필사 실수라는 점은 너무나 명백하다. 하지만 많은 경우 이문들을 평가하는 것은 그리 쉽지 않다. 창세기 4장 8절의 마소라 본문은 다음과 같다.

가인이 그 아우 아벨에게 고하니라 그 후 그들이 들에 있을 때에 가인이 그 아우 아벨을 쳐죽이니라

---

3 ——— 실제로 1631년판 킹제임스역에서 제7계명은 '간음할지니라'로 기록되어 있었다. 그 후 1631년판 킹제임스 성경은 '나쁜 성경'이라는 별명을 얻었다.

첫 부분이 좀 이상하다. 왜냐하면 '고하니라'로 번역된 히브리어 '아마르'는 말의 내용을 수반하기 때문이다. 그러나 창세기 4장 8절은 가인이 아벨에게 말한 내용이 없다. 이 본문에 대한 칠십인역은 생략된 가인의 말을 기록하고 있다.

가인이 그 아우 아벨에게 '들로 나가자'라고 고하니라 그 후 그들이 들에 있을 때에 가인이 그 아우 아벨을 쳐 죽이니라

여기에는 가인이 아벨에게 고한(=말한) 구체적 내용이 있다. 그렇다면 어느 것이 원문에 가까울까? 마소라 본문일까, 칠십인역일까? 아니면 제3의 본문일까? 이것은 쉬운 문제가 아니다. 이와 같은 경우 본문 비평학자들은 어떤 기준으로 원문을 결정할까? 본문 비평학자들이 원문을 구분해 낼 때 사용하는 기본적 지침은 다음과 같다.

— 이해하기 어려운 본문이 원문일 가능성이 높다.
— 짧은 본문이 원문일 가능성이 높다.
— 다른 본문들의 원인이 될 수 있는 본문이 원문일 가능성이 높다.

이해하기 어려운 본문이 원문일 가능성이 높은 이유는 필사자들이 이해하기 어려운 본문을 만나면 알기 쉽게 고치는 경향이 있기 때문이다. 짧은 본문이 원문일 가능성이 높은 이유는 사본 필사자들이 원문을 삭제하기보다 무엇인가를 첨가할 가능성이 높기 때문이다. 마지막으로, 한 이문을 통해 다른 이문들이 설명된다면 그 이문이 원문일 가능성이

높다는 것은 자명하다. 이 지침들은 대체로 유용하다. 그러나 절대적 기준이 될 수는 없다. 저명한 본문 비평학자인 카일 매카터는 본문 비평학의 유일한 기준은 없다는 취지로 "좋은 본문이 원문"이라고 했다. 즉 어느 것이 원문인지 가려내는 것은 엄밀한 원칙의 학문(science)이 아니라 연구자의 주관적 경험이 상당히 영향을 미치는 기술(art)이라는 것이다. 본문 비평학자는 사본들의 특징에 근거해 주의 깊은 판단을 내리지만 궁극적으로 주관적일 수밖에 없다. 앞서 언급한 세 지침도 절대적이지 않다. 오히려 그 반대가 참일 수 있다. 즉 이해하기 어려운 본문이 전혀 말이 안 된다면 원문일 리 없다. 또한 사본 필사자가 실수로 단어나 문장을 건너뛰고 필사하는 경우 짧은 본문이 원문일 리가 없다. 여러 이문들을 설명하는 방식이 여럿 있을 수도 있다. 어떤 이문이 다른 이문들을 설명할 수 있다는 이유로 그것이 원문이라 단정할 수 없을 수도 있는 것이다.

　　다시 창세기 4장 8절로 돌아가자. '들로 나가자'라는 가인의 말이 본래 원문에 포함되어 있었다고 가정하면 서기관이 첫 번째 '들'에서 두 번째 '들'로 건너뛰어 '들로 나가자'라는 구절 전체를 생략했을 가능성이 있다. 이 경우 칠십인역이 원문에 가까운 것이다. 하지만 마소라 본문이 문법적으로 난해하기 때문에 칠십인역 번역자가 보다 쉽게 고쳤을 가능성도 제기된다. 이 경우 어려운 마소라 본문이 원문이고 칠십인역은 그에 대한 해설적 수정이 되는 것이다. 더구나 마소라 본문이 문법적으로 부자연스럽지만 뜻이 전혀 통하지 않는 것도 아니다. 이 두 가능성 중에서 어느 것이 참인지 결정하는 것은 쉬운 문제가 아니다. 여기에는 필연적으로 학자의 주관이 들어간다. 본문 비평학자들은 여러 사본들을 비교해 가장 원문에 가까운 본문을 복원하여 현대 인쇄본을 만든다. 현대 성경의 '원본'이 되는 것이 이런 현대 인쇄본이다.

　　지금까지 논의를 따라왔다면 우리가 가진 구약 성경을 믿어도 좋을까 걱정되는 독자들도 있을 것이다. 하지만 구약 성경 이문은 대부분 본문의 내용이나 신학에 큰 영향을 주지 않는다. 그리고 좋은 현대 성경은 해석에 영향을 줄 수 있는 중요한 이문들을 각주에 표기해 준다. 예를 들어 '다른 사본에는 이렇게 기록되어 있다'는 식으로 말이다. 그리고 무엇보다도 하나님은 완전하지 못한 성경 사본을 통해 그분의 뜻을 완전히 전달할 수 있는 분이다.

닫는 글
구약과 그리스도

　　신구약 성경이 서로 유기적 관계에 있다고 믿었던 종교 개혁자
들은 구약 성경을 그리스도를 증거하는 책으로 읽을 것을 권면했다.
하지만 구약 성경을 읽는 사람들이 이 권면에 모두 동의하는 것은 아
니다. 특히 유대인들이나 이슬람교도들은 구약 성경을 하나님의 말씀
으로 인정하지만 그것이 예수 그리스도를 예언한 책이라거나 예수 그
리스도가 구약 언약의 성취라는 주장에 동의하지 않는다. 이런 입장
은 충분히 이해할 만하다. 왜냐하면 그리스도가 구약 성경의 성취라
는 주장은 학문적으로 증명될 것이 아니기 때문이다. 그것은 믿음으로
받아들이는 것이다. 필자가 시카고 대학에서 사사한 스승은 구약학의
대가였다. 성경을 원문으로 암송하는 것은 물론, 성경 이외의 고대 근
동 문헌에도 정통했다. 그런데 그는 구약 성경이 예수 그리스도를 증
거한다는 사실을 받아들이지 않았다. 이처럼 매일매일 구약 성경을 읽
고 공부하는 구약학자가 그리스도를 모를 수 있다는 것은 구약 성경
의 핵심이 그리스도라는 사실이 학문적으로 증명되는 것은 아님을 예
증한다. 그것은 성령을 통해 믿음으로 받아들이는 것이다.
　　사도들이 예수 그리스도가 구약 성경의 성취라고 주장한 것도

학문적인 연구가 아니라 그리스도와의 인격적 만남을 통해서다. 즉 예수님이 옛 언약의 성취라는 사실을 예수 그리스도와의 교제를 통해 깨달은 제자들이 구약을 그 관점에서 다시 해석한 것이다. 오늘날 우리가 구약 성경을 해석할 때도 구약 언약이 예수 그리스도 안에서 온전히 성취되었다는 믿음에서 출발해야 한다. 이런 믿음에서 출발한 해석이 올바른 성경 해석일 것이다.

신약 성경은 여러 곳에서 예수 그리스도가 구약 성경의 핵심임을 가르쳐 준다. 그중 가장 중요한 본문은 누가복음 24장이다. 다음은 십자가 사건 때문에 실망하여 고향 엠마오로 내려가던 두 제자를 예수님이 꾸짖어 가르치시는 장면이다.

이르시되 미련하고 선지자들이 말한 모든 것을 마음에 더디 믿는 자들이여 그리스도가 이런 고난을 받고 자기의 영광에 들어가야 할 것이 아니냐 하시고 이에 모세와 모든 선지자의 글로 시작하여 모든 성경에 쓴 바 자기에 관한 것을 자세히 설명하시니라(눅 24:25-27).

이 본문에서 예수님은 구약 성경 전체가 자신에 관한 것임을 가르친다. 어떤 사람들은 구약의 일부 본문만이 예수님에 대한 것이라고 주장하지만 예수님은 분명히 모든 성경에 쓴 바가 자기에 관한 것이라고 주장한다. 누가복음 24장 44-47절은 이 사실을 보다 구체적으로 증거한다.

또 이르시되 내가 너희와 함께 있을 때에 너희에게 말한 바 곧 모세의 율법과 선지자의 글과 시편에 나를 가리켜 기록된 모든 것이 이루어져야 하리라 한 말이 이것이라 하시고 이에 그들의 마음을 열어 성경을 깨닫게 하시고 또 이르시되 이같이 그리스도가 고난을 받고 제삼일에 죽은 자 가운데서 살아날 것과 또 그의 이름으로 죄 사함을 받게 하는 회개가 예루살렘에서 시작하여 모든 족속에게 전파될 것이 기록되었으니(눅 24:44-47).

이 본문에서 '모세의 율법과 선지자의 글과 시편'은 구약 성경 전체를 지칭하는 유대인들의 어법이다. 따라서 44절에서 예수님이 주장하는 바는 구약 성경 전체가 '나를 가리켜 기록된 것'이라는 취지이다. 이미 26절에서 살핀 내용을 예수님이 다시 한 번 강조하신 것이다. 계속해서 예수님은 제자들을 일깨워 성경을 깨닫게 하셨는데(45절), 그 깨달음의 내용이 46, 47절에 기록되어 있다. 47절 마지막에 나오는 '기록되었으니'는 구약의 기록을 가리킨다. 그리고 예수님이 구약 성경에 기록되었다고 주장한 내용은 '그리스도가 고난을 받고, 제삼일에 죽은 자 가운데서 살아날 것과 또 그의 이름으로 죄 사함을 받게 하는 회개가 예루살렘에서 시작하여 모든 족속에게 전파되리라'는 것이다. 이처럼 예수님은 모든 구약 성경이 자신에 관한 것임을 언급하면서 그 구체적 내용까지 밝히신다. 즉 구약 성경의 핵심적 메시지가 자신의 죽음과 부활, 나아가 복음의 선교적 확장이라고 주장하시는 것이다. 하지만 막상 구약 성경을 읽으면 예수님에 관한 것으로 해석하기 어려운 본문들과 자주 마주치는 것도 사실이다. 예를 들어 가나안 원주민들을 남김없이 죽이라는 하나님의 명령, 이방인 아내와 이혼하라는 느헤미야의 권고, 바빌론의 어린아이를 바위에 쳐 죽이기를 노래한 시편 등은 원수까지도 사랑하라는 예수님의 말씀에 위배되는 것 같다.

이 때문에 초대 교부들 사이에 구약 성경의 가치를 두고 큰 논쟁이 있었다. 예를 들어 마르시온은 구약의 가치를 인정하지 않고 신약만을 정경으로 인정하였다. 마르시온은 후에 이단으로 정죄되었지만 예수 그리스도의 복음과 거리가 멀어 보이는 일부 구약 본문들은 여전히 우리에게 해석의 어려움을 준다. 한편 어떤 사람들은 예수님의 말씀에 따라 구약의 '모든' 본문에서 그리스도를 찾아내려 하다가 구약 본문의 역사적 의미를 무시하고 '영적인 해석'이라는 미명하에 본문을 자의적으로 해석하는 잘못을 범한다. 구약을 그리스도 중심으로 이해하려는 마음은 훌륭하지만 그 마음이 자의적인 성경 해석을 정당화하지는 못한다. 결론이 옳다고 잘못된 수단이 정당화되지는 않기 때문이다. 이런 이유 때문에 최근 복음주의 학자들은 조금 다른 종류의 그리스도 중심 해석을 제안한다. 이 해석은 그리스도의 사역의 절정인 하나님의 구속 이야기로 구약 성경을 이해한다. 이것은 구약 본문 전체가 '나를 가리켜 기록된 것'이라는 주님의 말씀에 충실하면서도, 구약 성경을 예수님과 연결시키기 위해 본문을 자의적으로 영해(靈解)하는 잘못을 경계하는 해석법이다. 편의상 이것을 '그리스도 목적적 해석'이라 부르자. 이 해석은 본문의 구속 역사적 문맥을 존중한다. 즉 특정 본문이 그리스도를 절정으로 하는 구속사 속에 담당하는 가교적·예표적 역할에 주목한다.

　　예를 들어 시편 2편 7절의 '너는 내 아들이다'에 대한 그리스도 중심적 영해와 그리스도 목적적 해석은 다를 수 있다. '너는 내 아들이다'에 대한 그리스도 중심적 영해는 본문을 그리스도와 직접 연결시킨다. 본문에서 '너'는 예수님을 가리키고, '나'는 하나님을 지칭한다고 주장한다. 이렇게 하나님이 예수님에게 직접 하신 말씀으로 해석된 말씀은 예수님이 물세례를 받으실 때 하늘에서 울려 퍼진 음성에 대한 예언이 된다. 하지만 시편 2편 7절에 대한 그리스도 목적적 해석은 조금 다르다. 이 해석은 본문의 역사적 의미에서 시작한다. '너는 내 아들이다'라는 선언은 원래 다윗 왕과 그의 혈통에서 나온 모든 왕에게 적용된 구절임에 주목한다. 역사적으로 이 시편은 유다 왕들의 대관식에서 낭송되었다. 따라서 시편 2편 7절의 역사적 의미에 따르면 '너는 내 아들이라' 할 때 '너'는 다윗 왕조의 왕들이고 말하는 이 '나'는 하나님이다. 나아가서 그리스도 목적적 해석은 본문의 원역사적 의미, 즉 하나님과 다윗 왕조 사이의 언약 관계에 머물지 않고 그것을 다음과 같이 보다 큰 구속사적 문맥에서 이해하려 한다.

인류 역사상 최초로 하나님의 아들로 불린 사람은 아담이었다 (창 5:1-3). 그는 하나님의 형상을 가진 아들로서 아버지 하나님께 순종해야 할 사명을 가졌지만, 선악과를 범함으로 그 사명에 실패하였다. 그리고 아담 안에서 온 인류가 실패한 것이다. 그때 하나님은 이스라엘 민족을 아들로 선택한다. 아들 이스라엘의 순종을 통해 죄지은 인류를 구원하기 위함이었다. 이런 이스라엘 민족의 사명이 그들의 왕에게서 보다 구체적으로 예시되는데 하나님의 '아들'로 불린 다윗의 후손들은 하나님께 순종함으로 온 땅에 하나님의 통치를 실현하는 사명을 가졌다. 그러나 그들도 아담처럼 하나님의 아들로서의 사명에 실패한다. 율법에 순종하지 않고 우상을 숭배하였기 때문이다. 그 결과 BC 586년, 바빌론에 의해 다윗 왕조가 무너지게 된다.

이제 하나님은 구속 역사의 완성이자 절정으로 그분의 참아들을 준비하신다. 그 참아들은 다름 아닌 예수 그리스도다. 예수님은 하나님의 참아들로서 모든 인류를 대표해 하나님께 순종한 분이다. 이전의 아들들이 실패한 사명을 성공적으로 완수한 분이 예수님이다. 그분의 순종을 통해 이 땅에 하나님의 나라가 임하게 된다. 따라서 우리는 시편 2편 7절, 즉 '너는 내 아들이라'라는 선포가 이스라엘의 왕들이 아니라 예수님에게서 진정으로 온전히 성취되었음을 믿는다. 예수님은 하나님이 참이스라엘의 회복과 하나님 나라 건설을 위해 주신 참 '다윗의 후손'이기 때문이다. 신약 성경도 이것을 확증해 준다. 예수님이 세례를 받으실 때 들려온 음성은 바로 시편 2편 7절을 인용한 것이다.

지금까지 '너는 내 아들이라'라는 시편 구절에 대한 두 종류의 해석을 살펴보았다. 그리스도 중심적 영해가 구약 본문과 예수 그리

312 쉬운 구약 개론

스도를 일대일로 연결시키는 것이라면, 그리스도 목적적 해석은 시편 2편 7절의 역사적 문맥을 먼저 확인하고, 그 의미를 구속사를 배경으로 확장한 후, 예수님의 지상 사역과 자연스럽게 연결되도록 한다. 전자보다 후자가 의미적으로 풍성하고 학문적으로도 정당하다.

하지만 모든 구약 본문에 시편 2편 7절의 경우처럼 그리스도 목적적 해석을 쉽게 적용할 수 있는 것은 아니다. 어떤 본문은 예수님은커녕 이스라엘의 구속사와도 별 관계없어 보인다. 예를 들어, '손이 게으른 자는 가난하게 되고, 손이 부지런한 자는 부유하게 된다'(잠 10:4)는 잠언의 말씀은 구속사와 연결시키기 어렵다. 지혜문학 자체가 이스라엘의 구속사와 직접 관련 없는 장르이다. 심지어 구속사 본문이라도 그리스도의 구원 사역과 연결시키기 어려운 것도 많다. 성경에서 종종 발견되는 성취되지 않은 예언들이 그 예가 될 수 있다. 예레미야 36장 30절을 보자.

> 여호와께서 유다의 왕 여호야김에 대해 이와 같이 말씀하시니 그에게 다윗의 왕위에 앉을 자가 없게 될 것이요

이 예언에 따르면 유다 왕 여호야김의 아들들은 왕위를 이어받지 못해야 하는데 열왕기하 24장 6절을 보면 여호야김의 아들 여호야긴이 왕이 된다. 이런 구절은 그리스도와의 연결은 고사하고 성경 안에서도 해결하기 어려운 신학적 문제를 일으킨다. 따라서 그리스도 목적적 해석은 모든 성경 본문이 언제나 그리스도를 절정으로 하는 구속사와 직접 연관을 맺는다고 주장하지 않는다.

그럼에도 모든 성경 본문은 '그리스도에 관한 것'이라는 누가복음 24장 44-47절 말씀에 근거해 하나님의 구속 이야기의 일부이며 그 안에서 일정한 역할을 감당한다. 이것은 구약 성경을 거대한 강물에 비유할 때 보다 분명해진다. 구약 성경이라는 거대한 강물은 '예수

그리스도'라는 바다를 향해 흐른다. 강물을 보면 구간마다 물살이 다르다. 같은 구간이라도 위치에 따라 물살의 속도가 다르다. 어느 구간은 매우 느려 마치 멈춘 듯하고 어떤 구간은 물이 거꾸로 흐르기도 한다. 그러나 모든 물이 한 방울도 빠짐없이 바다를 향해 흘러간다는 사실에는 변함이 없다. 그리스도라는 바다를 향해 질주하는 구약 본문도 있지만 그 시대에 멈추어 버린 듯한 본문도 있다. 구속사의 흐름에 역행하는 듯한 본문도 있다. 그러나 분명한 것은 구약의 모든 본문이 거대한 강물처럼 그리스도라는 목적지를 향해 나아간다는 사실이다.

이 때문에 성경을 그리스도 중심적으로 해석하려는 사람은 겸손해야 한다. 한편으로는 영적 해석이라는 이름 아래 행해지기 쉬운 자의적인 해석을 지양하고, 다른 한편으로는 구약을 신약과 관계없이 해석하려는 유혹도 극복해야 한다. 역류하는 듯한 본문을 만나면 시간을 두고 겸손히 하나님의 지혜를 구하는 것이 필요하다.

이처럼 예수 그리스도를 구속 이야기의 최종 목적지로 간주하는 성경 해석이 그리스도 목적적 해석이라면, 그 해석은 성경 해석의 3단계 중 마지막 단계인 '적용' 이전에 행해져야 한다. 본문의 의미가 어떻게 그리스도 안에서 성취되는지 묵상하지 않고 바로 내 상황에 적용하는 것은 바람직하지 않기 때문이다. 성경에 기록된 모든 교훈과 명령, 책망과 충고는 그리스도의 십자가를 통해 전달되어야 한다. 즉 본문의 의미를 먼저 그리스도에게 적용시킨 후 오늘 나에게 적용해야 한다는 뜻이다. 본문이 그리스도를 통하지 않고 바로 나에게 적용된다면, 성경은 도덕 교과서 혹은 자기 계발서가 되어 버리기 쉽다. 구약 성경 해석은 궁극적으로 예수 그리스도의 복음과 연결되어야 한다.

참고문헌

존 H. 세일해머, 《모세 오경 신학》(서울: 새물결플러스, 2013).

제임스 쿠걸, 《구약 성경 개론》(서울: 기독교문서선교회, 2011).

제임스 프리처드, 《고대 근동 문학 선집》(서울: 기독교문서선교회, 2016).

존 H. 월튼, 《창세기 1장과 고대 근동 우주론》(서울: 새물결플러스, 2017).

메리데스 클라인, 《하나님 나라의 서막》(서울: 기독교문서선교회, 2012).

이안 프로반, 트렘퍼 롱맨 3세, 필립 롱, 《이스라엘의 성경적 역사》(서울: 기독교문서선교회, 2013).

레스터 그래비, 《고대 이스라엘 역사》(서울: 기독교문서선교회, 2012).

Albright, William Foxwell, "The Administrative Divisions of Israel and Judah." *The Journal of the Palestine Oriental Society* 5 (1925): 17-54.

Berlin, Adele and Bretter, Marc Zvi, *Jewish Study Bible* (Oxford: Oxford University Press, 2004).

Castelo, Daniel and Wall, Robert W, *The Marks of Scripture: Rethinking the Nature of the Bible*(Baker Academics: Grand

Rapids, MI: 2019).

Fishbane, Michael, Biblical *Interpretation in Ancient Israel*(Oxford: Clarendon Press, 1985).

House, Paul R, *The Unity of the Twelve.* Edited by D. J. A. Clines, Journal for the Study of the Old Testament Supplement Series 97(Sheffield: Almond Press., 1990).

Sanders, James A, "First Testament and Second." *Biblical Theology Bulletin 17* (1987). pp. 47-49.

Seitz, Christopher R, 2007. *Prophecy and Hermeneutics: Toward a New Introduction to the Prophets*, Studies in Theological Interpretation(Grand Rapids, MI: Baker, 2007).

Sohn, Seock-Tae, *YHWH, The Husband of Israel*(Wipf and Stock Publishers: Eugene OR, 2002).

Walton, John and Walton, Harvey, *The Lost World of the Israelite Conquest*(Downer Grove, IL: IVP, 2017).

쉬운 구약 개론
The Old Testament: An Easy Introduction

지은이 김구원 · 칩 하디
펴낸곳 주식회사 홍성사
펴낸이 정애주
국효숙 김경석 김의연 김준표 박혜란 송승호 오민택
오형탁 이현주 임영주 주예경 차길환 최선경 허은

2020. 3. 25. 초판 1쇄 인쇄   2020. 4. 6. 초판 1쇄 발행

등록번호 제1-499호 1977. 8. 1.
주소 (04084) 서울시 마포구 양화진4길 3   전화 02) 333-5161   팩스 02) 333-5165
홈페이지 hongsungsa.com   이메일 hsbooks@hongsungsa.com   페이스북 facebook.com/hongsungsa
양화진책방 02) 333-5163

ISBN 978-89-365-0368-0 (03230)